1 ♥ INSTANT SCIENCE ♥ 페이지 과학

Published in 2020 by Welbeck Publishing Group Limited
20 Mortimer Street
London W1T 3JW
United Kingdom
Text and design © Welbeck Publishing Group 2020
Project Editor: April Graham Faw
Designers: Katie Baxendale and Dynamo Limited
All rights reserved.

Korean translation © Youngjin.com 2021

1판 1쇄 2021년 3월 30일
1판 2쇄 2022년 2월 4일

ISBN : 978-89-314-6350-7

발행인 : 김길수
발행처 : ㈜영진닷컴
이메일 : support@youngjin.com
주　소 : (우)08507 서울시 금천구 가산디지털1로 128 STX-V타워 4층 401호
등　록 : 2007. 4. 27. 제16-4189호

STAFF
저자 Jennifer Crouch | **역자** 박성래 | **총괄** 김태경 | **기획** 차바울 | **표지디자인** 김소연 | **내지디자인** 이주은
편집 이주은, 신혜미 | **영업** 박준용, 임용수, 김도현 | **마케팅** 이승희, 김근주, 조민영, 김예진, 이은정, 김민지, 채승희
제작 황장협 | **인쇄** 예림인쇄

INSTANT
SCIENCE

1

페이지
과학

저자 Jennifer Crouch / 역자 박성래

YoungJin.com Y.
영진닷컴

목차

수학

물리학

화학

생물학 & 의학

지질학 & 생태학

기술

서문

과학은 전자기장이나 중력과 같은 자연현상을 설명하는 학문이며,
이를 분명히 하기 위해 수학이라는 언어를 사용합니다.
하지만 물리학자 닐스 보어가 "물리학은 자연 그 자체가 아니다."라고 말했듯이
과학이 자연 그 자체가 될 수는 없습니다.

과학은 집합적인 학문으로 과학실험, 개발 및 관리, 데이터 분석, 도구의 정확성 향상과 측정의 이해 등 인간의 다양한 협력을 통해 발견됩니다.

과학으로 현상을 예측하고 설명할 수 있으며 이러한 면이 곧 기술개발의 핵심이 됩니다. 이렇게 이로운 과학이지만, 때로는 고통을 주기도 합니다. 정치적 관심이나 투자에 의존하기 때문에 중립적이지 않으며 사회의 시선이나 자원과 관련된 문제들, 정치적인 사안들로부터 자유롭지 않기 때문입니다.

이 책은 현재까지 인간이 발견한 수학, 물리학, 화학, 생물학, 의학, 생태학, 지질학, 기술 영역의 160개 주제를 한 페이지로 간단하게 설명합니다. 보충 설명은 책의 맨 뒤에 있는 부록에서 과학자의 정보나 데이터 시트, 용어사전을 참고하세요. 이 책의 내용들은 5년이나 10년 혹은 100년 뒤에 새로운 내용이 발견되면서 개정이 필요할 수 있습니다.

가설을 이론으로 발전시키는 과학적 지식과 그 응용들은 기술의 발전과 창의적인 실험설계와 더불어 새로운 의사소통과 협력 방법에서 옵니다. 과학에서의 이론이란 일반적으로 사용하는 이론이라는 단어의 의미와는 상당히 다른데, 전자기 유도, 상대성 이론, 진화론과 같이 이를 뒷받침하는 많은 증거들이 있기 때문입니다.

이론은 편견으로 빚어지는 조작을 피하기 위해 여러 과학자 그룹이 반복적으로 관찰, 실험, 측정을 함으로써 받아들여집니다. 많은 발견과 정밀한 기술이 등장함에 따라 이론은 또 다른 도전에 직면하게 되며, 이러한 도전들이 계속 이어진 후에도 여전히 참인 이론들만 인정되는 것입니다.

과학은 공동의 과학지식을 창출하려는 국제적인 프로젝트에 참여하는 수많은 사람들의 감정적, 기술적, 지적 노력과 협력에 의존하며 지구의 물질로 만든 특수한 장비들과 실험실 같은 환경에서의 상호작용에서 탄생합니다. 실험에 오류가 있거나 배양 세포가 죽거나 냉각 장치가 고장이 나는 등 기술적으로 극복해야 할 자잘한 문제들이 가득한데, 이런 문제들은 복잡하고도 성가시며 항상 중요한 순간에 혼란을 일으킵니다.

과학의 역사에 있어서 이러한 문제들이 무척 많았지만 기록되지 않고 잊혀져 왔는데, 사실 이러한 실패야말로 멋지고 영광된 것으로 패러다임에 변화를 가져오는 혁신과 발견보다도 중요합니다.

우리 인간은 인종차별, 동성애 혐오, 성차별, 계급차별, 왕따 부류의 차별들을 극복하기 위한 노력을 멈추지 않아야 합니다. CERN(유럽 입자물리 연구소)의 정의를 위한 입자 웹사이트(Particles for Justice, https://www.particlesforjustice.org/)는 "인종, 민족, 성별, 종교, 장애, 성적 정체성에 상관없이 모든 인간성은 논쟁의 대상의 아니다."라고 언급하고 있습니다.

숫자

숫자와 수를 세는 개념은 삶의 필수적인 지식입니다.

숫자의 역사

생활방식, 여행, 작물 재배, 자원 관리, 무역, 문화교류의 점진적인 **변화에 따라 숫자를 기록하는 새로운 방식**이 생겨났습니다.

이상고 뼈
Isango bone

2만 년 전에 고대 아프리카에서 만들어졌습니다. **뼈에 선을 그려 넣어 수를 표현**한 초창기의 표현 방법입니다.

수메르인

기원전 4,000년에 수메르인이 계산을 했음을 알려주는 유물이 있습니다. 수메르인은 **60진법**을 이용했습니다.

고대 이집트

고대 이집트인은 기하학적인 개념과 건설계획을 표현할 때 **상형문자**로 수를 표현했습니다. 피라미드 건설에도 사용됐습니다.

마야 문명

고대 마야 문명은 **20진법** 숫자체계를 사용했습니다.

로마 숫자

로마 숫자는 이탈리아 반도에 로마인보다 앞서 독자적인 문화를 남긴 에트루리아 문명으로부터 물려받은 것입니다.

I	II	III	IV	V
1	2	3	4	5
VI	VII	VIII	IX	X
6	7	8	9	10
L	C	D	M	
50	100	500	1,000	

현대 숫자

널리 사용되고 있는 현재의 숫자 체계는 **아랍과 인도의 수학자들이 만든 것**입니다. 기원전 6세기 인도에서 활동한 브라마굽타와 기원전 5세기에 활동한 아리아바타로 인해 널리 퍼졌습니다.

중국 숫자

중국에서도 인도-아라비아 숫자를 사용했지만, 일상에서 사용하는 간단한 숫자 표현과 금융 등에서 사기를 방지하기 위한 복잡한 숫자 체계를 함께 사용했습니다. (예 1을 一 혹은 壹 두 가지로 사용한다.)

인간이 아닌 생물들도 '**양**'이라는 개념에 의존합니다. 많은 종의 동물에게서 그러한 모습이 포착되는데, 벌의 경우 벌집과 꽃밭 사이에 랜드마크가 몇 개인지 셀 수 있다고 합니다.

기수법

수를 기록하는 방법은 다양하며 여러 용도로 활용합니다.

10진법

가장 많이 사용되는 기수법입니다. 10개의 숫자를 한 묶음으로 하는데, **10의 단위로 계산**을 한다는 의미입니다.

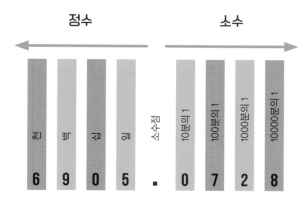

정수

소수

천	백	십	일	소수점	10분의 1	100의 1	1000의 1	10000의 1
6	9	0	5	.	0	7	2	8

8비트: 재미있는 2진수

팔 = 1000; 2×2×2 (0이 3개)

십육 = 10000; 2×2×2×2 (0이 4개)

삼십이 = 100000; 2×2×2×2×2 (0이 5개)

8비트 정수는 컴퓨터 프로그래밍에서 활용됩니다. 이미지는 8비트 정수 시스템을 기반으로 해상도가 업그레이드 됐습니다. 6-16-64비트를 비교해보세요.

2진법

10진법상의 **모든 숫자를 0과 1로만** 표현합니다.

2진법으로 1부터 세는 방법

1. 1부터 세어봅시다.

2. 가장 오른쪽 자리에 있는 숫자 0을 1로 바꿉니다. 1로 바뀐 숫자의 뒷자리의 모든 숫자를 0으로 바꿉니다. 0이 없다면 3번 단계로 갑니다.

3. 모든 자리의 숫자가 1이 된 경우, 숫자의 맨 앞에 1을 추가하고 나머지 자리의 숫자를 모두 0으로 바꿉니다.

- **0** = 영
- **1** = 일
- **10** = 이
- **11** = 삼
- **100** = 사
- **101** = 오
- **110** = 육
- **111** = 칠
- **1000** = 팔
  (8에서 0이 리셋된다)
- **1001** = 구
- **1010** = 십

16진법

2진법을 쉽게 표현하기 위해 16개의 숫자를 한 묶음으로 사용한다. (8비트를 2배로 늘린 것을 생각해보자)

60진법

기원전 3,000년경, 고대 수메르인이 최초로 사용했고, 고대 바빌론에서도 사용했습니다. 오늘날에도 **초, 분, 각도 및 지형좌표**를 표기하는데 사용하고 있습니다.

12진법

인치, 피트, 하루의 시간을 표시하는 데 12진법을 사용합니다. 24시간을 표시하는 시계는 12시간을 표시하는 시계를 단순히 2배로 늘린 것입니다.

대칭

수학적 대칭은 공간에서의 관계, 위치의 이동, 회전
그리고 크기와 시간의 변화에서 찾아볼 수 있습니다.

대칭의 규칙

평면상의 도형을 2개 이상의 똑같은 모양으로 분할하거나 회전, 반사시켰을 때 동일한 모양을 만들
수 있으면 기하학적 대칭성을 가지고 있다고 말합니다.

대칭의 종류

반사대칭은 거울대칭 혹은 좌우대칭이라고도 합니다. 도형을 관통하는 직선을 기준으로 **거울에 비친 상처럼 좌우가 동일한 도형**으로 보입니다.

회전대칭은 회전축을 중심으로 도형을 회전시켰을 때 **전반적인 형태의 변화가 없는 것을** 의미합니다.

방사대칭은 불가사리나 해파리, 말미잘처럼 중심축을 중심으로 회전합니다. 만다라 역시 방사대칭의 특징을 갖습니다.

병진대칭은 평면상의 이동으로는 전반적인 형태가 변하지 않는 것을 의미합니다.

나선대칭은 병진대칭과 회전대칭이 조합된 것으로 3차원 공간으로 확장됩니다. 나선대칭 도형은 나사선 모양의 궤적을 그립니다.

크기대칭은 도형이 커지거나 작아질 때 생기며 유명한 크기대칭으로 **프랙탈***이 있습니다. 위 그림은 '**코흐 눈송이**'로, 정삼각형을 이용한 크기대칭을 적극적으로 사용한 프랙탈의 사례입니다.

★ **프랙탈** : 작은 구조가 전체 구조와 비슷한 형태로 되풀이 되는 구조

미끄럼반사대칭과
회전반사대칭

눈송이

눈송이는 완전한 대칭을 이루지 않지만, 통제된 환경에서는 안정적인 **육각형 대칭**을 보여줍니다. 얼음 결정의 구조는 육각형이며, 결정핵이라고 불리는 작은 육각형 결정에서부터 눈송이가 자라납니다.

육면체

3차원 물체도 대칭을 이루는 경우가 있습니다. 육면체는 **무려 9개의 대칭 면**을 가지고 있습니다.

유클리드 원론

2차원 평면상에서의 기하학적 관계를 설명하는 논리적 주장의 모음입니다.
곡면에는 적용되지 않습니다.

유클리드 공준 : 기하학의 다섯 가지 명제

1. 평면상의 어떤 두 점을 이어 **직선**을 그릴 수 있다.

2. 임의의 선분은 **무한히 연장**할 수 있다.

3. 주어진 선분을 반지름으로 삼고, 하나의 끝점을 중심으로 하는 **원**을 그릴 수 있다.

$$\alpha + \beta < 180°$$

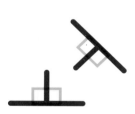

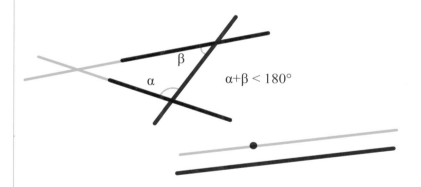

4. 모든 **직각**은 서로 **같다**.

5. 두 개의 직선을 지나는 하나의 직선은 안쪽으로 두 개의 내각을 만든다. 이 내각들의 합이 180°보다 작을 때, 두 직선을 무한히 연장하면 **결국 두 직선이 내각과 만난다**.

많은 사람이 유클리드의 다섯 번째 공준을 증명하려 했지만, 실패로 돌아갔습니다. 유클리드는 많은 공준을 만들었고, 여기서 소개한 것은 그중 첫 5개에 불과합니다.

수학

테셀레이션(TESSELATION)

여백이나 중첩 없이 도형이 반복적으로 나열되는 것을 의미합니다.

정칙 테셀레이션

여백이나 중첩 없이 동일한 도형으로 이루어진 패턴을 의미합니다. **육각형, 정사각형, 정삼각형**만이 정칙 테셀레이션이 될 수 있습니다.

준정칙 테셀레이션

여백이나 중첩 없이 다양한 형태의 도형으로 이루어진 패턴을 의미합니다. 육각형과 삼각형뿐만 아니라 오각형, 칠각형, 팔각형도 사용할 수 있습니다.

내각

왜 특정 도형만 정칙 테셀레이션이 가능한지 이해하기 위해서는 도형 내부의 각도에 대해서 생각해봐야 합니다. 2차원 평면상에서 원은 360°의 각도를 갖습니다. 여백이나 중첩이 없으려면 접한 도형이 이루는 **내각의 합이 360°**여야 합니다.

오각형

일반적인 방법으로는 오각형을 여백이나 중첩 없이 나열할 수 없습니다. 오각형의 내각이 108°라서 합이 360°가 되지 않습니다.

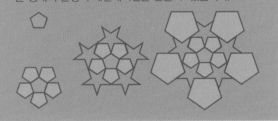

5각형 나열하기

- 여백을 남길 경우 :
  3×108=324 (360° 미만)
- 중첩을 둘 경우 : 4×108=432 (360° 초과)

하지만 아래 그림처럼 다른 도형을 이용하면 아주 흥미로운 형태의 준정칙 테셀레이션을 만들 수 있습니다.

불규칙 타일링

불규칙한 도형을 이용하는 방법으로, **어떤 도형이든 사용**할 수 있습니다. 불규칙한 모양의 도형을 사용해 **여백을 채우기만** 하면 됩니다.

펜로즈 타일링

펜로즈 타일은 '연(kite)'과 '화살(dart)'을 한 쌍으로 하여 규칙적으로 배열하면서도 주기적이지 않게 평면을 뒤덮습니다. 연과 화살이 마름모꼴이 되지 않도록 배열해야 합니다.

아람브라 궁전

스페인 그라나다에 있는 아람브라 궁전과 요새는 서기 889년에 무어인이 만들었습니다. 이 궁전에서 복잡하고 아름다운 2차원 타일링을 볼 수 있습니다.

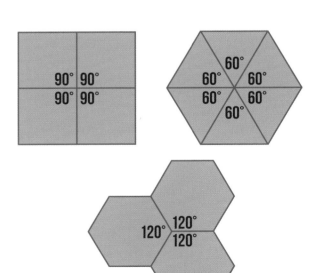

플라톤 다면체(정다면체)

3차원 도형인 플라톤 다면체의 각각의 면은 정다각형이며 각 다각형이 꼭짓점에서 만납니다.

정다각형

각 변의 **길이와 내각이 동일한 것**을 말합니다. 정삼각형, 정사각형, 정오각형 등이 여기에 속합니다.

플라톤 다면체

모든 면이 같은 정다각형으로 구성되어 있습니다. 오직 **5개만 존재**합니다.

플라톤의 '형상의 세계'

고대 그리스의 철학자인 플라톤은 정다면체를 신비하게 여기며, 정다면체가 실제로 존재하는 '형상의 세계(world of the forms)'가 존재한다고 믿었습니다. 플라톤 다면체가 불, 흙, 공기, 물, 우주를 상징한다고도 믿었습니다.

관념과 현실

'관념은 세상에 존재하는가 혹은 마음 속에 존재하는가?'라는 논의가 과학, 수학, 철학 분야에서 오늘날까지 이어지고 있습니다.

인간이 우주를 이해하는 방법이, **우주를 기술한 관념에 의해 결정된 것은 아닐까요?** 수학적 개념은 발명한 것일까요? 아니면 발견된 것일까요?

아르키메데스 다면체

각 변의 길이가 동일한 두 개 이상의 다각형으로 구성됩니다. 총 13개가 존재합니다.

※ 각기둥과 엇각기둥은 포함하지 않음

다른 3차원 도형

다른 종류의 다각형이나 서로 다른 다각형들의 조합으로 새로운 다면체를 찾아낼 수 있습니다.

별모양 십이면체
이등변 삼각형으로 면이 구성된 십이면체

오방 십이면체
오각형 피라미드로 면이 구성된 십이면체

별모양 십이면체

오방 십이면체

알 콰리즈미

서기 780년에서 850년 사이에 살았던 우즈베키스탄 출신의 페르시아 수학자입니다.
바그다드에 있는 지혜의 집(House of Wisdom)에서 학생들을 가르쳤으며 대수학의 창시자로 알려져 있습니다.

813년에서 833년사이 알 콰리즈미는 "완성과 균형을 통한 계산에 관한 모든 사실을 담은 책(The Compendious Book on Calculation by Completion and Balancing)"이라는 논문을 발표했습니다. **이 책은 바빌론, 인도, 이슬람의 수학지식을 집대성한 것**으로 선형 방정식과 2차 방정식의 기초를 담고 있었습니다.

- 알 쟈블(Al–jabr)은 복구 혹은 완성을 의미하며 음수, 루트, 제곱을 제거하여 방정식을 단순화하는 방법을 다룬다.
- 균형을 의미하는 알 무카발라(Al–muqabala)는 방정식 풀이에 여전히 사용되고 있다.

완전제곱으로 만들기

미지수가 포함된 2차 방정식을 해를 구하기 쉬운 형태로 변형하는 방법이 있는데, 바로 완전제곱으로 만드는 것입니다. 예를 들어 ax^2+bx+c의 형태를 $a(x-h)^2+k$ (여기서 h와 k는 값을 가지고 있다.)의 형태로 변형하는 것입니다.

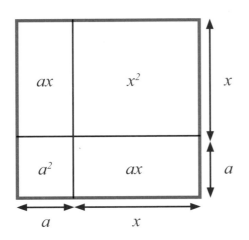

이차방정식을 인수분해하는 현대적인 방법

1. 방정식이 0이 되도록 재배열한다.
2. 인수분해한다. 예를 들어 $2x^2+x-3$을 $(2x+3)(x-1)$의 형태로 바꾼다.
3. 각 인수가 0이 되도록 한다.
4. 이차방정식을 푼다.
5. 풀이를 대입하여 답이 맞는지 확인한다.

근의 공식

$$x = \frac{-b \pm \sqrt{b^2 - 4ac}}{2a}$$

제곱근을 푸는 예 :

$$x^2 - 10x + 25 = -16 + 25$$
$$(x - 5)^2 = 9$$
$$x - 5 = \pm\sqrt{9}$$
$$x - 5 = \pm 3$$
$$x = 5 \pm 3$$
$$x = 8 \; or \; x = 2$$

피보나치 수열

서기 1170년경에 태어난 이탈리아의 수학자 레오나르도 피보나치는 0과 1로 시작하는
무한 서열인 피보나치 서열을 발견했고, 비율에 관한 대중서를 쓰기도 했습니다.

피보나치 수열은 다음의 선형 반복식으로 정의할 수 있다.
$$F_n = F_{n-1} + F_{n-2}$$

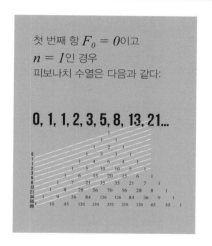

첫 번째 항 $F_0 = 0$이고
$n = 1$인 경우
피보나치 수열은 다음과 같다:

0, 1, 1, 2, 3, 5, 8, 13, 21…

피보나치와 황금비율

각각의 피보나치 숫자를 **이전 숫자로 나누면 황금비율과 유사한 값**이 나옵니다. 이를 수학에서는 황금비율에 수렴한다고 표현합니다.

1 ÷ 1 = 1
2 ÷ 1 = 2
3 ÷ 2 = 1.5

계속 계산하면…

144 ÷ 89 = 1.6179

인간은 패턴을 좋아해

인간은 일정한 형식(패턴)을 추구하는 성향이 있어서 이런 숫자들에 경이를 느끼는데, 오히려 이런 점 때문에 **황금비율에 관한 오해가 생깁니다**. 피보나치 수열과 황금비율에 온 우주의 힘이 담겼다는 주장들이 나타나기도 했습니다.

식물의 성장

일부 식물과 동물의 생장에서도 황금비율을 관찰할 수 있습니다. 파인애플, 해바라기, 솔방울의 씨앗, 잎의 나열에서 관찰됩니다.

황금비율

황금비율은 아래처럼 표현합니다.

a + b : a

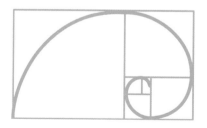

a + b is to *a* as *a* is to *b*

a+b대 a의 비율은 a와 b의 비율과 동일합니다. 황금비율은 아래 공식으로 구할 수 있는 무리수입니다.

a ÷ b = (a + b) ÷ a =
1.6180339887498948420…

황금나선

황금비율로 늘어나는 선을 계속 이어가면 황금나선이 그려집니다.

무한

무한의 개념은 수학과 물리학에서 끝이 없는 양을 표현할때 사용합니다.

무한대 기호 ⟶

여러 종류의 무한과 집합론

무한은 단순히 어마어마한 숫자를 의미하는 것이 아니며, 다양한 종류의 무한이 존재합니다.

집합론은 범주를 탐구하는 수학영역입니다. 숫자를 종류별로 분류하여 집합을 구성하고, 그 구성요소의 특성을 탐구하고 설명합니다. 무한도 다른 수학적인 숫자의 개념처럼 집합을 이용해 구분할 수 있습니다.

무한 집합 종류의 예

- ∞ 음수
- ∞ 양수
- ∞ 분수
- ∞ 무리수
- ∞ 유리수

무한소수

모든 숫자 사이에 있는 무한한 개수의 소수를 생각하면, 무한소수도 일종의 무한이라고 할 수 있습니다. 1/3 같은 일부 분수도 무한소수의 형태를 보입니다.

$$^1/_3 = 0.33333\ldots$$

어떤 숫자의 소수 부분이 유한하거나 반복되고 분수로 표현할 수 있다면, 그 수를 유리수라고 합니다. 반면에 두 정수의 분수로 표현할 수 없는 숫자는 무리수입니다. (26 페이지의 '허수'를 참고하세요)

0으로 나누면 무한대라던데요?

가장 처음으로 0을 수로 취급한 인도에서 1 나누기 0을 무한대로 취급했습니다. 하지만 어떤 숫자를 0으로 나누어도 무한대라는 답은 결코 얻을 수 없습니다. **0으로 나눈다는 것 자체가 불가능한 일**이기 때문입니다.

점근법

아래 함수의 형태를 점근이라고 합니다. 점근곡선은 특정한 값으로 향하지만, **결코 그 값에 도달하지 못합니다.**

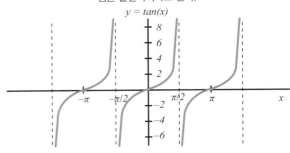

함수 $y = tan(x)$와 $y = 1/x$는 점근 불연속이라고 한다.

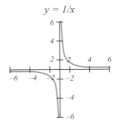

연속함수와 불연속함수

연속함수는 좌표평면 위에서 분리되는 부분 없이 **연속적인 흐름**을 보이지만, 불연속함수는 연속된 선이 아니라 **각각 분리된 곡선**의 형태를 띕니다.

파이(아르키메데스의 상수)

숫자 π는 수학적 상수이며 원주의 길이와 그 지름의 비를 의미합니다.

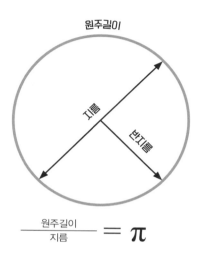

원주길이

지름

반지름

$$\frac{원주길이}{지름} = \pi$$

π는 무리수이며 무한소수입니다. 대수적 수가 아닌 무리수. 즉 초월수이기도 합니다.

3.14159265359...

다각형을 이용한 근삿값 계산

다각형의 변을 늘려가는 방법으로 π의 근삿값을 구할 수 있습니다. 정확한 π값을 구할 수는 없지만 **다각형의 변을 늘려감으로써 π에 점근적으로 가까워질 수 있습니다.**

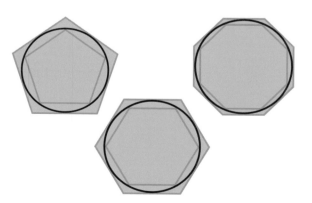

대수적 수

정수나 분수 같은 모든 대수적 수는 **각 항의 계수가 0이 아닌 정수나 분수로 이루어진 다항식의 해로** 나타낼 수 있습니다.

예를 들어 2차 방정식은 아래의 형태를 지닌 다항식입니다.

$$x^2 + bx + c = 0$$

일반적인 대수적 수는 b와 c가 정수나 분수인, 2차 방정식과 같은 다항식을 이용하여 표현할 수 있습니다.

하지만 **π는 초월수이므로 다항식으로 표현할 수 없습니다.** 이것이 원의 면적과 동일한 면적의 정사각형을 찾을 수 없는, **π가 특별한 이유입니다.** 원의 면적은 πr^2이고, 반지름이 1인 원의 면적은 π입니다. 이와 동일한 면적의 정사각형이 있다면 이 정사각형의 한 변의 길이가 $\sqrt{\pi}$여야 하지만, π는 다항식으로 표현될 수 없기 때문에 이러한 원적문제를 애초에 풀 수 없는 것입니다.

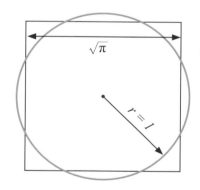

$\sqrt{\pi}$

$r = 1$

소수

1과 자기 자신으로만 나눌 수 있는 수를 의미합니다.
무한개의 소수가 있을 것이라 생각되지만, 0에서 무한대로 갈수록 소수가 나타나는 빈도가 줄어듭니다.

소수를 차례로 알아보면 다음과 같습니다.
2, 3, 5, 7, 11, 13, 17, 19, 23, 29, 31, 37, 41, 43, 47, 53, 59, 61, 67, 71, 73, 79, 83, 89, 97, 101…

패턴을 찾고자 할 때는 표로 정리하는 게 좋습니다.

1	2	3	4	5	6	7	8	9	10
11	12	13	14	15	16	17	18	19	20
21	22	23	24	25	26	27	28	29	30
31	32	33	34	35	36	37	38	39	40
41	42	43	44	45	46	47	48	49	50
51	52	53	54	55	56	57	58	59	60
61	62	63	64	65	66	67	68	69	70
71	72	73	74	75	76	77	78	79	80
81	82	83	84	85	86	87	88	89	90
91	92	93	94	95	96	97	98	99	100

유클리드의 증명

아주 오래 전, 수학자 유클리드가 **소수의 개수가 무한함**을 증명했습니다.

소수 정리
(PNT : The Prime Number Theorem)

소수 정리로 어떤 수 n과 0 사이에 **몇 개의 소수가 존재하는지**를 알 수 있으며, 소수의 개수에 대한 **점근식을 설명**합니다.

소수 공식

소수 공식으로 숫자 사이의 **소수 분포를 추측**할 수 있습니다.

$$P_n \sim n \ln (n)$$

- P_n = n번째 소수
- n = 순서 번호
- $\ln$ = 자연로그 (23페이지의 로그 참고)

베르트랑 공준

베르트랑 공준은 잇따른 소수 사이의 간격을 설명합니다. 어떤 수 n이 있을 때 n과 2 사이에는 소수 p가 존재합니다.

만약 n이 1보다 크거나 같으면, 아래의 범위 안에 최소한 한 개의 소수 p가 존재합니다.

$$n < p \leq 2n$$

$$\lim_{x \to \infty} \frac{\pi (x)}{x / \ln (x)} = 1$$

소인수분해와 암호학

소수는 암호화에 유효하여 주로 사이버보안에 사용됩니다. 두 개의 커다란 소수를 곱해서 숫자를 만드는 것은 단순한 일이지만, 임의의 큰 숫자를 선택했을 때 어떤 소수가 곱해졌는지를 알아내는 것은 어렵기 때문입니다.

- **공개키(public key)**는 두 개의 커다란 소수로 만들어지며 메시지를 암호화하는 데 사용된다.
- **비밀키(Secret key)**는 두 개의 커다란 소수로 구성되어 있으며 메시지의 암호를 푸는 데 사용된다.
- 공개키는 공개적으로 사용할 수 있지만 암호해독을 위한 비밀키는 혼자만 가질 수 있다.

수학

미적분학

변화를 분석하여 수학적으로 연구하는 분야입니다.
아주 짧은 시간 동안의 변화를 측정하는 미분과 전반적인 변화를 측정하는 적분으로 구성되어 있습니다.

변화율

인구증가나 기온변화는 **시간에 따른 함수 그래프로 표현**할 수 있습니다. x축을 따라 특정 지점에서의 기울기를 알아내는 것은 변화율을 이해하는 데 도움을 줍니다. 변화율은 그리스 문자 델타(δ, Δ)로 표기합니다.

극한

어떤 함수가 **특정 지점**에서 **어떤 모양**을 하고 있을지 **예측**하는 데 도움을 줍니다.

구간

x축 위에 있는 두 점 사이의 범위를 의미합니다. 아주 작은 구간을 무한으로 활용하면 함수가 어떻게 변화하는지 자세히 알 수 있습니다.

미분 표기법

$y = f(x)$ 혹은 y는 x의 함수입니다.

y의 미분값은 x의 변화에 따른 y의 변화량이며 다음과 같이 표시합니다.

$$dy/dx$$

함께 표시할 때는 다음과 같습니다.

$$\frac{d}{dx} f(x)$$

적분 표기법

적분은 미분을 취소하거나 반전시킬 수 있으며 **곡선과 x축 사이의 면적**을 표시합니다.

$$\int f(x)\, dx$$

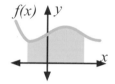

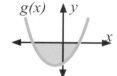

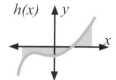

예 : 위치, 속도와 가속도

위치, 속도와 가속도 예제를 통해 미분과 적분의 기하학적 관계를 알 수 있습니다.

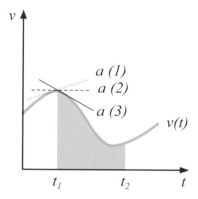

- 곡선 $v(t)$는 가속과 감속 즉, 속도의 변화를 보여준다.
- 가속도는 속도의 미분값이며 속도-시간 곡선상의 어떤 지점에서의 기울기이다. $a(1)$, $a(2)$, $a(3)$는 각각의 시간에서의 가속도를 의미한다.
- 속도는 위치의 미분값이다. t_1과 t_2 구간에서 곡선 아래의 면적은 속도의 적분값이며 이동거리를 의미한다.

미분값과 삼각법

$sin(x)$와 $cos(x)$의 미분값은 다음과 같은 관계에 있습니다.

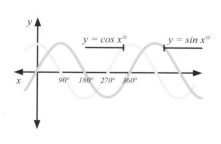

- $sin(x)$의 미분값은 $cos(x)$다.
- $cos(x)$의 미분값은 $-sin(x)$다.

논리

아이디어를 설명하고 신념을 표현하며 주장을 구성하기 위한 추론방법입니다.

- **전제** : 결론으로 이끄는 명제를 뜻한다.
- **명제** : 일반적이거나 한정되기도 하고, 긍정적이거나 부정적이기도 하다.
- **결론** : 신념의 표현이다.

- **타당성** : 전제로부터 결론에 도달하면, 이를 타당하다고 표현한다. 내용보다는 **'형식'에 의해 정의**되며, **타당성이 곧 '참'을 의미하는 것은 아니다.**

논리의 종류

연역법 : 삼단논법 논리 체계로, 전제가 '참'일 경우 결론도 '참'이 된다는 개념의 추론 방법

귀납법 : 개별적인 특수한 사실을 그러한 사례들과 묶어 일반적인 결론을 이끌어내는 추론 방법

귀추법 : 주어진 정보로부터 가장 그럴듯한 최선의 설명을 도출하는 추론 방법

유추로부터의 주장 : 인지하는 유사성으로부터 아직 관찰하지 못한 것에 대한 유사성을 추론하는 귀납적 추론 방법

귀류법 : 명제가 이끄는 결론을 부정함으로써 모순을 이끌어내 간접적으로 결론의 성립을 이끌어내는 추론 방법

역설 : '참'인 전제에서 타당한 추론을 통해 모순되는 결론을 이끌어내는 추론 방법

이발사의 역설

스스로 면도를 하지 않는 사람들만을 면도하는 이발사를 상상해 봅시다. 이 이발사는 스스로 면도할 수 있을까요?

- 스스로 면도할 수 없다. 왜냐하면 스스로 면도하지 않는 사람들만을 면도해 주기 때문이다.
- 스스로 면도하지 않는다고 해도 스스로 면도할 수 있다. 왜냐하면 스스로 면도하지 않는 사람들만을 면도 해주기 때문이다.

집합 A = 스스로 면도하는 사람
집합 B = 스스로 면도하지 않는 사람

이발사는 어느 집합에 속하는가?

이발사가 자기 스스로 면도하는 경우에 자기 스스로 면도를 하지 않아야 한다는 역설에 빠집니다.

수리논리학

수리논리학은 다음의 4가지 분야로 나눌 수 있습니다.

1. 집합론
2. 모델 이론
3. 재귀 이론
4. 증명론과 구성적 수학

대수(로그)

지수함수나 곡선은 특정한 공식을 이용해 표현을 변형할 수 있습니다.
지수는 '몇 승'이라는 표현으로 나타내는데, x^2(x의 2승)에서 2가 지수입니다.

어떤 수의 몇 승이 어떤 값인지를 알기 위해서 로그의 밑을 이용할 수 있습니다. 로그함수는 로그함수의 역함수인 지수함수 계산에 사용할 수 있으며 크기가 큰 숫자를 표현할 수 있습니다.

- 질문 : 2의 몇 승이 16인가?
- 답변 : 2를 밑으로 하는 log를 사용해 $\log_2(16)=4$라는 방정식을 세운다. 2의 4승은 16이다.

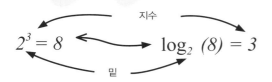

$$2^3 = 8 \longleftrightarrow \log_2 (8) = 3$$

지수

밑

두 가지 종류의 로그가 존재한다

- 상용로그는 밑이 10이며 $\log x$로 표시한다.
- 자연로그는 $\ln x$로 표시하며 무리수 e(≈ 2.718)를 밑으로 한다.

(상수 e는 29페이지 오일러의 수를 참고하세요.)

(자연로그) $\ln N = x \longleftrightarrow N = e^x$

로그를 통해 곱셈과 나눗셈을 쉽게 할 수 있다.

- $a = b \times c$
- $\log(a) = \log(b) + \log(c)$

지수적 변화

지수적 증가나 감소는 시간에 따라 점점 더 속도가 빨라지거나 느려지는 것을 말합니다.

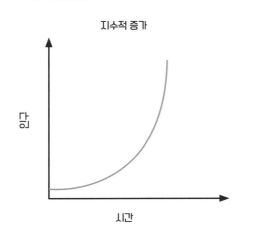

지수적 증가

임

시간

지수법칙	로그법칙
$x^a \cdot x^b = x^{a+b}$	$\log(ab) = \log(a) + \log(b)$
$\dfrac{x^a}{x^b} = x^{a-b}$	$\log\left(\dfrac{a}{b}\right) = \log(a) - \log(b)$
$(x^a)^b = x^{ab}$	$\log(a^b) = b \cdot \log(a)$
$x^{-a} = \dfrac{1}{x^a}$	$\log_x\left(\dfrac{1}{x^a}\right) = -a$
$x^0 = 1$	$\log_x 1 = 0$

로그의 역사, 존 네이피어와 로그표

스코틀랜드의 수학자인 존 네이피어가 20년간 로그표를 만들어 1614년에 발표했습니다.

확률과 통계

확률은 0~1의 범위로 표현하며 0은 사건이 발생하지 않음을, 1은 사건이 발생함을 의미합니다.
통계는 데이터의 수집, 정리, 묘사, 분석, 해석과 관련된 분야입니다.

중간값을 측정하는 방법

- **평균** : 데이터 내 숫자의 평균값. 모든 숫자를 더한 뒤 더한 숫자의 개수로 나눈다.
- **중앙값** : 데이터 내 순서대로 늘어놓은 숫자 중 '**가운데**'의 숫자
- **최빈값** : 데이터 중 가장 많은 빈도로 나타나는 숫자

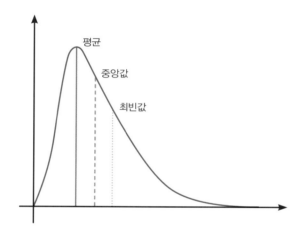

분산을 측정하는 방법

- **범위** : 가장 낮은 값과 높은 값의 차이
- **사분위수** : 자료를 크기순으로 배열하고 전체를 4등분한 각 점에 해당하는 값
- **사분범위** : 총 4개인 사분위수 중 제3사분위수와 제1사분위수 사이의 범위
- **백분위수** : 자료를 크기순으로 배열하고 가장 작은 값은 0, 가장 큰 값은 100으로 한 것
- **평균편차** : 중간값으로부터 각각의 숫자가 얼마나 멀리 있는지를 평균으로 나타낸 것
- **표준편차** : 평균값으로부터 각각의 숫자가 얼마나 퍼져 있는지를 측정한 값. 기호는 σ(시그마)

제곱평균제곱근은 각 값을 제곱하여 모두 더한 뒤, 숫자의 개수만큼으로 나눠서 구한 값입니다.

데이터 비교와 상관관계

같은 종류의 데이터를 한 그래프에 표현하여 비교할 수 있습니다. 각각의 데이터가 서로의 데이터에 일정한 영향을 줄 때, 상관관계가 있다고 표현합니다. −1에서 1 사이의 숫자로 표현하며 1은 완벽한 양의 상관관계, 0은 상관관계가 없음을, −1은 완벽한 음의 상관관계를 의미합니다.

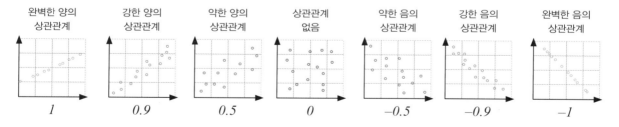

완벽한 양의 상관관계 / 강한 양의 상관관계 / 약한 양의 상관관계 / 상관관계 없음 / 약한 음의 상관관계 / 강한 음의 상관관계 / 완벽한 음의 상관관계

1　　0.9　　0.5　　0　　−0.5　　−0.9　　−1

카오스

초기 조건의 작은 변화가 결과에 큰 영향을 미치는 시스템을 수학적으로 기술했습니다.

카오스 : 아주 조금의 초기 조건의 변화로도 매우 다른 결과가 나타나는데, 초기 값을 예측할 수 없어 **명백히 무작위적으로 보이는 현상들**이 나타납니다.

카오스 이론 : 하지만 카오스에도 결정론적인 법칙이 있을 거라고 생각하며 수학적으로 기술하는 이론입니다.

어트랙터(끌개) : 동적인 시스템이 초기 상태와 상관 없이 결국 평형 상태로 수렴하게 만드는 것을 말합니다. 즉, **무질서한 상태를 결정론적인 시스템으로 이끕니다.**

이상 어트랙터(야릇한 끌개, Strange attractor) : 카오스의 끌개는 매우 복잡한 프랙탈 형태를 가졌으며 야릇한 끌개라고 표현합니다.

전체와 동일한 모양이 계속적으로 반복되는 프랙탈 구조

이상 어트랙터 중 하나인 로렌츠 어트랙터

결정성 : 시스템의 초기 조건과 시간 경과에 따른 변화 과정을 알고 있다면 **결과를 예측**할 수 있습니다.

두 개의 추가 달린 진자 : 진자의 운동은 **결정되어 있습니다.** 추 끝에 또 하나의 추를 연결하면 불규칙한 운동이 발생합니다. 얼마나 불규칙하게 움직이는지는 진자를 놓는 높이에 의해 결정됩니다. (34페이지의 '단진동'을 참고하세요)

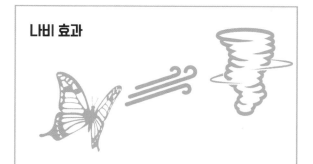

나비 효과

페루의 열대우림에서 **나비가 퍼덕인 날개바람**이 스코틀랜드의 항구도시인 글래스고의 **날씨에 영향을 미칠 수 있다**는 생각에서 나온 원리입니다. 사실은 대서양의 바람 등 다른 효과들이 무수히 작용하기 때문에 **과장된 예**입니다.

일기예보

날씨는 초기 조건을 측정할 수 있어서 예측이 가능합니다. 하지만 변수가 너무 많아 정확하게 예측하기는 불가능합니다.

의사난수

컴퓨터로 생성하는 난수입니다. 하지만 결정론적 방식으로 만들어져 완전히 무작위적이지는 않습니다. 정말로 무작위로 숫자를 선택하려면, 모든 숫자가 선택될 가능성이 동일해야 하며 무엇이 선택될지 완전히 예측할 수 없어야합니다. **진짜 난수와 구별하여 의사난수**라고 부릅니다.

허수

복소수라고도 하며, 제곱한 값이 음수가 되는 숫자를 의미합니다.
$x^2 = -1$, 제곱해서 -1이 되는 수를 허수단위라고하며 i로 표현합니다.

---

i는 $i \times i = -1$로 정의하며 여기서 i는 음수의 제곱근이다.

$$\sqrt{-1}$$

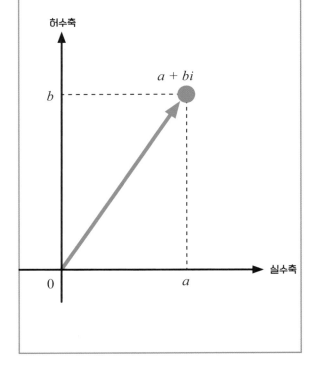

복소수는 직선상에 숫자를 표현할 수는 없지만, 복소평면 상에 표현할 수 있습니다.

i는 곱셈을 할 경우 다음과 같은 **네 가지 값을 갖는 놀라운 속성**을 가지고 있습니다.

- $i \times i = -1$
- $-1 \times i = -i$
- $-i \times i = 1$
- $1 \times i = i$

i의 지수는 아래의 가정에 의해 계산할 수 있습니다.

$$i = \sqrt{-1} \quad i^2 = -1 \quad i^3 = -\sqrt{-1} \quad i^4 = 1 \quad i^5 = \sqrt{-1}$$

이 계산의 결과가 **주기성**을 지닌 것을 볼 수 있습니다. 이런 특성을 이용해 **주기적인 현상이나 진동 현상 등에 응용**합니다. 신호처리, 통신, 무선기술, 영상기술, 음향분석, 전자공학, 레이더, 자연주기 등이 그 예입니다.

여러 진동 및 파동과 관련된 현상들에 허수를 적용하여 다양한 통찰을 얻을 수 있었습니다. 허수를 사용하지 않았더라면 인터넷, 디지털과 아날로그를 연결하는 기술 등은 존재하지 않았을 것입니다.

'허수'라는 용어는 17세기에 '**아무도 이해하지 못하는 수학**'이라는 비판적 의미로 처음 사용됐습니다.

비유클리드 기하학

유클리드 기하학에서 서로 평행한 선분은 결코 만날 수 없습니다. 하지만 다른 형태의 기하학도 존재합니다.
평행한 선분에 관한 법칙이 다를 수 있는 것입니다.

유클리드 기하학은 **왜곡이 없는 2차원 평면**상에서만 유효합니다. 비유클리드 기하학은 **휘어진 평면에서의 기하학**을 다룹니다. 예를 들어, 타원면이나 쌍곡면 형태의 평면이 있습니다.

쌍곡면

유클리드

타원면

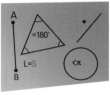
곡률이 0인
유클리드 평면

양의 곡면을
지닌 타원면

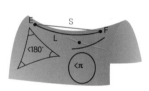
음의 곡면을
지닌 쌍곡면

유클리드 평면 / 타원면 / 안장 모양의 쌍곡면

삼각형의 내각을 예로 들면, 유클리드 기하학에서는 180°를 이루지만, 비유클리드 기하학에서는 180°를 못미칩니다.

- 타원면은 양의 곡면을 가지며 삼각형의 내합은 180°도 보다 크다.
- 쌍곡면은 음의 곡면을 가지며 삼각형의 내합은 180°도 보다 작다.

비유클리드 기하학은 주로 전자기장이나 중력장의 휘어진 표면을 설명하는 데 사용됩니다.

타원도법

중국 북경에서 캐나다 토론토로 날아가는 비행기를 탔다고 상상해봅시다. 비행기 관점에서는 직선으로만 움직이는 것 같지만, 실제로는 휘어진 경로로 비행합니다.

쌍곡면 기하학

다양한 모델을 활용하며 아인슈타인의 상대성이론에서 특히 중요합니다.

푸엥카레 디스크 모델

곡선을 보여주는 이차원
쌍곡면 기하학의 투영 모델

벨트라미 클라인 모델

곡면 공간을 이차원에서 직선으로
표현하는 투영 모델

페르마의 마지막 정리

피에르 페르마(1601~1665)는 수학을 좋아하는 프랑스의 변호사로 피타고라스의 정리 등의 방정식에 관심이 많았습니다.
이들이 2차 방정식뿐만 아니라 3차, 4차, 5차, 6차 방정식에 적용할 때도 참이 되는지 궁금해했습니다.

페르마의 정리

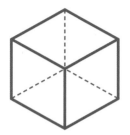

정수가 $n > 2$ 일때

$$x^n + y^n = z^n$$

를 만족하는 양의 정수 x, y, z는 존재
하지 않습니다.

피타고라스 삼조

$n = 2$일 때 문제를 해결하는 무한개의 해
가 존재하며, $x^2 + y^2 = z^2$에서 이를 만족시
키는 해를 피타고라스 삼조라고 합니다.

$$3^2 + 4^2 = 5^2$$

$$9 \ + \ 16 \ = 25$$

$$161^2 + 240^2 = 289^2$$

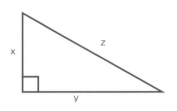

페르마에 의하면 x, y, z가 3승 이상일 경우
에는 해가 존재하지 않습니다.

$$x^5 + y^5 = z^5$$

협동 수학

페르마가 자신의 정리를 증명했는지는 **아
무도 확인할 수 없는 문제**이지만, 수학자
들은 페르마가 자신의 정리를 증명했을 거
라고 믿습니다.

많은 수학자가 페르마의 정리를 증명하려
했고, 거의 다다랐지만 검토 과정에서 오
류들이 밝혀졌습니다. 이렇게 어떤 수학자
가 연구 결과를 발표하고, 다른 수학자가
검토하는 방식으로 **수학도 협동이 가능합**
니다.

1994년 수학자 앤드루 와일스가 페르마의
정리를 일부분 증명하여 이후의 다른 수학
자들이 완벽한 증명에 다다를 수 있는 **물
꼬 역할**을 했습니다. '**이와사와 이론**'을 이
용해 '**타니야마─시무라의 추측**(모듈성 정
리)'을 풀어내어 부분적으로나마 증명할 수
있었습니다.

이와사와 이론은 정수론의 한 부분이며 유
타카 타니야마와 고로 시무라의 추측은 타
원곡선을 연구하고 정수론과 위상론을 연
결하는 추측이었습니다.

페르마는 자신의 정리를 증명하고
자 노력했습니다. 자신이 읽던 책
한구석에 '**증명을 발견하였으나, 그
것을 적어 넣기에는 여백이 충분하
지 않다.**'라고 적고서 곧 사망했습
니다.

수 세기 동안 여러 수학자가 페르마
의 정리를 증명하려 노력했습니다.

오일러의 수

오일러의 수 'e'는 2와 3 사이에 있는 무리수이며 수학에서 가장 중요한 상수입니다.

$$e = 2.71828182845904523536028747135 27\ldots$$

레온하르트 오일러(1707~1783)는 시력을 잃은 후에도 천부적인 기억력과 강인한 정신력으로 수학 연구에 매진했던 스위스 수학자입니다. 상수 e의 발견자는 아니지만, 오일러가 e라고 표기하며 이름이 붙여졌습니다.

자코브 베르누이(1655~1705)가 변화율과 복리에 관해 연구하다 상수 e를 발견했습니다. 인구증가와 기온변화 같은 변화를 표현하는 응용수학과 물리학에 관련이 깊습니다.

매년 말에 100%의 이자를 주는 은행에 동전 하나를 예금했다고 생각해봅시다. 연말에는 동전이 두 개가 됩니다. 그렇다면 6개월마다 50%의 이자를 준다거나 3개월마다 25%, 혹은 매월 12%의 이자를 준다면 어떨까요?

이자율	연간 이자 지급 횟수	연간 총금액
100%	1	2
50%	2	2.25
25%	4	2.44140625
12%	12	2.61

e와 증가

$y=e^x$을 그래프로 그리면 다음과 같다.

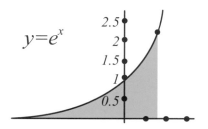

$$y=e^x$$

$y=e^x$는 변화에 따른 점들, 변화하는 곡률 그리고 곡선 아래의 면적이 동일(e^x)한 유일한 함수입니다. 이 특징으로 인해 미적분(변화율을 기술하는 방정식)을 쉽게 할 수 있습니다.

오일러의 항등식

원의 둘레와 지름의 비율을 나타내는 무리수인 π와 e를 연결하는 방정식을 오일러가 **발견**했습니다.

$$e^{i\pi}+1 = 0$$

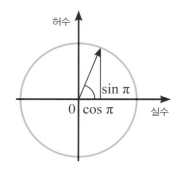

점점 더 짧은 기간을 대입하면서 위의 계산을 이어나가면, 결국 e에 근접하게 됩니다. 상수 e는 무한과 관련이 있는 상수입니다.

e를 계산하는 또 다른 방법은 아래를 참고하세요.

$$e = 1 + \frac{1}{1} + \frac{1}{1.2} + \frac{1}{1.2.3} + \frac{1}{1.2.3.4} + \text{무한반복}$$

만델브로 집합

만델브로 집합은 신비하고 아름답기로 유명합니다.
숫자 2의 정의된 경계 내에서 함수에 복소수를 사용한 결과입니다.

이 집합이 어떻게 작동하는지 이해하기 위해서 복소평면을 살펴봅시다.

복소수의 크기는 $|a + bi|$ 로 표현할 수 있으며 복소평면에 좌표로 표현하면 아래와 같습니다.

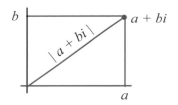

함수 Z

어떤 복소수 'c'를 가상하고 아래의 방정식을 이용해봅시다. $c = 1$일 때 결과값을 $f(z)$에 넣어 순환시키면 나오는 결과입니다.

$$f_1\ (0) = 0^2 + 1 = 1 \rightarrow$$
$$f_1\ (1) = 1^2 + 1 = 2 \rightarrow$$
$$f_1\ (2) = 2^2 + 1 = 5 \rightarrow$$
$$f_1\ (5) = 5^2 + 1 = 26 \rightarrow \ldots$$

위와 같은 결과를 '**반복**'이라고 부르며 각 결과값은 함수에 입력됩니다. 이로써 함수 z에서 0이 어떻게 변하는지 확인할 수 있습니다.

만델브로 집합에서는 $f(z)$에서 생성된 복소수의 크기 공식이 중요한데, 복소평면 원점으로부터의 거리를 의미하기 때문입니다. 여기서 반복 계산되는 숫자는 무한히 큽니다.

만일 $c = -1$일 경우 결과는 **2 내에 속합니다.**

$$f-1\ (z) = z^2 + -1$$
$$f-1\ (0) = 0^2 + -1 = -1 \rightarrow$$
$$f-1\ (1) = -1^2 + -1 = 0 \rightarrow$$
$$f-1\ (0) = 0^2 + -1 = -1 \rightarrow \ldots$$

복소수 집합

만약 $f(z)$의 **결과가 2 이내라면 만델브로 집합**이라고 할 수 있습니다. 이 집합을 확대하면 세밀하고도 무한한 구조를 확인할 수 있습니다. 자연스러운 프랙탈 구조입니다.

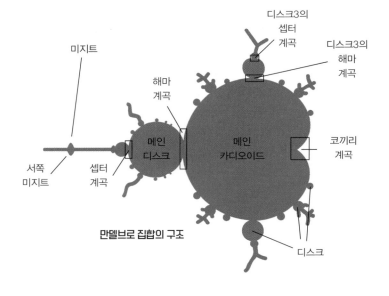

만델브로 집합의 구조

위상기하학

다양한 표면과 공간을 연구하는 학문입니다.
찢어지지 않고, 잘린 곳이 없고, 서로 붙어있는 면이 없는, 어떤 물체의 연속적 변형과 연관이 있습니다.

위상적 객체*는 구멍의 개수를 가지고 구분합니다. 따라서 **위상적으로는 머그잔과 도넛은 동일한 물체**입니다. 도넛을 자르지 않고서 주무르는 것만으로도 머그잔 모양을 만들 수 있기 때문입니다.

뫼비우스의 띠

안과 밖의 구별이 없는 띠로, 하나의 면을 다른 면에 꼬아 붙여 하나의 연속된 면을 갖습니다. 어느 지점에서나 띠의 중심을 따라 이동하면 출발한 면과 정반대 면에 도달하고, 계속 나아가면 처음 위치로 돌아옵니다. **수학적으로는 삼차원 공간에 존재하는 이차원 객체**라고 말합니다.

위상적 객체의 종류

• **토러스** : 구멍이 하나인 도넛 형태의 객체

• **이중 토러스** : 두 개의 도넛이 붙어 있는 형태의 객체. 위상기하학적으로는 구멍이 2개 있다고 말한다.

• **삼중 토러스** : 구멍이 3개인 프레츨 형태의 객체

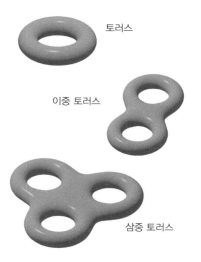

토러스

이중 토러스

삼중 토러스

★ 위상적 객체 : 계속되는 변형 아래 불변의 공간적인 특성들을 나타내는 공간적 객체

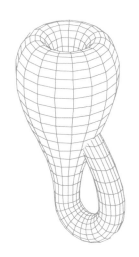

클라인 병

삼차원 공간에 존재하는 이차원 표면입니다. **병의 내부와 외부가 연속적으로 연결되어 있습니다.**

앙리 푸앵카레

프랑스 수학자 푸앵카레(1854~1912)는 이론 물리학자이기도 했습니다. 공간의 일그러짐에 관한 깊은 수학적 이해를 바탕으로 **위상기하학 분야를 창시**했으며 **상대성이론에 기여**하기도 했습니다.

푸앵카레의 추측은 토러스에 그린 두 개의 폐곡선*은 연속적으로 한 점으로 수렴할 수 없다는 것이었습니다. 따라서 폐곡선이 한 점으로 수렴하는 구는 토러스와 **위상동형***이 아니다라고 말할 수 있습니다.

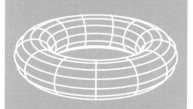

★ 폐곡선 : 하나의 점에서 시작해 다시 그 점으로 돌아오도록 이어지는 선
★ 위상동형 : 두 공간이 본질적으로 같은 위상공간일 때 위상동형이라고 한다.

수학

궤도 공명

천체 운동은 행성과 달의 궤도, 태양과 행성, 은하의 중심과 관련이 깊습니다.
천체 상호 간 중력이 주는 영향력에 의해 궤도가 유지되거나 변화합니다.

행성과 그 주위를 공전하는 위성은 서로 **운동에너지를 주고 받으며, 시간이 흐르다 보면 궤도가 동기화**됩니다. 공전하는 천체의 상호 간의 비율이 정수와 관련이 있게 될 때를 궤도가 공명한다고 말합니다.

태양계의 사례

- 화성의 공전주기 687일. 지구의 공전주기 356일. 두 천체의 공명비율은 1.88로 정수가 아니다. 따라서 화성과 지도는 궤도 공명을 하지 않는다.
- 명왕성과 해왕성은 2:3 비율로 궤도 공명을 한다.
- 토성과 가까이 있는 위성들은 비율이 정수가 아닌 상태로 불안정한 궤도 공명을 하여, 그 결과로 토성에 아름다운 고리가 생겼다.
- 목성의 위성인 가니메데와 유로파. 이오는 1:2:4의 비율로 공명한다. 가니메데가 목성을 한 바퀴 공전할 때 유로파는 두 바퀴, 이오는 네 바퀴를 공전한다.

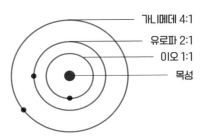

가니메데 4:1
유로파 2:1
이오 1:1
목성

유용한 수학 : 비율과 궤도 공명 주기

두 궤도가 공명할 때의 비율을 단순화하기 위해 두 숫자를 모두 나눌 수 있는 숫자로 나눕니다. 즉, 비율이 3:6이라면 1:2라고 쓸 수 있습니다.

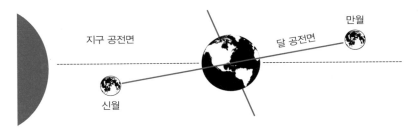

만월
지구 공전면
달 공전면
신월

지구와 달

지구에서는 항상 달의 한쪽 면밖에 볼 수 없습니다. 달이 **동주기자전***하기 때문입니다. 달이 지구에 주는 조석력과 지구의 중력으로 인해 **두 천체의 자전주기와 공전주기가 일치해져 같이 회전하기 때문**입니다.

세차운동

세차운동은 지구와 같은 회전체의 회전축이 천구상에 원을 그리며 움직이는 것을 의미합니다. 지구의 적도 지름은 12,756km, 극 지름은 12,713km입니다. 달과 지구가 서로를 당겨 적도 부분이 조금 더 부푼 것입니다. 달과 지구의 중력이 상호작용하면서 지구의 자전축이 흔들리게 되는데, 이로 인해서 지구는 자이로스코프처럼 세차운동을 하게 됩니다.

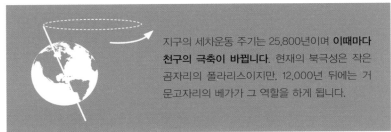

지구의 세차운동 주기는 25,800년이며 **이때마다 천구의 극축이 바뀝니다.** 현재의 북극성은 작은곰자리의 폴라리스이지만, 12,000년 뒤에는 거문고자리의 베가가 그 역할을 하게 됩니다.

★ **동주기자전** : 자전주기와 공전주기가 같은 경우를 말한다.

알 바타니

알 바타니(서기 858~929)는 이슬람의 황금기에 활약한 천문학자이자 수학자로,
오늘날 터키 영토 안에 있는 과거 북메소포타미아 지역 출신으로 추정됩니다.

알 바타니의 삶에 대해서 알려진 것은 거의 없습니다. 그의 아버지가 과학장비를 만드는 사람이었고, **알 바타니의 연구가 코페르니쿠스와 갈릴레오, 케플러와 티코 브라헤에게 영향을 주었다**는 정도입니다. 이 과학자들이 모두 알 바타니를 언급했습니다.

사인, 코사인, 탄젠트

삼각함수는 과학자들이 이해하고자 하는 많은 현상들을 설명하는 도구입니다. 알 바타니의 연구가 바로 **삼각함수를 사용해 현상들을 설명하고자 한 초기의 시도였습니다.**
삼각함수의 계산과 관련한 표를 만들기도 했습니다.

천문도표

알 바타니는 태양, 달, 행성과 항성의 움직임을 예측할 수 있는 도구를 만들어달라는 의뢰에 **천문도표를 개발**했습니다. 날짜를 계산하는 데 사용되어 항해술, 문화, 신학에서 매우 중요한 도구였습니다. 현재 바티칸 도서관에서 소장하고 있습니다.

아스트롤라베

이슬람의 황금기에 개발된 별의 위치, 시각, 경위도 등을 관측하기 위한 천문기계입니다. 천체의 움직임을 기반으로 좌표와 시간을 측정할 수 있어서 항해에 매우 중요했습니다.

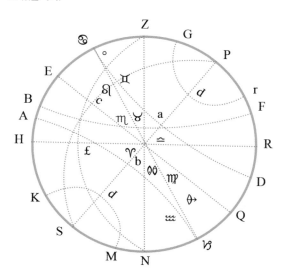

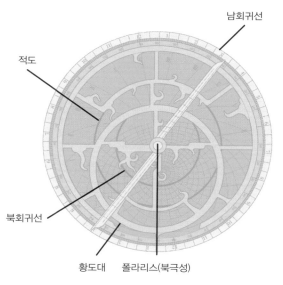

적도
남회귀선
북회귀선
황도대
폴라리스(북극성)

물리학

단진동

진동운동의 해석에 사용됩니다.
위치에너지(PE), 운동에너지(KE)와 각 운동량 간의 상호작용과 연관되어 있습니다.

운동에너지(K): 움직이는 물체가 가진 에너지

$$K = \frac{1}{2}mv^2$$

v = 속도 m/s
K = 운동에너지

위치에너지(PE): 잠재적 에너지

$$PE = mgh$$

m = 질량(kg)
g = 9.8N/kg
h = 높이(m)

등속 원운동

일정한 속력을 유지하는 원운동입니다.

속도 방정식은 다음과 같습니다.

$$\omega = f \times 2\pi$$

• ω = 각 속도
• f = 뉴턴의 제2법칙에 의한 힘
• r = 지름

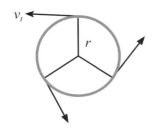

진자

진자운동은 원운동 공식으로 표현할 수 있습니다. **진자의 길이는 원의 반지름과 동일하며 최고점에 도달하면 멈췄다가 운동 방향을 바꿉니다.**

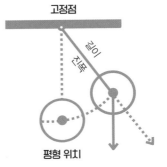

고정점

길이 진폭

평형 위치

• 추가 멈췄을 때 KE = 0이며 PE는 최대가 된다.
• 추가 평형 위치에 오면 KE는 최대가 되며 PE = 0이다.

용수철의 운동

• 스프링의 최대 위치에서 PE = 최대이며 KE = 0이다.
• 중간 위치에서 KE = 최대이며 PE = 0이다.

용수철 상수와 후크의 법칙

스프링이나 탄력 있는 물질은 용수철 상수라는 값을 갖습니다. k로 표현합니다.

$$F = -k \times x$$

F = 뉴턴 단위의 힘(혹은 복원력) k = 스프링 상수 x = 늘어난 길이(m 단위)

주파수

1초 동안 발생한 진동 수를 의미합니다.

F = 파장의 한 주기가 완료되는 시간

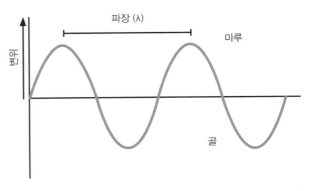

파장 (λ)

마루

진폭

골

광학

빛의 향하는 경로를 그려 빛이 다른 종류의 매질을 통과할 때 어떻게 반응하는지 시각적으로 표현할 수 있습니다.

반사의 법칙

광선이 반사표면에 부딪히면 입사각과 같은 각도로 반대 방향으로 반사됩니다.

입사각 = 반사각

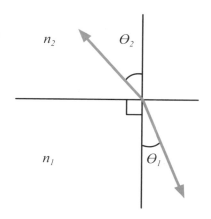

굴절의 법칙

빛이 다른 종류의 매질로 진입할 때 굴절하게 되는데, 이때의 굴절각은 입사각보다 작습니다. **굴절각은 스넬의 법칙에 따라 입사각과 관련이 있습니다.**

$$n_1 \sin \theta_1 = n_2 \sin \theta_2$$

굴절각은 굴절률에 의해 결정되는 것입니다. 그리고 굴절률은 각 매질이 갖는 고유의 광학적 특성입니다.

굴절률 : $n = c/v$

- n = 굴절률
- c = 진공에서의 광속
- v = 매질에서의 광속

굴절률이 높을수록 굴절각은 작아집니다.

렌즈와 초점

렌즈의 도수는 아래의 방정식으로 계산할 수 있습니다.

렌즈의 도수 = P(디옵터 단위)
렌즈의 초점거리 = f(미터 단위)

$$P = \frac{1}{f}$$

렌즈 방정식

$$\frac{1}{f} = \frac{1}{u} + \frac{1}{v}$$

f = 초점거리(m)
u = 물체거리(m)
v = 상거리 (m)

볼록렌즈와 오목렌즈

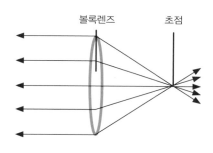

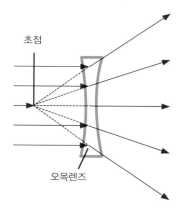

보강간섭과 상쇄간섭

- **보강간섭** : 파장과 진폭이 동일한 두 파장의 골과 골, 마루와 마루가 만나 진폭이 커지는 현상
- **상쇄간섭** : 두 파장의 골과 마루가 만나 파동의 진폭이 사라지는 현상

회절무늬

보강간섭과 상쇄간섭으로 인해 발생하는 줄무늬. **간섭무늬**라고도 합니다.

소리와 음향

소리는 듣고 느낄 수 있는 매질 분자의 진동입니다.

파장의 종류

• **횡파** : 사인파 곡선으로 진공 속에서도 나아갈 수 있다.
• **종파** : 지면이나 공기 같은 매질을 통해서만 나아갈 수 있다. 이때 **매질은 압축과 팽창을 반복**한다.

아래 그림은 종파인 소리가 나아가면서 공기의 분자를 어떻게 압축하고 변형하는지를 보여줍니다. 압축된 부분 사이의 간격은 파장을 의미합니다.

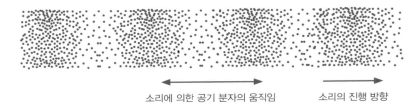

소리에 의한 공기 분자의 움직임   소리의 진행 방향

고조파

두 개의 지지대로 길이를 고정하고 현을 달면, 지지대 사이에서 모든 파형의 진동을 실험할 수 있습니다. 각각의 파장은 서로 고조파를 이루며 일정한 정수비를 갖습니다.

기본
첫 번째 기음

첫 번째 배음
두 번째 기음

두 번째 배음
세 번째 기음

세 번째 배음
네 번째 기음

정상파 : 기본 모드

기타와 같은 현악기의 현은 노드라는 고정점에 연결되어 있습니다.

기본 모드 : 현에서의 정상파

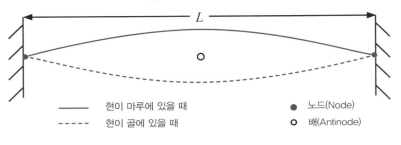

L

——— 현이 마루에 있을 때   ● 노드(Node)
- - - - 현이 골에 있을 때   ○ 배(Antinode)

도플러 편이(Doppler shift)

움직이는 물체에서 소리가 날 때 **물체의 진행 방향으로는 주파수가 높아지고, 반대 방향으로는 주파수가 낮아지는 현상**을 말합니다. 이 현상의 발생 이유는 파원이 가까워지면 파장이 압축되며 주파수가 높아지기 때문입니다. **같은 현상을 광원에서도 관찰할 수 있습니다.**

긴 파장
낮은 주파수   짧은 파장
높은 주파수

공명주파수

현, 진자, 탄성이 있는 물체들을 잡아 당겼다가 놓았을 때 발생하는 주파수를 의미합니다.

망원경

인류 역사의 대부분에서 우주를 이해하는 방법은 시각과 상상력뿐이었습니다.

이슬람 학자인 이븐 알 하이삼의 저서인 "광학에 관한 책(The book of optics)"에는 물체를 확대해서 보기 위해 볼록렌즈를 이용하는 방법(망원경)에 관한 내용이 기술되어 있습니다. 라틴어로 번역되면서 영국의 과학자인 로저 베이컨에게 영향을 주었고, **13세기 영국에 이 원리가 소개되었습니다.**

망원경

최초의 망원경은 1608년 네덜란드의 갈릴레오 갈릴레이(1564~1642)가 발명했습니다. 망원경으로 밤하늘과 달 표면을 관측하였고, 그 결과들이 곧 지구가 태양이 중심인 태양계에 속했음을 입증하게 되었습니다.

태양이 중심인 우리 태양계

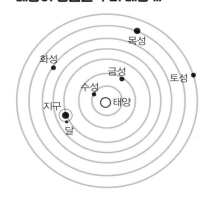

지상 천문대

- 우라니보르그는 티코 브라헤(1546~1601)가 사용하던 덴마크의 천문대이자 연금술 실험실이다.
- 인도 라자스탄주 자이푸르에 있는 잔타르 만타르는 1734년에 준공되었다. 여기에 세계에서 가장 큰 석조 해시계와 건축학적 의미가 있는 19개의 천체관측 기구가 있다.

반사망원경

뉴턴은 **1668년**에 큰 오목거울과 작은 평면거울과 렌즈를 조합하여 **반사망원경을** 만들었습니다.

미국 캘리포니아 윌슨산 천문대에 있는 **구경 100인치의 후커망원경은 1917년에 만들어졌습니다.** 1923년에 천문학자 에드윈 허블이 이 망원경으로 안드로메다 성운(이때까지만 해도 성운으로 알려져 있었습니다. 지금은 은하라고 합니다.)이 우리 은하 밖에 있다는 것을 밝힐 수 있었습니다.

적외선 광학망원경

하와이의 마우나케아 천문대에는 여러 국제적인 천체물리학 연구그룹이 만든 12대의 망원경이 있습니다. 그중 세계에서 가장 큰 주경을 가진 일본의 스바루망원경은 구경이 8.2m에 이릅니다. 적외선을 감지하는 이 망원경은 1999년에 만들어졌습니다.

전파망원경 간섭계

- 칠레 아타카마 사막에 있는 ALMA(Atacama Large Millimeter/submillimeter Array; 아타카마에 있는 대형 밀리미터/서브밀리미터파 간섭계*)는 2011년에 만들어진 것으로, **66개의 독립적인 전파망원경으로 구성**되어 있습니다. 밀리미터파와 서브밀리미터파 영역대의 전자기 복사를 감지할 수 있다.
- 2016년에 만들어진 구면 전파망원경은 하늘의 눈이라는 의미를 가진 톈옌이라는 별명이 있으며 중국 남서부 핑탕현에 위치해 있다.

★ 간섭계 : 두 개 이상의 전파망원경을 배열하고 이를 서로 간섭시켜 거대한 하나의 전파망원경처럼 작동하도록 만든다.

일, 힘, 에너지

어떤 힘이 물체를 움직이면 일을 했다고 말합니다.
들어 올리거나 달리거나 뛰거나 올라가거나 미는 것 모두 우리 몸으로 '일을 하는 것'입니다.

일

일은 **일에 사용된 힘(F)과 물체가 움직인 거리(d)를 포함**합니다. 다음의 방정식으로 계산할 수 있습니다.

$$일 = 힘 \times 거리$$
$$W = F \times d$$

- W는 줄(J) 단위를 사용한다.
- F는 뉴턴(N) 단위를 사용한다.
- d는 미터(m) 단위를 사용한다.

에너지는 일을 수행하는 능력입니다. 에너지는 일의 필수요소이며 일을 한만큼 에너지가 이동합니다.

에너지

창조되거나 소멸되지 않으며 그때그때 형태가 바뀝니다. 에너지의 형태가 바뀔 때 모든 에너지가 일로 변환되지 않기 때문에 **영구기관은 절대로 이루어질 수 없는 꿈입니다.**

효율

에너지가 기관이나 전동기에 들어갔다 나오면서 변형이 될 때, 그 **효율**이 어떠한지 알 수 있는 방법이 있습니다. **공급된 에너지와 나오는 에너지의 비율로 계산**하며 줄(J) 단위로 측정합니다.

$$효율 = \frac{변형된 유효 에너지}{공급한 에너지 총량}$$

$$효율의 백분율 = 효율 \times 100$$

$$효율의 백분율 = \frac{변형된 유효 에너지}{공급한 에너지 총량} \times 100$$

일률

일의 양이 어떻게 변화하는지에 관한 것으로, **에너지가 변화하는 데 얼마나 걸리는지** 알 수 있게 합니다. 일을 시간으로 나눠 구할 수 있으며, 단위시간 동안 이루어진 일의 양을 측정합니다.

$$P = \frac{W}{t}$$

- P = 일률, 와트(w) 단위를 사용한다.
- W = 일, 줄(J) 단위를 사용한다.
- t = 시간, 초(s) 단위를 사용한다.

일

일(j) → W

F × D

힘(N)   움직인 거리(m)

일(J) =
힘(N) × 움직인 거리(m)
움직인 거리는 힘과 동일한 선상에 있어야 한다.

케플러의 법칙

독일의 천문학자 요하네스 케플러는 수학자이며 점성술사였습니다.
행성의 운동법칙을 만들었고, 'Somnium(꿈)'이라는 SF 소설도 썼습니다.
그의 다양한 활동이 가톨릭 근본주의자들로부터 박해를 초래해 집마저도 떠나야 했습니다.

Mysterium Cosmographicum (우주론적 신비), 1596

케플러는 **플라톤의 다면체**를 당시에 알려진 6개의 행성인 수성, 금성, 지구, 화성, 목성, 토성과 연관짓는 실험을 했지만, 관측 결과값과 달라서 포기했습니다.

케플러와 티코 브라헤

1600년, 케플러는 신성로마제국의 황제 루돌프 2세의 점성술사였던 티코 브라헤(당시 최고의 천문대를 가진 최고의 천문학자)를 만났습니다. 티코는 자신의 관측 결과를 공개하려 하지 않았지만, 케플러의 수학적 지식에 흥미를 느껴 함께 일했습니다(자주 다툼). **1601년 티코가 사망하자 케플러가 황실 수학자로 임명**되었고, 천문대의 관측 데이터를 볼 수 있었습니다. 이로 인해 **행성 운동에 관한 3가지 법칙을 만들 수 있었습니다.**

물리학

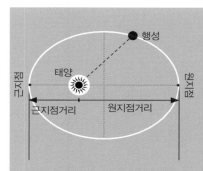

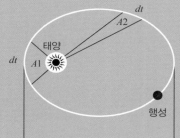

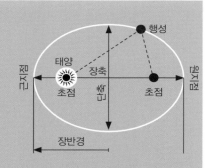

제1법칙

모든 행성은 **태양을 초점으로 타원 궤도를 돕니다.**

- 타원은 찌그러진 모양의 원이다.
- 궤도의 **이심률**은 궤도가 찌그러진 정도를 나타내는 척도이다.
- 이심률은 0~1의 값을 가지며 완벽한 원의 이심률은 0이다.

제2법칙

제2법칙은 **행성이 태양에 다가갈수록 빨라지고, 태양에서 멀어질수록 느려진다**는 것을 보여줍니다. 하지만 행성들이 태양의 주위를 돌 때, **속도와는 상관없이 동일한 시간 동안 동일한 면적을 쓸고 지나갑니다.** 위 그림에서 A_1의 면적이 A_2와 같습니다.

제3법칙

제3법칙은 **행성과 태양 사이의 거리와 공전주기의 관계**를 설명합니다.

- 행성 공전주기의 제곱은 공전궤도의 장반경의 세제곱에 비례한다.
- 장축 : 긴 지름
- 단축 : 짧은 지름
- 장반경 : 장축의 절반 길이

★ **이심률** : 물체의 운동이 원운동에서 벗어난 정도를 나타내며 타원의 찌그러짐을 표현한다.

뇌터의 보존 법칙

보존 법칙은 시간이 흘러도 물리 시스템의 특성이 동일하게 유지될 때 적용됩니다.

각운동량의 보존

- 각운동량은 어떤 축을 중심으로 하는 회전 관성과 회전 속도를 곱한 값이다.
- 외부의 힘이 작용하지 않을 때 각운동량의 총량은 보존된다.
- 운동량 = 질량 × 속도

회전 중인 피겨스케이트 선수가 **팔을 접으면** 각운동량이 줄어들면서 **회전속도가 빨라집니다.**

뇌터의 대칭 불변성

아인슈타인의 법칙에서 **가장 중요한 것 중** 하나는 모든 것이 상대적인 것이 아니라, **빛의 속도가 모든 상황에서 동일하게 유지**된다는 것입니다. 이처럼 많은 물리학 현상에서 '보존되는 특성'들을 볼 수 있습니다. 오른쪽의 표는 보존 법칙과 뇌터의 대칭 불변성(보존된 특성)을 보여줍니다. **"물리법칙이 어떤 변환에 대하여 대칭적이면 그에 해당하는 보존량이 존재한다."**

보존법칙	뇌터 대칭 불변성
선형 운동량	병진 불변성
각운동량	회전 불변성
질량–에너지(E=m)	시간 불변성

물리학

팔을 접으면
빠르게 회전

팔을 펴면
느리게 회전

뉴턴의 요람

나란히 놓인 진자. 한쪽 끝의 진자를 들었다 놓으면, **선형 운동량 보존 법칙과 공간 대칭**에 의해서 반대쪽에 있는 진자가 움직이게 됩니다.

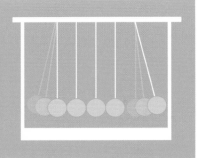

에미 뇌터(1882~1935)는 유태인 수학자입니다. 아인슈타인이 상대성이론을 연구할 때 뇌터의 수학적 지식을 많이 참고했다고 합니다.

뇌터의 정리는 복잡하지만 간단히 말하자면 이렇게 말할 수 있습니다.

"어떤 방정식에 대칭성이 있다면 물리량은 보존된다."

에미 뇌터

- 1908~1911년의 연구로 불변성 법칙을 만들었다.
- 유대인(인종차별)과 여성이라는 이유로 심한 차별을 겪으며 1923년까지 급여를 받지 못했다.
- 1920~1926년에는 위상수학 분야에 기여했다.
- 1930년대 독일의 나치에 의해 직장에서 쫓겨나는 등의 박해를 받았다.
- 미국으로 건너가 펜실베니아의 브린모어 대학에서 일했다.
- 수술 합병증으로 인해 1935년 만 53세의 나이에 사망했다.

뉴턴의 운동방정식

뉴턴의 운동법칙은 움직이는 물체를 기술하는 데 사용합니다.
그가 1686년에 출간한 "자연철학의 수학적 원리(Philosophiae Naturalis Principia Mathematica)"에 3가지 법칙이 수록되어 있습니다.

운동에 관한 3가지 법칙

제1법칙
물체에 어떤 외력이 가해지기 전까지 물체는 균일한 운동을 유지합니다. '관성의 법칙'

제2법칙
외부의 힘이 물체에 작용하면 물체의 속도가 변화하며 전체의 힘은 운동량 변화와 일치합니다. '힘과 가속도의 법칙'

$$F = m \times a$$

- a = 가속도 (m/s²)
- m = 질량 (kg)
- F = 힘 (N)

제3법칙
모든 힘의 작용에는 동일한 크기의 힘을 반대 방향으로 가하는 반작용이 존재합니다. '작용과 반작용의 법칙'

수직항력(Normal force)

수직항력은 경사면처럼 기울어진 곳에 있는 물체에서 발생합니다. 뉴턴의 제3법칙에 의해 무게로 인한 내리막으로 발생하는 힘의 반대 방향으로 반작용이 생기며, 맞닿은 표면의 수직 방향으로 수직항력이 발생합니다.

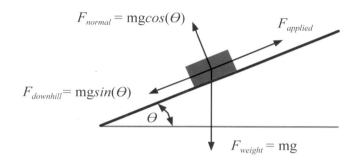

$$F_{normal} = mg\cos(\Theta)$$
$$F_{downhill} = mg\sin(\Theta)$$
$$F_{weight} = mg$$

유효요건

운동의 과학을 이해하기 위해서는 다음의 사항을 알고 있어야 합니다.

- t = 초 단위의 시간
- s = 미터 단위의 움직인 거리
- v = m/s 단위의 속도(초당 미터 단위의 위치변화율)
- a = m/s² 단위의 가속도(미터당 초제곱 단위의 속도변화율)

운동학 방정식

아래의 방정식은 운동의 유효요건과 서로 간의 관련성을 설명합니다.

$$v = u + at \quad [1]$$
$$s = ut + \frac{1}{2}at^2 \quad [2]$$
$$s = \frac{1}{2}(u+v)t \quad [3]$$
$$v^2 = u^2 + 2as \quad [4]$$
$$s = vt - \frac{1}{2}at^2 \quad [5]$$

속력과 속도

- 속력은 단위시간당 움직인 거리의 크기만을 의미하며 스칼라(방향의 구별 없이 수치만으로 표시되는 양)량이다.
- 속도는 속력과 동일하지만 크기와 방향을 가지는 벡터량이다.

중력상수

자연에는 아주 많은 상수가 존재합니다.
중력상수 G는 무게를 지닌 두 물체 사이에 중력이 얼마나 작용하는지 파악하는 데 사용합니다.

물리학

중력

- 중력은 빛을 포함한 우주에 존재하는 모든 것을 당긴다.
- 중력은 가스와 먼지를 당겨 뭉침으로써 우주를 형성하는 데 도움을 준다.
- 태양의 중력으로 인해 행성이 궤도를 유지할 수 있다.
- 우리은하는 중력에 의한 독자적인 구조를 가졌으며 중심부에 블랙홀이 있다.

상호인력

허공에 공을 두면 바닥으로 떨어집니다. 둘 사이에서 작용하는 인력 때문인데, 공과 지구 사이의 중력은 동일하지만, 질량이 훨씬 큰 지구가 공을 끌어당기는 것입니다.

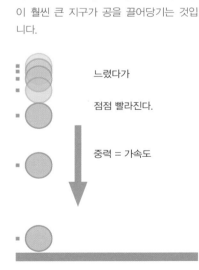

느렸다가

점점 빨라진다.

중력 = 가속도

중력에 의한 가속

중력에 의해 떨어지는 물체에 작용하는 가속도를 G로 표현합니다. F = ma 공식을 이용하면 인력이 작용하는 범위에서 중력을 계산할 수 있습니다. 여기서 힘은 무게를 의미합니다.

- 지구에서 중력에 의한 가속도
  $G = 9.81$ m/s $= 9.81$ ms^{-1}이다.
- 힘은 뉴턴 단위로 측정하며 질량은 킬로그램 단위로 측정한다.

아래의 방정식으로 두 물체 사이의 인력을 계산할 수 있습니다.

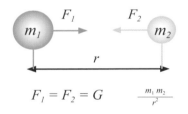

$$F_1 = F_2 = G \quad \frac{m_1 m_2}{r^2}$$

이 방정식은 역제곱 법칙을 따르며 **인력의 중심점에서 멀어질수록 힘이 약해진다**는 것을 알 수 있습니다.

역제곱 법칙은 **물리량의 힘이 원점에서부터 거리의 제곱에 반비례하는 관계**를 설명하는 데 사용됩니다.

중력상수 G

$$G = 6.7 x 10^{-11} \ \frac{Nm^2}{kg^2}$$

과학자 헨리 캐번디시는 1797~1798년에 나무막대에 금속 줄을 달고, 나무막대 양쪽에 납으로 만든 작은 공을 두 개 연결한 장치(토션 밸런스)로 중력상수를 측정했습니다. 각각의 작은 공 근처에 크고 무거운 구를 놓고, 작은 구들이 큰 구에 어떻게 접근하는지를 확인했습니다. 나무막대가 몇 도나 움직였는지를 측정하는 것으로 두 물체 간에 인력을 계산했습니다.

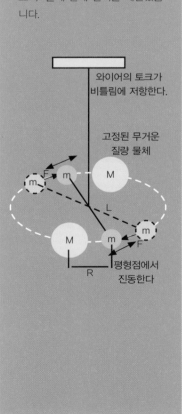

와이어의 토크가 비틀림에 저항한다.

고정된 무거운 질량 물체

평형점에서 진동한다

패러데이와 전자기학

마이클 패러데이(1791~1867)는 제본소에서 직장생활을 시작하여 1805년에 제인 마르셋이 익명으로 출간한
"화학과의 대화(Conversations on Chemistry)"를 제본했습니다.
그렇게 패러데이는 과학의 길을 걷게 되었습니다.

전자기 유도

패러데이가 **전자기 유도를 발견**했고, 후에 제임스 C. 맥스웰이 발전시켰습니다.

기전력(EMF)

패러데이는 코일 안에 자석을 넣고 위아래로 움직이면 전류가 발생하는 것을 발견했습니다. 자기장의 변화로 전류를 유도할 수 있다는 것이었습니다. 이를 **기전력** 또는 EMF라고 합니다. 패러데이는 **전기장 또한 자기 특성을 지닌다**는 것을 관찰했습니다.

전동기

패러데이가 발견한 EMF 법칙에 의하여 **모터는 자기장과 전기장의 상호작용으로 작동**합니다. 호모폴라 모터는 전동기의 한 예입니다.

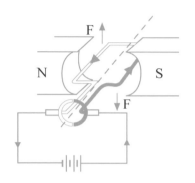

DIY 호모폴라 모터

호모폴라 모터는 네오디움 자석 위에 배터리를 놓고, 다시 그 위에 구리선을 아래 그림처럼 구부리면 만들 수 있습니다. 제대로 만들기만 한다면, **패러데이의 법칙에 의해 구리선은 온도가 오르며 회전합니다.**

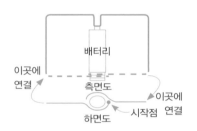

배터리
이곳에 연결
측면도
하면도
시작점 연결
이곳에 연결

전기분해

전류가 전해질을 통해 흐를 때, 그 전해질에 있는 **양이온과 음이온을 분리**할 수 있습니다. 전해질은 용해된 이온(전하를 띤 원자)의 혼합물이며 전기를 통과시킵니다. 패러데이가 발견했습니다.

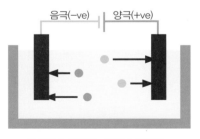

음극(−ve) | 양극(+ve)

● 비금속 음이온   ● 금속 양이온

패러데이의 법칙은 '**EMF는 자속의 변화율과 같다**'는 것입니다.

- **자속** : 자기장의 세기를 나타내는 양
- **자기장** : 전하가 힘의 영향을 받는 자석 주변의 영역
- **렌츠의 법칙** : 전자기 유도로 인해 발생한 전류는 코일 내 자속의 변화를 방해 하는 반대 방향으로 힘을 발생시킨다.

패러데이의 법칙

$$EMF = -N \frac{\Delta \Phi}{\Delta t}$$

렌츠의 법칙

N = 구리선을 감은 횟수
$\Phi = BA = $ 자속
B = 외부 자기장
A = 코일의 면적

물리학

열역학

에너지의 효과, 운동 이론, 열복사에너지 등을 탐구하는 학문입니다.
열역학의 4가지 법칙은 모든 물리학 분야의 핵심입니다.

물리학

제0법칙

두 개의 열역학 시스템이 세 번째 열역학 시스템과 열평형을 이루고 있다면, 세 개의 열역학계 모두 **서로 간 열평형 상태에** 있는 것입니다.

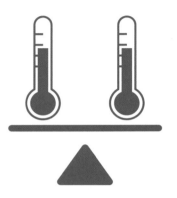

제2법칙

평형 상태가 아닌 시스템의 엔트로피(원자나 분자가 돌아다니는 정도)는 시간에 따라 증가합니다. 낮은 엔트로피에서 **높은 엔트로피 상태로 이동하면서 평형 상태에 다다릅니다.** 엔트로피도 평형 상태에서 최댓값에 이르며 혼란스러운 정도가 커집니다.

낮은 엔트로피

높은 엔트로피

열은 높은 온도에서 낮은 온도로 흐릅니다. 열전달에 의해 시스템의 내부에너지가 변화합니다.

우주의 열적 죽음

수조 년 후의 미래에는 온 우주에 존재하는 **별과 은하가 빛나지 않을 것**입니다. 별이 빛나는 근원인 수소 핵반응을 할 수 없기 때문인데, 그 연료인 수소가 소진될 것이고, 다른 연료가 없기 때문입니다.

열이 사라진다는 것은 **우주의 궁극적인 운명**입니다. 이런 열역학적 자유에너지가 사라지면 엔트로피가 증가하는 과정도 지속할 수 없습니다.

열적 죽음에 이르는 과정

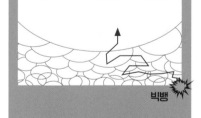

무질서도의 최대화(열역학적 평형)

빅뱅

제1법칙

우주의 **총 에너지는 항상 동일**하여 새로 창조되거나 소멸되지 않고, 단지 형태만 바뀔 뿐입니다. 에너지의 변화량은 시스템에 공급된 열의 총량에서 시스템이 한 일을 뺀 값입니다.

$$\Delta U = Q - W$$

내부 에너지의 변화량   시스템에 공급된 열   시스템이 한 일

제3법칙

온도가 **절대영도**에 이르면 시스템의 **엔트로피도 최소화**됩니다. 즉, 시스템의 온도를 0K(절대), 혹은 −273.15°C로 냉각시키면 **원자의 진동이 멈춥니다.**

절대영도

물질과 빛은 최소한의 진동에너지를 갖습니다. 원자가 계속 떨고 있다는 것입니다.
열역학적 온도 측정 단위에서 절대영도는 가장 낮은 온도로, 이론상 이 온도에서는 원자가 떨림을 멈춥니다.

켈빈 눈금

양자역학에서의 절대영도는 물질의 바닥 상태, 즉 **내부에너지가 최저점인 상태**를 의미합니다.

가장 낮은 온도

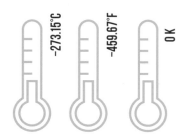

엔탈피와 엔트로피

- 엔탈피는 시스템 안에 존재하는 에너지의 총량이며 에너지의 변화로 측정된다.
- 엔트로피는 물질이 무질서한 정도(얼마나 움직일 수 있는지)를 측정하는 척도이다.

열과 온도의 차이점

어떤 물체나 물질을 가열하면, 이를 구성하는 분자가 더 많은 에너지를 가지게 되어 더 많이 떨게 됩니다. **열은 분자운동의 총에너지이고, 온도는 분자의 평균 열 혹은 열에너지**를 의미합니다.

절대영도 온도 척도

이상기체 방정식을 사용하여 절대영도를 계산했습니다.

$$PV = nRT$$
$$P = 압력$$
$$V = 부피$$
$$n = 몰 수(기체 문자의 양)$$
$$R = 보편기체상수$$
$$T = 온도$$

초냉각과 초전도

실제로 절대영도까지 온도를 낮춰보지 못했습니다. 근사치인 −273.144℃까지가 한계였습니다. 이 온도에서 물질이 특이한 특성을 보였습니다. 초전도나 초유동 같은 양자 효과를 보였습니다.

- 수소나 헬륨은 '초냉각'이 가능하며 점성이 없는 상태로 흐른다. 운동에너지를 잃지 않는다 의미이다.
- 초전도는 전기저항이 0이 되는 것을 의미한다.

마이스너 효과

임계온도 T_c 이하로 냉각된 초전체에서 발생하는 효과입니다. **이 온도에서 자기력은 초전도체 밖으로 밀려나게 되어 물체가 공중으로 떠오르게 됩니다.**

$$T > T_c$$

$$T < T_c$$

화학의

맥스웰 방정식

스코틀랜드의 물리학자 제임스 클러크 맥스웰(1831~1879)은 전자기 법칙을 통합한 공식을 만들어
전기장과 자기장을 설명하는 방정식을 하나로 통합했습니다.
1861년에는 전자기파가 빛의 파동이라는 걸 확립하며 전자기학과 광학의 통합에 힘을 보탰습니다.

전자기 스펙트럼

맥스웰은 빛이 전자기파의 일종이라는 것을 알아내었으며, 실험을 통해 전기와 자기가 같은 현상에서 나타나는 두 가지 징후라는 것을 보여줄 수 있었습니다.

맥스웰 방정식

$$\nabla \cdot \mathbf{D} = \rho$$

가우스의 법칙
전하와 정적전기장의 관계를 설명하는 법칙입니다. **정적전기장은 양극에서 음극으로 전하를 보냅니다.**

$$\nabla \cdot \mathbf{B} = 0$$

자기에 관한 가우스의 법칙
전하와 유사한 자하(전하에 대응되는 자기에서의 개념, 실재하지는 않는다)는 없으며 루프 형태의 자기장은 자기쌍극자에 의해 발생합니다. 이 법칙에 따르면 **특정 공간으로 들어간 자기장은 그 공간을 다시 빠져나옵니다.**

$$\nabla \times \mathbf{E} = -\frac{\partial \mathbf{B}}{\partial t}$$

패러데이의 법칙
이 법칙은 전자기 유도 현상을 기술합니다.

- 밀폐된 루프를 중심으로 충전된 입자를 이동하는 데 필요한 단위 전하당 일은 자속의 감소속도와 동일하다.

$$\nabla \times \mathbf{H} = -\frac{\partial \mathbf{D}}{\partial t} + \mathbf{J}$$

앙페르의 법칙
전류의 흐름과 움직이는 전기장에 의해 자기장이 생성될 수 있습니다.

전기장(E filed), 자기장(B filed) 그리고 광자

실험의 핵심은 전기장과 자기장이 얼마나 요동치면서 빛의 속도로 이동하는지를 보여주는 것이었습니다. 전자기 스펙트럼에서 **자기와 전기 요소는 서로 직각(90°)을 이루며 이동합니다.**

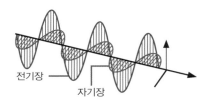

전기장

자기장

전자기 유도

코일 안에 전류가 흐르면 자기장이 생성되고, 코일 안에서 자석을 움직이면 전류가 생성됩니다. 공급되는 전류가 차단되면 자기장과 전기장이 사라집니다.

응용

맥스웰의 법칙은 경계값 문제, 양자역학적 문제, 양자전기역학 등의 맥락에서 특정한 전기 혹은 자기와 관련한 문제를 해결하는 데 사용할 수 있습니다. 아인슈타인은 특수상대성이론과 일반상대성이론에 대한 연구를 발전시키기 위해 이 이론을 사용했습니다.

물리학

맥스웰-볼츠만 분포

맥스웰-볼츠만 방정식은 여러 온도에서 기체 분자의 속도를 기술하는 데 사용합니다.
아래의 그래프는 기체가 차가울 때, 실온일 때, 뜨거울 때 분자의 속도가 각각 어떻게 분포하는지 보여줍니다.

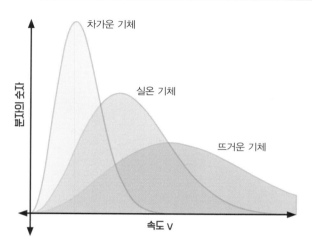

차가운 기체

실온 기체

뜨거운 기체

분자의 숫자

속도 v

기체의 온도가 높아질수록 분자는 빨라집니다.

평균제곱근(Root Mean Square, RMS)

값을 제곱하고 더한 뒤 값의 개수만큼으로 나누면 RMS를 구할 수 있습니다. 맥스웰-볼츠만 분포에서는 **입자가 모든 방향으로 이동하기 때문에 평균 속도 대신 RMS 속도를 사용합니다.** 평균 속도를 사용하면 일부 값이 상쇄됩니다.

확률 분포

일일이 모든 분자의 속도를 측정하는 것은 불가능하기 때문에 확률 분포를 통해 기체 분자의 대략적인 속도, 평균 속도, RMS 속도를 파악합니다.

볼츠만 상수

루트비히 볼츠만(1844~1906)은 통계역학과 열복사에 대해 연구했습니다.

실내 온도와 압력에 있는 기체의 평균 운동에너지를 표현할 수 있는 상수(k_B 혹은 k)를 계산했습니다. 처음 사용한 사람은 막스 플랑크였지만, 볼츠만의 이름으로 명명됐습니다.

$$1.38064852 \times 10^{-23} \ \text{m}^2 \ \text{kg} \ \text{s}^2 \ \text{K}^{-1}$$

평균 운동에너지 방정식 :

볼츠만 상수 | k_B | $1.38 \times 10^{-23} \ JK^{-1}$ 기체 상수 | R | $8.31 \ JK^{-1} \ mol^{-1}$

볼츠만 상수

보편 기체 상수

$$\overline{E}_K = \frac{3}{2} k_B T = \frac{3}{2} \frac{R}{N_A} T$$

아보가드로 상수

분자의 평균 운동에너지

Avogadro's Constant | N_A | $6.02 \times 10^{-23} \ mol^{-1}$

$$k_B = \frac{R}{N_A}$$

전자의 발견

J.J. 톰슨(1865~1940)은 빔 안에 있는 전자의 전하량 대 질량을 측정하는 음극선관을 이용한 실험에서 전자를 발견했습니다.
톰슨의 발견은 분광학을 탄생시켰습니다.

음극선관

내부의 공기를 대부분 제거한 진공상태의 관 양쪽 끝에 양극과 음극을 붙여 한쪽 방향으로 나가는 전자빔을 만들었습니다.

자기장을 이용하면 **전자빔의 초점을 조절할 수 있고, 형광물질 코팅면에 이미지를 표현할 수 있습니다.** 이 원리는 입자가속기, TV(구형), 컴퓨터 모니터에 적용되었습니다.

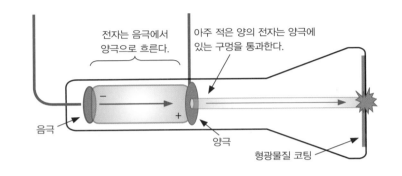

전자는 음극에서 양극으로 흐른다.

아주 적은 양의 전자는 양극에 있는 구멍을 통과한다.

음극

양극

형광물질 코팅

전자의 전하량

물리학자 로버트 밀리칸(1868~1953)과 하베이 플래쳐(1884~1981)는 **단일 전자의 전하량을 측정하기 위한 '기름방울 실험'을 구상**했습니다. 1913년에 전하는 분리된 덩어리로 이루어졌다는 내용의 논문이 발표되었는데, 그들의 생각도 그랬습니다. 두 개의 금속 전극 사이에 전하를 띤 기름방울을 매달았고, 전하량을 조절하여 작은 기름방울이 중력에 의해 떨어지는 것을 막았습니다. 전자의 전하량은 -1.602×10^{-19} C로 측정되었고, 과학자들은 이를 $e = 1$ 또는 $-e = -1$의 값으로 사용합니다.

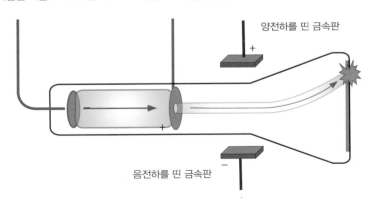

양전하를 띤 금속판

음전하를 띤 금속판

전자기력 대 중력

중력은 전자기력에 비해 약합니다. 중력은 항상 지구 중심 쪽으로 끌어당기지만, 사람은 이에 맞서 점프를 할 수 있습니다. 냉장고에 있는 자석도 떨어지지 않고 잘 붙어 있습니다.

전자기력은 원자를 엮어준다.

중력은 태양계를 엮어준다.

영의 이중 슬릿 실험

광자는 입자의 성질과 파동의 성질을 모두 가지고 있는데, 17세기와 18세기에는 입자라고만 생각했습니다.
빛에 관한 여러 실험이 진행되면서 파동의 성질도 가졌다는 것이 밝혀졌습니다.

호이겐스의 원리

파장은 진동을 한다는 매우 독특한 특성을 가졌습니다. 네덜란드의 물리학자이자 수학자이며 천문학자이자 발명가였던 **크리스티안 호이겐스**는 파장을 관찰할 때, **파장의 위치를 알고 있으면 미래에 그 파장이 어디에 있을지 예측할 수 있다는 것을** 알아냈습니다.

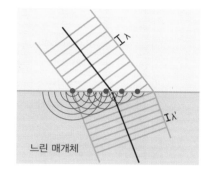

느린 매개체

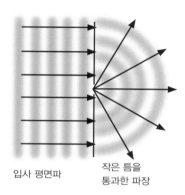

입사 평면파

작은 틈을 통과한 파장

이중 슬릿 실험

1801년 토머스 영이 진행한 유명한 실험입니다. 빛을 슬릿에 쏘고, 통과한 빛이 나아가다가 두 개의 슬릿을 통과합니다. 그 너머에는 스크린을 설치해 빛이 부딪치게 했습니다. 이때 나타나는 무늬를 '**간섭무늬**'라고 합니다.

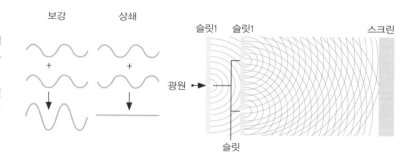

보강   상쇄

광원

슬릿1   슬릿1   스크린

슬릿

전자의 파장과 입자의 이중성

전자빔에서도 이러한 현상을 관찰할 수 있습니다. 자기장을 이용해 전자를 가뒀다가 한번에 방출하면 간섭무늬가 나타납니다. 과학자 클린턴 데이비슨과 레스터 거머는 1927년에 이를 실증했습니다. 실험에서 **각각의 전자가 파동처럼 행동하며 전자의 정확한 위치는 알 수 없다는 것이** 밝혀졌습니다. **고전역학으로는 이러한 현상을 설명할 수 없습니다.**

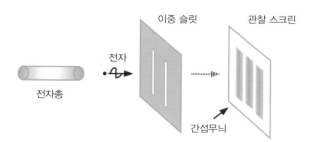

이중 슬릿   관찰 스크린

전자

전자총

간섭무늬

광자

광자는 아원자 입자의 입자적인 특성과 파장의 특성을 모두 갖고 있습니다.
각기 다른 파장으로 진동하더라도 동일한 속도, 광속으로 움직입니다.

광속(c)은 일정합니다.

$$c = 3 \times 10^8 \text{ m/s (진공에서)}$$

- 주파수가 높고 파장이 짧을수록 에너지가 크다.
- 주파수가 낮고 파장이 길수록 에너지가 작다.

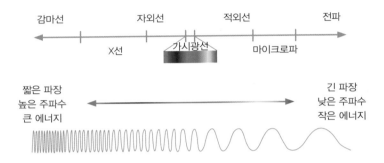

감마선 자외선 적외선 전파

X선 가시광선 마이크로파

짧은 파장
높은 주파수
큰 에너지

긴 파장
낮은 주파수
작은 에너지

플랑크 상수

독일의 물리학자 막스 플랑크(1858~1947)는 모든 전자기파를 흡수하여 열이 발생하는 흑체에서 빛이 각각의 광자로 구성되어 있음을 발견했습니다. 흑체에서 재방사된 **빛이 균일한 것이 아니라 개별적인 묶음의 형태로 나온다는 것을 발견했습니다.**

플랑크 공식

$$E = h v = \frac{hc}{\lambda}$$

E = 에너지
h = 플랑크 상수
v = 주파수
c = 광속
λ = 파장

플랑크 상수
$h = 6.626 \times 10^{-34} \text{ Js}$

입자 물리학

광자는 전자기력을 전달하는 매개체입니다.

질량이 없는 광자

사실 광자는 질량이 없으며 때문에 다른 어떤 것보다 진공에서 빠르게 전파됩니다.

물 속에서의 빛의 속도

빛도 물질과 상호작용을 하는데, 물질에서 반사되기도 하고 투명한 물질을 지날 때는 굴절을 일으키기도 합니다. 굴절 시 빛의 속도가 줄어드는 것은 빛이 흡수되거나 물질의 다른 원자와 충돌해서 그런 것이 아닙니다. 전자기적인 진동이 물질의 원자 주위를 도는 전자와 상호작용하여 발생하는 것입니다. 광자와 전자는 전자기파가 중첩되는 형태로 상호작용하여 빛의 속도가 조금 줄어들게 됩니다.

굴절률(z)

굴절률(35페이지 광학 참고)은 **빛이 어떤 물체를 통과할 때의 속도와 c**(진공에서의 광속)**의 비율**이라 할 수 있습니다.

러더퍼드의 원자

어니스트 러더퍼드(1871~1937)는 뉴질랜드에서 태어난 영국 물리학자입니다.
1911년, 원자의 내부 구조를 이해하기 위한 실험을 진행했습니다.

러더퍼드의 실험

러더퍼드와 그의 동료인 한스 가이거, 어니스트 마스덴은 진공 속에 있는 아주 얇은 금박에 알파입자 빔을 발사했습니다.

빛에 반응하는 형광 스크린을 이용해 알파입자가 금박을 통과하는지 여부를 확인했습니다. 대부분의 알파입자가 곧장 통과했는데, 이는 원자 내부가 대부분 텅 빈 공간이라는 것을 의미했습니다. 몇 개는 튕겨 나왔고, 아주 소수는 90° 이상의 각도로 꺾였습니다.

알파입자

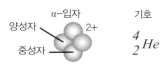

양성자 — α-입자 2+
중성자 —

기호

$$^4_2 He$$

알파입자는 헬륨 원자이다.

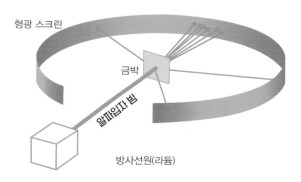

형광 스크린
금박
알파입자 빔
방사선원(라듐)

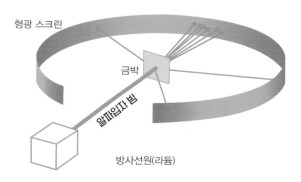

러더퍼드 실험의 결론

이 실험으로 **원자**는, 작고 밀도가 높은 **원자핵**과 이를 둘러싼 **음전하를 띤 전자 구름으로 이루어졌다**는 것을 알 수 있었습니다.

이 실험으로 톰슨 모델이 틀렸음을 입증할 수 있었다.

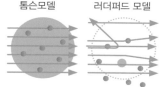

톰슨모델   러더퍼드 모델

결과

- 전자 구름의 평균 지름은 10^{-8}cm이다.
- 원자핵의 평균 지름은 10^{-12}cm이다.
- 원자핵은 전체적으로 양전하를 띠고 있으며 양성자(양전하를 띠고 있음)와 중성자(전하를 띠고 있지 않음)로 이루어져 있다.
- 원자번호 : 양성자 개수를 통해 특정 원소인지 판단할 수 있다.
- 원자량 : 원자핵 안에 있는 양성자와 중성자의 총 개수를 의미한다.

원자 구름 혹은 궤도?

원자의 위치와 속도를 동시에 아는 것은 **불가능합니다**. 은유적으로 전자가 양전하를 띤 원자핵 주위를 돈다고 생각하는 것이 도움이 됩니다. 혹은 원자를 구름으로 표현하는 것이 최선입니다. 두 이미지 모두 전자가 무엇인지 정확하게 표현하고 있는 것은 아닙니다.

원자의 구조

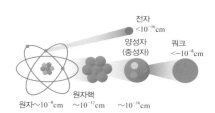

전자
$<10^{-16}$cm
양성자
(중성자)
쿼크
$<-10^{-8}$cm
원자핵
원자~10^{-8}cm   ~10^{-12}cm   ~10^{-16}cm

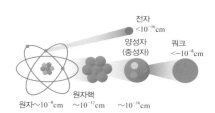

마리 퀴리와 방사능

마리 퀴리(1867~1934)는 폴란드에서 태어나 물리학을 공부하기 위해 프랑스로 이주했고,
남편인 피에르와 함께 방사능의 공동 발견자로 노벨상을 수상했습니다.
여성 최초의 노벨상 수상자이며, 노벨상을 두 번 받은 최초의 과학자입니다.

방사성 입자의 방출

방사성 원자는 다른 입자의 형태로 이온화
에너지를 방출합니다.

- **알파입자** : 헬륨 원자핵—두 개의 양성자
  와 두 개의 중성자로 구성
- **베타입자** : 전자
- **감마입자** : 고에너지 광자

동위원소

어떤 원소의 **동위원소는 동일한 개수의 양
성자를 가지고 있지만, 중성자의 개수는
다릅니다.** 원자번호는 같지만 질량수가 다
른 원소를 의미합니다. (87페이지의 '주기
율표'와 88페이지의 '방사성 탄소 연대 측
정법'을 참고하세요)

교환핵반응

방사성 원자와 동위원소는 불안정해서 평
형상태에 도달할 때까지 입자를 방출하며
다른 원자로 변화합니다.

$$_{92}^{235}U \xrightarrow[\text{의한 붕괴}]{\text{알파입자 방출에}} {_{2}^{4}\alpha} + {_{90}^{231}Th}$$

$$_{6}^{14}C \xrightarrow[\text{의한 붕괴}]{\text{베타입자 방출에}} {_{-1}^{0}\beta} + {_{7}^{14}N}$$

$$_{92}^{235}U \xrightarrow[\text{의한 붕괴}]{\text{감마선 방출에}} \gamma + {_{92}^{235}U}$$

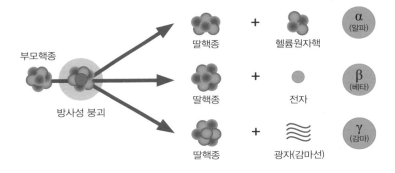

부모핵종 → 방사성 붕괴

딸핵종 + 헬륨원자핵 → α (알파)

딸핵종 + 전자 → β (베타)

딸핵종 + 광자(감마선) → γ (감마)

방사성 반감기(붕괴)

방사성 반감기는 기하급수적으로 발생합
니다. 반감기는 방사성 동위원소가 붕괴하
는 속도를 의미하며 붕괴는 방사성 동위원
소가 더 안정된 핵으로 변하는 비율을 의
미합니다.

방사성 원자에서 방출되는 입자는 물질에 따라 각각 다른 범위로 침투하거나 흡수됩니다.
방사선은 에너지가 커서 세포를 관통할 때 DNA를 손상시킵니다. 처음에는 마리 퀴리도
방사능이 얼마나 위험한지 알지 못했습니다.

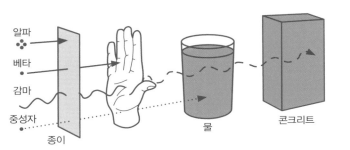

알파
베타
감마
중성자
종이
물
콘크리트

● 부모핵종   ● 딸핵종

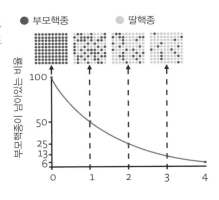

남아있는 부모핵종의 비율

100
50
25
13
6

0   1   2   3   4

광전자 효과

회로에 연결된 금속판에 빛의 파동이 닿으면 전자가 분리되는 것을 관찰할 수 있습니다.
이때 전자가 텅 빈 공간을 지나 반대쪽 금속판에 도달하여 회로에 전기가 흐르게 됩니다.

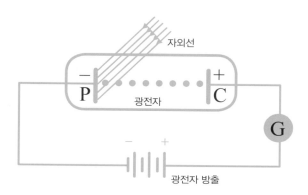

관찰의 이해

1. 전자가 금속 표면에서 빠져나오기에 충분한 에너지를 갖기 위해서는 표면에 닿는 빛의 주파수가 최소여야 한다. 광파의 주파수가 임계치 이하일 경우에는 전자가 생성되지 않는다.
2. 전자의 에너지는 표면에 부딪히는 빛의 강도에 좌우되지 않는다.
3. 빛이 표면에 도달하면 전자가 즉시 방출된다.

아인슈타인의 해결책 : 빛의 입자성

1905년 아인슈타인은 상대성이론과 광전자 효과를 설명하기 위해 플랑크 상수(h)를 이용한 논문 두 개를 발표했습니다. 논문을 통해 **방출되는 전기의 최대 에너지는 빛의 주파수에 따라 선형적으로 증가한다는 것을 예측할 수 있었습니다.**

$$E = h\upsilon$$

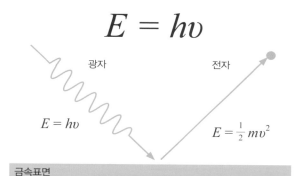

E = MC²

아인슈타인은 1905년에 가장 유명한 공식이 포함된 논문을 발표했습니다. **질량-에너지 등가 방정식입니다.**

에너지는 질량과 광속의 제곱을 곱한 것과 같다.

새로운 여명

고정된 주파수에서 빛을 강하게 하는 것보다 특정한 여러 주파수를 이용하면 광전자 회로에서 더 많은 전자가 방출됩니다. 이 발견은 양자역학에 새로운 여명을 가져왔습니다.

일반, 특수 상대성 이론

아인슈타인의 특수 상대성이론과 일반 상대성이론은 우주와 시간의 관계를 설명합니다.
물체의 질량이 클수록 중력에 의한 시공간 왜곡이 커집니다.

물리학

기준틀

- 움직이는 기준틀은 서로 상대적으로 움직인다.
- 물리학 법칙은 모든 기준틀에서 동일하게 작용한다.
- 빛의 속도는 모든 기준틀에서 광원의 움직임과 상관없이 동일하다.

특수 상대성 이론

속도의 변화가 없는 기준틀에만 적용됩니다.

일반 상대성 이론

질량을 가진 물체에 의해 시공간이 왜곡되어 중력이 발생한다고 설명합니다. 무거운 물체일수록 시공간에 더 많은 왜곡을 일으킵니다.

상대론적 질량

물체의 **속도가 빠를수록 운동량이 큽니다.** 물체의 속도가 광속에 이를수록 그 물체의 에너지와 운동량이 점근적으로 증가합니다.

상대론적 질량 증가

$$m(v) = \sqrt{1 - \frac{v^2}{c^2}}\, m_0$$

중력렌즈

과학자 아서 에딩턴(1882~1944)은 개기일식이 일어나는 중에 멀리 있는 별빛이 태양의 질량에 의해 왜곡된다는 것을 관측했습니다.

빛은 질량 없이 직선으로 움직이는데, 시공간의 왜곡이 빛의 경로를 구부립니다. 이것을 **중력렌즈 효과**라고 합니다.

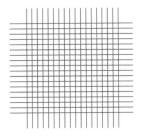

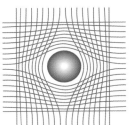

길이 수축-로렌츠 수축

움직이는 물체의 길이는 그 물체가 서 있을 때의 길이보다 짧습니다. 물체의 속도가 광속에 가까워질수록 점점 짧아집니다.

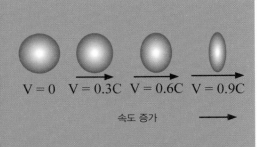

$V = 0$ $V = 0.3C$ $V = 0.6C$ $V = 0.9C$

속도 증가 →

$$L = L_0 \sqrt{1 - \frac{v^2}{c^2}}$$

시간 팽창

속도 's'로 움직이는 기준틀 안에서 출발한 빛의 속도는 $c + s$가 아닙니다. **광속은 모든 기준틀 안에서 동일**하며 이로 인해 시간 팽창이 발생하는 것입니다. (80페이지의 '시간팽창'과 160페이지의 'GPS'를 참고하세요)

$$T_0 = \sqrt{1 - \frac{v^2}{c^2}}\, T$$

슈뢰딩거와 파동방정식

에르빈 슈뢰딩거(1887~1961)는 오스트리아의 양자물리학자입니다.
위치 확률을 계산하는 파동함수라는 방정식을 개발했습니다.

파장과 입자의 이중성

모든 아원자 입자는 파동과 입자의 양면적인 행동을 보입니다.

양자역학에 대한 코펜하겐 해석

1925~1927년, 닐스 보어와 베르너 하이젠베르크는 양자역학을 이렇게 설명했습니다.
- 입자는 측정될 때까지 명확한 특성을 갖지 않는다.
- 우리는 입자의 확률 분포를 예측할 수 있을 뿐이다.
- 측정하는 행위는 측정하고자 하는 입자에 영향을 미친다.

중첩

입자는 파동성과 입자성을 동시에 나타내며, **어떻게 측정하느냐에 따라 성질이 공간 전체에 퍼지거나 한 지점에 집중됩니다.** 이것을 파장의 **중첩(조합)**이라고 합니다.

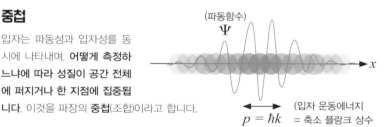

(파동함수)
Ψ

$p = \hbar k$

(입자 운동에너지 = 축소 플랑크 상수 × 파동 벡터)

슈뢰딩거의 고양이

1935년 에르빈 슈뢰딩거는 코펜하겐 해석에 대한 사고실험을 진행했습니다.

- 독이 든 플라스크, 방사성 원소, 방사선 검출기가 밀폐된 상자 안에 있다. 여기서 방사성 원소가 붕괴하면 검출기가 방사선을 감지하고, 플라스크 내 독을 방출시키는 장치가 작동하게 된다. 상자 안은 생물체가 살 수 없는 공간이 된다.
- 상자 안에 고양이가 있다면, 방사능 입자의 양자중첩으로 인해(양자 물체가 중첩 위치에 있을 수도 있고, 여러 위치에 있을 수 있기 때문에) 방사성 원소는 독이 방출되도록 하는 일련의 사건들을 촉발할 수도, 촉발하지 않을 수도 있다.
- 상자를 열어 관찰을 하면 파동함수가 붕괴되면서 고양이는 죽거나 살아있는 상태(중첩상태)가 된다.
- 하지만 고양이는 중첩된 상태에 있을 수 없다. 슈뢰딩거의 요점은 양자물리학과 고전물리학의 차이를 설명하는 것이다.

물리학

파동함수

특정 위치에서 입자를 찾을 확률을 알려주는 함수입니다. 정확한 위치가 아닌 양자 개체의 **고유상태**★를 예측합니다.

★ 고유상태 : 정확한 위치를 가진 '고유값'을 찾기 위한 계산을 할 때까지 중첩 위치에 있는 파동함수

방사상 확률

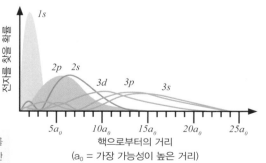

전자를 찾을 확률

1s
2p *2s*
3d *3p* *3s*

$5a_0$ $10a_0$ $15a_0$ $20a_0$ $25a_0$

핵으로부터의 거리
(a_0 = 가장 가능성이 높은 거리)

방사상 확률 : 원자핵으로부터 떨어져 있는 특정한 구역에서 전자를 찾을 확률

불확정성 원리

베르너 하이젠베르크(1901~1976)의 불확정성원리는
입자의 정확한 위치와 정확한 운동량(속도)을 동시에 측정할 수 없다는 의미입니다.

하이젠베르크의 불확정성원리는 어떤 입자의 정확한 위치와 정확한 운동량을 동시에 측정하는 것은 물리적으로 불가능하다는 원리로, 이를 수학적으로 설명했습니다.

$$\Delta x \cdot \Delta p \sim \hbar$$

Δx와 Δp의 곱은 h-bar와 비례합니다.

또한 이 원리는 시간과 에너지의 측정에 대한 관계를 기술할 때도 사용됩니다.

$$\Delta E \cdot \Delta t \sim \hbar$$

ΔE와 Δt의 곱은 h-bar와 비례합니다.

- h-bar : 축소한 플랑크 상수(플랑크 상수를 2π로 나눈 값)
- Δx : 입자 위치의 불확정성
- Δp : 운동량의 불확정성
- ΔE : 물체가 가진 에너지의 불확정성
- Δt : 시간 측정의 불확정성

양자해석

양자역학이 실제로 하는 것과 우리가 생각하는 양자역학의 의미에는 차이가 있습니다. 리처드 파인만(1918~1988)은 "**양자역학에서 일어날 수 있는 모든 일은 반드시 일어난다.**"라고 말하며 양자 경로는 우주를 통과하는 가능한 모든 경로를 취한다고 했습니다. **고전물리학에서는 '경로'나 '힘'이 무엇을 의미하는지 의문을 가질 필요가 없지만, 양자역학에서는 이에 대해 의문을 갖습니다.**

양자역학에 대해서 많은 해석이 존재하는데, 그중 여섯 개를 아래에 소개합니다. 어떤 해석은 파동함수의 붕괴로 해석하지만, 그렇지 않은 것도 있습니다.

파동함수 붕괴로 해석하는 세 가지 해석

- 코펜하겐 해석
- 트랜잭션 해석
- 폰 노이만 해석

**파동함수 붕괴를 고려하지 않거나
선택적 근사치로 간주하는 세 가지 해석**

- 브로이-봄 해석
- 다세계 해석
- 앙상블 해석

우리가 아는 것은?

양자역학의 수학은 이러한 해석들을 전혀 기술하지 않고, 양자체계가 중첩되어 존재한다고 말합니다. 여전히 실증되지 않은 채로 남아있으며, 앞으로도 실증되지 않을 수 있습니다.

엔리코 페르미와 베타붕괴

엔리코 페르미(1901~1954)는 양자이론에 기여하고 원자로를 개발한 이탈리아의 물리학자입니다.
방사능 반응을 유도하는 방법을 발견한 공로로 1938년 노벨 물리학상을 받았습니다.

1934년 페르미는 베타붕괴이론을 발전시켰는데, 이 이론에는 볼 프강 파울리(1900~1958)의 중성미자에 대한 사상이 포함되어 있습니다. 중성미자는 처음에는 질량이 없고 전하도 없을 것이라 추정되었지만, 현재는 질량을 가진 것으로 밝혀졌습니다.

방사성 붕괴가 일어나는 동안, 방사성 동위원소는 입자와 에너지를 방출하며 안정화합니다. 이 과정에서 알파입자(양자 2개와 중성자 2개), 중성미자를 포함한 베타입자(전자 또는 양전자), 중성미자, 감마입자를 포함한 다수의 입자들이 방출됩니다.

베타붕괴

베타붕괴는 **중성자가 붕괴할 때 발생**합니다. 원자핵에서 중성자가 붕괴하면 양성자와 전자로 변하는데, 이때 양전자와 전자 중성미자도 방출될 수 있습니다.

원자 'A'에서 발생한 베타마이너스붕괴에서 전자(베타 마이너스)와 전자 중성미자, 새로운 동위원소 'B'가 만들어집니다.

원자 'A'에서 발생한 베타마이너스붕괴에서 양전자(베타 플러스)와 전자 중성미자, 새로운 동위원소 'B'가 만들어집니다.

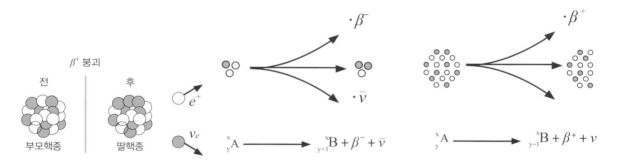

β^+ 붕괴

전   후

부모핵종   딸핵종 e^+ v_e

$$_y^x A \longrightarrow {}_{y+1}^x B + \beta^- + \bar{v}$$

$$_y^x A \longrightarrow {}_{y-1}^x B + \beta^+ + v$$

우주선(Cosmic rays)

핵융합 과정을 통해 빛을 내는, 태양과 별들이 방출하는 양자와 같은 전하를 띤 입자들은 우주의 진공을 가로질러 이동할 수 있습니다. 이 입자가 지구에 접근하면 자기장에 의해 방향이 바뀌며 지구 대기에서 원자와 충돌하면서 다른 많은 입자를 뿜어냅니다.

우주에서 지구로 쏟아지는 다양한 광선(우주선)은 자연현상이며 대기로 끊임없이 쏟아져 내립니다. 베타붕괴를 이해하는 것으로 중성미자와 입자의 상호작용에 대해 알아낼 수 있었습니다.

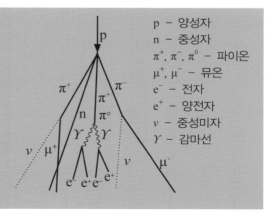

p – 양성자
n – 중성자
π^+, π^-, π^0 – 파이온
μ^+, μ^- – 뮤온
e^- – 전자
e^+ – 양전자
v – 중성미자
γ – 감마선

전자상태와 양자수

양자회전은 팽이의 회전과는 전혀 다릅니다.
입자의 본질적인 각운동량이며 입자에 자성을 부여합니다.

- 회전하는 입자는 N극과 S극이 있는 아주 작은 자석과 같다.
- 자기 모멘트는 자기장의 크기와 방향이다.

자기 모멘트

전하를 띤 입자가 움직일 때마다 자기장이 발생하는데, 이러한 현상을 전자기 유도에서 볼 수 있습니다. 자기 모멘트는 회전에 의해 발생하는데, 회전이라는 개념은 양자역학적인 물체가 실제로 무엇을 하는지를 설명하고자 하는 수학에서 비롯되었습니다.

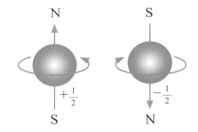

오른손과 왼손 회전

입자는 움직이는 방향에 대해 시계방향(왼손)이나 반시계방향(오른손)으로 회전합니다.

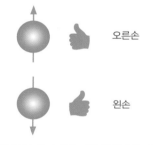

오른손

왼손

회전 중인 입자라면 다른 방향으로 스핀-업하거나 스핀-다운합니다.

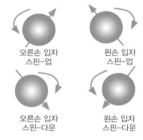

오른손 입자
스핀-업

왼손 입자
스핀-업

오른손 입자
스핀-다운

왼손 입자
스핀-다운

양자수

양자수는 입자의 방향을 설명합니다. 그리고 전자는 그 궤도상의 방향을 설명합니다.
- 페르미온은 $+\frac{1}{2}$, $-\frac{1}{2}$과 같은 반정수 회전만 가능하다.
- 보손은 1과 −1의 정수 회전을 하며 파울리의 배타원리를 따른다.

회전과 전자 궤도

원자핵 주위의 **전자는 파동함수에 따라 특정한 3차원 형태로 배열**되며, 이 형태는 전자가 핵이나 다른 전자와 얼마나 가까이 있느냐에 따라 변합니다. 전자는 아우프바우원리에 따라 핵 주위를 돌게 되며 에너지 준위를 하나하나 채운 다음, 회전이 $+\frac{1}{2}$인 전자와 $-\frac{1}{2}$인 전자가 쌍을 이루게 됩니다.

전자 배치

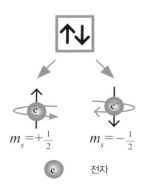

$m_s = +\frac{1}{2}$

$m_s = -\frac{1}{2}$

전자

질소, 산소, 불소, 네온의 전자 배치

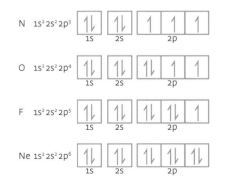

N $1s^2 2s^2 2p^3$

O $1s^2 2s^2 2p^4$

F $1s^2 2s^2 2p^5$

Ne $1s^2 2s^2 2p^6$

디락과 반물질

영국 과학자 폴 디락(1902~1984)은 반물질의 존재를 예측했습니다.
디락 방정식은 1928년에 도출한 파동방정식이며 -½ 회전과 질량을 가진 입자에 대해 기술합니다.

디락 방정식은 **양자역학과 상대론이 하나로 합쳐진 최초의 방정식입니다**. 디락은 1933년에 노벨상을 수상했고 **중성미자의 존재를 예측**했습니다.

$$(i\partial\!\!\!/-m)\ \psi=0$$

디락 방정식은 '상대론적인 파동 방정식'이며
반물질의 존재를 예측하였다.

디락 방정식

방정식 $x^2 = 4$는 $x = 2$, $x = -2$라는 두 개의 해를 갖습니다. 이 발견은 매우 중요한 것이었습니다. 디락 방정식으로 양의 해와 음의 해를 갖는 전자에너지를 설명하는데, 여기서 **음의 해가 반물질을 의미하는 것이라고 예측**했습니다.

- 전자의 반물질은 양전자(반전자)다.
- 양전자는 전자와 반대의 전하를 가지며 전하량은 +1e이다.
- 전자와 양전자의 전하는 e로 표시하는 자연상수이며 양(+)과 음(−)은 전하의 종류에 따라 정해진다.
- 양전자의 회전은 ½이다(전자와 동일).
- 양전자의 질량은 전자와 동일하다.
- 광자는 그 스스로가 반물질이다.

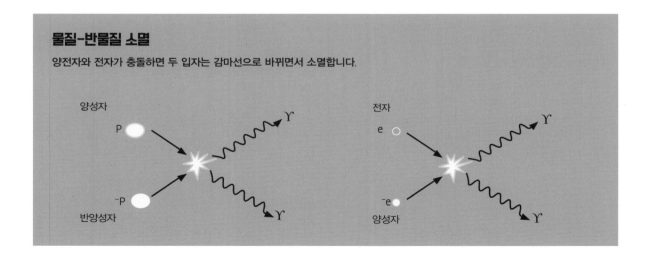

물질-반물질 소멸

양전자와 전자가 충돌하면 두 입자는 감마선으로 바뀌면서 소멸합니다.

파인만 도표

"모든 물질은 상호작용한다."라고 말한 미국의 이론 물리학자 리처드 파인만(1918~1988)은
그림 기호를 이용해 입자의 상호작용을 표현하는 방법을 발명했습니다.

파인만 도표 사용법

파인만은 "**물리학 법칙을 위배하지 않는다면, 일어날 수 있는 모든 일은 일어난다.**"라고 말했습니다. 파인만 도표의 각 기호는 한 위치에서 다른 위치로 이동하는 입자를 나타냅니다.

- 수직축은 공간에서 입자의 위치를 나타낸다.
- 직선은 페르미온(전자, 쿼크, 중성미자)을 나타낸다.
- 물결선은 힘을 전달하는 보손이다. 광자와 W, Z 보손 등
- 루프선은 글루온을 나타낸다.
- 점선은 힉스 보손을 의미하지만 가상입자의 교환을 나타낼 수 있다.
- 선이 만나는 지점을 꼭지점이라고 하며 각 꼭지점은 보존법칙이 적용되는 입자간 상호작용의 사건을 나타낸다.
- 각 꼭지점에는 전하, 바리온 번호, 렙톤 번호가 있어야 한다.
- 화살표는 어느 것이 입자이고 반입자인지를 나타낸다. 방향을 의미하는 것이 아니다.

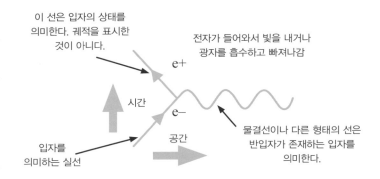

이 선은 입자의 상태를 의미한다. 궤적을 표시한 것이 아니다.

전자가 들어와서 빛을 내거나 광자를 흡수하고 빠져나감

시간

공간

입자를 의미하는 실선

물결선이나 다른 형태의 선은 반입자가 존재하는 입자를 의미한다.

입자와 기호의 연결

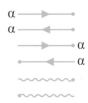

들어오는 페르미온 α
들어오는 반페르미온 α
나가는 페르미온 α
나가는 반페르미온 α
들어오는 광자
나가는 광자

페르미온
광자, W, Z
글루온
힉스 보손

보손과 페르미온 상호작용

서로 상호작용하지 않는 입자도 있습니다. 이것이 파인만 도표에 입자가 어떻게 작용하는지에 대한 규칙이 있는 이유입니다. 오른쪽 그림은 전자기력, 약한 핵력, 강한 핵력의 상호작용을 나타낸 것입니다.

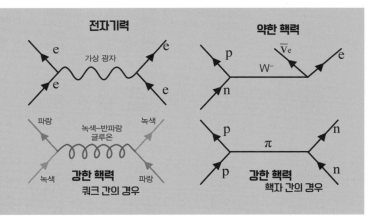

전자기력

약한 핵력

강한 핵력
쿼크 간의 경우

강한 핵력
핵자 간의 경우

맨해튼 프로젝트

과학적 발견들이 세상을 긍정적으로 변화시켜왔지만, 때로는 파괴하는 발견도 있었습니다.

2차 세계대전과 맨해튼 프로젝트

- 1933~1934년 레오 실라르드와 엔리코 페르미가 핵반응을 제어하는 방법을 개발했다.
- 제2차 세계대전 동안 나치와 미국이 핵무기를 개발했다.
- 실라르드가 루즈벨트 대통령에게 보낸 서한에는 원자폭탄의 위력에 대한 내용과 히틀러가 먼저 개발할 경우 무서운 위험요소가 될 것이라는 내용이 들어 있었으며 아인슈타인도 이 편지를 지지했다.

- 1939년 일급 비밀로 맨해튼 프로젝트가 미국에서 시작되었고, 선구적인 과학자들을 포함한 130,000명의 사람들이 참여했다.
- J 로버트 오펜하이머는 당시 원자폭탄 실험이 이루어진 로스앨러모스 연구소의 소장이었다.
- 1945년 7월 4일, 영국 정부와 처칠 총리는 일본에 원자폭탄을 사용하는 것을 공식적으로 지지했다.

- 아인슈타인은 새로이 미국 대통령이 된 트루먼 대통령에게 원자폭탄을 사용하지 말아달라는 서한을 보냈으나 트루먼은 읽지 않았다.
- 1945년 8월 6일과 9일에 트루먼은 일본의 나가사키와 히로시마에 원자폭탄을 투하했다. 250,000명이 즉사했다.

20km

10km

히로시마1945　　나가사키1945　　에베레스트산　　B83 1970-1983　　캐슬 브라보1954　　차르봄바1961

인류의 피해

- 1940년대부터 1980년대까지 Diné이라는 아메리카 원주민 부족이 우라늄을 채굴했으며, 높은 비율로 암이 발생했다. 미국 정부는 1990년에 방사선 피폭 보상법을 발표했다.
- 강대국들이 핵무기 개발을 계속하며 전 세계 바다에 실험했다. 태평양 공동체와 생태계는 영구적인 손상을 입었다.
- 1986년에는 70,300개의 핵폭탄이 존재했다.
- 1996년, 184개국이 포괄적 핵실험 금지조약(CTBT)에 서명했고 164개국이 비준했다.

유산

- 2018년 기준, 3,750개의 핵탄두와 14,485개의 핵무기가 존재한다.

- 전 세계 핵무기의 90%는 미국과 러시아가 보유하고 있다.

표준모델

표준모델은 현실의 물질을 구성하는 기초 입자에 대한 현재의 '이해'를 기술합니다.
물질에 관한 심도 깊은 묘사를 합니다.

다른 아원자 입자로 만들어지지 않은 기초 입자

- 다른 아원자 입자로 구성된 입자를 **하드론**이라고 한다. 양성자와 중성자는 쿼크로 만들어져 글루온에 의해 서로 붙어 있기 때문에 기초 입자가 아니며 하드론에 속한다.
- 전자는 다른 작은 입자로 구성되어 있지 않기 때문에 기본 입자이다.
- 전자는 페르미온이다.
- 기초 입자는 보손이나 페르미온 중 하나로 분류된다.

페르미온

반정수 회전을 하는 입자를 뜻합니다. 전자가 여기에 속합니다. **렙톤과 쿼크** 2종류가 존재하며 **전자, 뮤온, 타우**와 같은 **세 가지의 '세대'**가 존재합니다.

기초 입자의 표준 모델

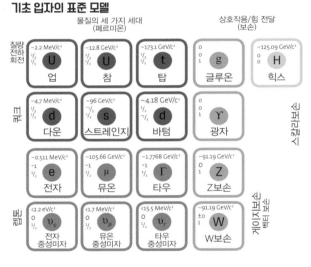

물질의 세 가지 세대
(페르미온)

상호작용/힘 전달
(보손)

보손

- 보손 입자는 자연에 존재하는 힘을 전달한다. 예를 들어 전자는 전자기력을 전달한다.
- 게이지 보손은 입자간의 상호작용에서 힘을 교환하며 회전이 1이다.
- 전자기력은 광자의 교환에 의해 발생한다.
- 강한 핵력은 양성자나 중성자를 묶어놓으며 글루온 교환에 의해 발생한다.
- 약한 핵력은 원자가 핵융합을 할 수 있다는 것을 의미하며 W와 Z보손의 교환으로 발생한다.

렙톤

'강한 핵력'이 적용되지 않기 때문에 렙톤은 글루온 교환을 하지 않습니다.

- 전하를 가진 렙톤은 전자와 동일한 양의 $+\dfrac{2}{3}$ 전하를 갖는다.
- 중성미자는 전하를 띠지 않으며 질량이 작다.

쿼크

쿼크가 모여 양성자, 중성자 같은 하드론을 구성하게 됩니다.

- 업타입 쿼크(업, 참, 탑)는 $+\dfrac{2}{3}$ 전하를 갖는다.
- 다운타입 쿼크(다운, 스트레인지, 바텀)는 $-\dfrac{1}{3}$ 전하를 갖는다.

우 실험

우젠슝(1912~1997)은 입자물리학의 약한 상호작용이 패리티 보존의 법칙과 모순된다는 것을 증명했습니다.

핵물리학자 우젠슝은 중국 장쑤성의 한 작은 마을에서 태어났습니다. 1936년에 미국으로 이주했지만, 직장에서 인종차별과 성차별로 고통받았습니다. 맨해튼 프로젝트에서 베타 붕괴를 연구했습니다.

약한 상호작용

중국의 물리학자 리정다오와 양전닝이 약한 상호작용에서는 패리티가 보존되지 않는다는 이론을 세웠습니다. 그들은 1956년에 우젠슝과 함께 '우 실험'에 참여하여 **약력이 대칭성을 깨트린다**는 것을 발견했습니다. 이 연구로 리정다오와 양전닝은 1957년에 노벨상을 받았습니다. 입자물리학을 이해하는 방식을 근본적으로 바꾼 우의 실험이었기 때문에, 당시 우가 수상하지 못한 것은 부당하다는 의견이 많았습니다.

패리티

- 패리티 대칭 : 패리티는 패리티 변환에 대해 변하지 않는 대칭성을 의미하며, 패리티 변환은 공간을 뒤집는 변환을 의미한다. 좌우와 앞뒤를 모두 변환한다.
- 패리티 대칭이 보존되면 입자가 어느 방향으로 회전하든 동일한 결과가 관찰돼야 하며, 입자의 거울상(반대 회전)도 동일한 결과여야 한다. 즉, 붕괴 시에 방출되는 입자는 핵의 회전과 동일한 방향으로 회전해야 한다.

패리티 보존이 참인 경우

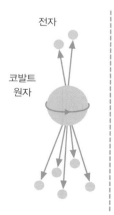

전자

코발트
원자

원자의
거울상

실험 결과

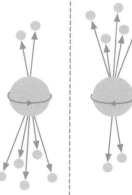

우 실험

우젠슝은 코발트60(Co60) 원자를 연구했습니다. 강력한 자석으로 회전을 정렬시키고, 어떻게 붕괴되는지 관찰했습니다.

- 붕괴되는 입자의 방향은 Co60 원자의 회전 방향에 따라 결정된다.
- 약한 핵력은 왼손 물질 입자와 오른손 반물질 입자에만 작용했다.
- 약한 핵력은 물질과 반물질에 다르게 작용했다.
- 이러한 회전(패리티)은 약한 상호작용에서 보존되지 않았으며 따라서 P-대칭성을 위반한다.

중성미자 진동

중성미자는 렙톤 기본입자로 0은 아니지만 아주 작은 질량을 갖고 있습니다.
질량이 정확히 얼마인지는 아직 밝혀지지 않았고, 약한 핵력을 통해서만 상호작용합니다.

유령

중성미자는 **질량, 전자기력, 중력과 상호작용하지 않습니다.** 게다가 1.6km 두께의 납조차도 쉽게 통과하는 특성을 가져 **검출하기도 어렵습니다.** 매초 수십억 개의 중성미자가 우리와 지구를 통과하고 있습니다.

초신성(SN)1987A

1987년 세 곳의 중성미자 관측소에서 중성미자 섬광이 검출되었습니다. 초신성 폭발로 인한 방출이라 밝혀졌는데, 68,000년 만에 지구에 도착한 것이었습니다.

중성미자의 검출

중성미자는 **반응할 확률이 매우 낮긴 하지만,** 약한 상호작용으로 염소(Cl) 원자와 충돌합니다. 충돌 시 W+보손을 다운쿼크와 교환하고 중성자를 양성자로 변환하여 염소를 아르곤으로 만듭니다. 즉, 아르곤이 만들어지면 중성미자와 반응한 것입니다. 게르마늄과 갈륨에서도 같은 작용을 합니다.

전 　　　　　　　　 중 　　　　　　　　 후

v_e

중성미자
(전자 타입)

e

전자

u d d

중성미자

u u d

양성자

중성미자 진동

렙톤의 기본입자로 전자, 뮤온, 타우가 있습니다. 우주를 가로지르며 **다른 특징을 가진 중성미자로 변할 수 있습니다.**

	전자	뮤온	타우
중성미자	v_e	v_μ	v_7

체렌코프 복사

진공에서는 빛보다 빠른 것이 없지만, **물속에서는 중성미자가 더 빠르게 이동**할 수 있습니다. 중성미자가 물 분자와 충돌하면 체렌코프 복사라는 푸른 빛이 방출되는 특징이 있습니다.
일본의 중성미자 관측시설인 JPARK와 캐나다의 SNO에서는 매우 순수한 대량의 무거운 중수(수소에 중성자가 하나 추가된 동위원소로 만든 물)를 사용합니다.

체렌코프 충격파

감지기 매체 안에 있는
빛보다 빠른 전자

체렌코프 충격파

중성미자 감지기에서 생성된 전자는
체렌코프 복사라고 하는 푸른 빛을 낸다.

힉스 보손

힉스 보손은 사물에 질량을 부여합니다. 질량 = 고유한 성질.
입자가 힉스장과 더 많은 상호작용을 할수록 질량은 더 커집니다.

힘의 장(Force field)과 보손

- 전자기력, 중력, 강한 핵력, 약한 핵력은 네 가지의 기본 힘이다.
- 양자역학은 힘의 강도가 입자의 분포임을 보여준다. 분포의 밀도가 높을수록 힘이 더 강해진다.
- 전자기력과 약한 핵력이 연관되어 있다는 증거는 1960년대에 발견되었고, 두 힘이 하나로 통합하여 전기약 작용을 형성한다. 힉스 보손은 이것들이 서로 다르지만 관련이 있는 이유를 설명한다.

힉스 보손

힉스장에서의 진동을 의미합니다. 마치 광자가 전자기장의 진동인 것과 같습니다.

힉스 붕괴 감지

- 힉스 보손은 W와 Z보손, 감마선 광자, 쿼크(페르미온)로 붕괴될 수 있다.
- 전자 쿼크, 뮤온 쿼크, 타우 쿼크는 힉스장과 조금씩 다르게 상호작용한다.

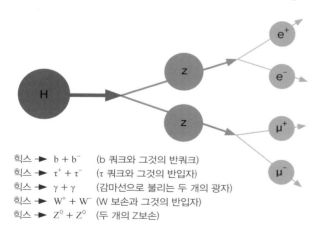

힉스 ➡ $b + b^-$ (b 쿼크와 그것의 반쿼크)
힉스 ➡ $\tau^+ + \tau^-$ (τ 쿼크와 그것의 반입자)
힉스 ➡ $\gamma + \gamma$ (감마선으로 불리는 두 개의 광자)
힉스 ➡ $W^+ + W^-$ (W 보손과 그것의 반입자)
힉스 ➡ $Z^0 + Z^0$ (두 개의 Z보손)

질량

어떤 물체가 움직임에 얼마나 저항할 수 있는가를 의미합니다.

힉스장

힉스장은 온 우주에 존재합니다. 입자가 힉스장과 상호작용을 하면 할수록 질량이 커지며 운동에 대한 저항도 커집니다. 광자는 힉스장과 상호작용하지 않아 질량이 없고 가장 빠른 속도로 움직입니다.

물리학

피터 힉스(1929년~)와 프랑수아 앙글레르(1932년~)는 1960년대에 힉스 보손을 제안했고 2013년에 노벨상을 받았습니다.

38개 국가, 174개 연구소에 소속된 3,000여 명의 과학자들이 ATLAS 실험에 참여했고, 5,000여 명의 사람들(물리학자, 공학자, 기술자, 관리자, 학생 등)은 2012년에 힉스를 발견한 CERN에 있는 CMS 검출기에서 일했습니다.

양자전기역학

전자기력의 양자장이론이며, 전하를 띤 입자의 행동을 기술합니다.

장(Field)

- 힘이 작용할 때 입자 간에 보손 교환이 일어난다.
- 장의 개념은 이러한 보손 교환의 전체적인 효과다.
- 전자는 파동처럼 행동하는 입자다.
- 전자는 우주 전체에 존재하는 전자기장의 들뜸이다.

가상입자

생겼다 사라지는, 매우 짧은 시간만 존재하는 입자입니다. 불확정성원리에서는 입자가 플랑크 스케일에서 가상입자가 될 수 있다고 명시합니다. 양자전기역학에서 가상 광자는 전하를 가진 입자 사이에서 교환됩니다.

전자산란(척력)

전하가 서로 밀어내는 것처럼 전자는 다가오는 다른 전자를 밀어냅니다. 이것이 **우리를 구성하고 있는 물질이 원자의 내부가 빈 공간임에도 붕괴되지 않는 이유**입니다. 양자 수준에서는 아래와 같은 일이 발생합니다.

- 두 개의 전자가 접근
- 두 전자가 가상 광자를 교환
  (하나는 빛나고 하나는 흡수된다.)
- 이로 인해 두 전자가 움츠러듦

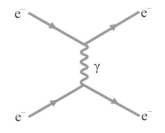

QED(양자전기역학)

QED는 전자기장에서 가상 광자의 이산 퀀텀 교환을 기술하는 상대론 양자이론으로 자기력, 번개, 전자, 양전자−전자 소멸에 이르는 **모든 전자기 현상을 다룹니다.**

리처드 파인만(1918~1988), 토모나가 신이치로(1906~1979), 줄리안 슈윙거(1918~1994)가 이 이론의 모순을 해결하여 1965년 노벨 물리학상을 받았습니다.

장의 세기

전자기장과 중력의 작용은 서로 유사합니다. 범위는 무한하고 역제곱 법칙에 의해 지배됩니다. 즉, 거리의 제곱에 따라 강도가 약해진다는 의미입니다. 거리를 2배로 늘리면 힘이 면적의 4배에 걸쳐 분산됩니다.

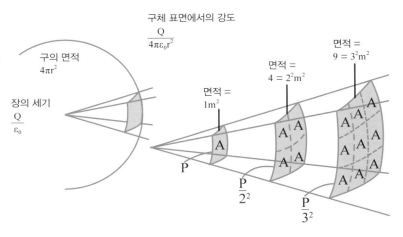

구체 표면에서의 강도
$$\frac{Q}{4\pi\varepsilon_0 r^2}$$

구의 면적
$4\pi r^2$

장의 세기
$\frac{Q}{\varepsilon_0}$

면적 = $1m^2$

면적 = $4 = 2^2 m^2$

면적 = $9 = 3^2 m^2$

P

$\frac{P}{2^2}$

$\frac{P}{3^2}$

양자색역학

양성자와 중성자는 핵자이며 핵자는 쿼크로 이루어집니다.
쿼크는 쿼크와 상호작용하며 글루온을 교환하고, 글루온을 매개로 하는 강한 핵력에 의해 결합합니다.

양자색

전자처럼 전하를 갖는 대신, 쿼크는 색전하를 갖습니다. **실제로는 양자색과 색상이 아무런 관련이 없지만**, 쿼크와 글루온의 상호작용을 설명하는데 색상 표현을 사용하는 것이 아주 큰 도움이 됩니다. 글루온 또한 색전하입니다.

핵자의 구성요소

• 양성자는 두 개의 업쿼크(파랑전하 한 개와 빨강전하 한 개)와 녹색전하를 가진 하나의 다운쿼크로 구성되어 있다.

• 중성자는 두 개의 다운쿼크(녹색전하 한 개와 빨강전하 한 개)와 파랑전하를 가진 하나의 업쿼크로 구성되어 있다.

양성자

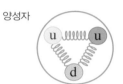

중성자

아주 짧은 거리에서 작용하는 강한 핵력

강한 핵력이 별의 핵융합을 일으킵니다. 양성자의 속도가 양성자 간의 밀어내는 힘을 넘어서서 두 양성자의 거리가 $10\sim15$m 정도로 가까워지면, 강한 핵력이 양자를 융합합니다.

핵자에서 쿼크를 밀어내려면 엄청난 양의 에너지가 필요하며, 이러한 에너지는 물질을 반물질로 변환해 쿼크와 반쿼크를 만드는 것으로 조달할 수 있습니다.

쿼크의 맛깔과 세대

• **맛깔** : 위(up), 아래(down), 야릇한(strange), 맵시(charm), 꼭대기(top), 바닥(bottom)과 각 맛깔에 해당하는 반물질(다른 회전과 퀀텀 수를 가짐)이 있다.

• **세대** : 1세대 쿼크(전자 – 위, 아래), 2세대 쿼크(뮤온 – 야릇한, 맵시), 3세대 쿼크(타우 – 꼭대기, 바닥). 세대별 분류는 쿼크의 크기를 의미한다.

반쿼크 역시 색전하를 갖고 있다 : 시안, 마젠타, 옐로우

• 반양성자는 반업쿼크(노랑전하와 시안전하), 반다운쿼크(마젠타전하)로 구성되어 있다.

• 반중성자는 반업쿼크(시안전하), 반스트레인지쿼크(녹색전하), 반다운쿼크(빨강전하)로 구성되어 있다.

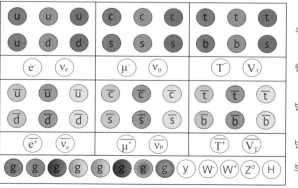

핵분열 원자로

핵분열은 자연적인 방사능 붕괴와 인간이 만든 연쇄반응으로 발생합니다.
방사능 붕괴는 약한 핵력에 의해 발생합니다.

약한 핵력

쿼크와 렙톤(전자와 중성미자) 사이에서 발생하며 교환 보손은 W와 Z보손과 관련이 있습니다.

• 약한 핵력은 양성자를 중성자로 변화시킨다.
• W보손은 양이거나 음일 수 있으며 Z보손은 중성이다. 두 가지 유형 모두 매우 크다.
• W보손과 Z보손은 1983년 CERN에서 실험을 통해 발견됐다.

약한 핵력의 작용

• 중성자는 두 개의 다운쿼크와 한 개의 업쿼크로 구성된다 : d + d + u
• 양성자는 두 개의 업쿼크와 한 개의 다운쿼크로 구성된다 : u + u + d

파인만 도표를 살펴보자

• **베타붕괴** : 중성자(udd)는 W⁻ 보손을 교환하고 양성자(udu), 전자, 중성미자로 분해되며, W⁻보손은 이 상호작용에서 음전하를 제거한다.
• **베타플러스붕괴** : 양성자(udu)는 중성자(udd)로 붕괴하며 W⁺보손을 교환하고 양전자와 전자중성미자를 생성한다.

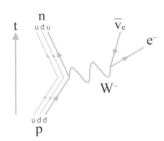
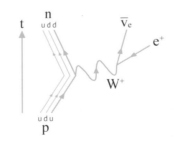

핵분열에서 발생하는 다섯 종류의 방사성 붕괴에 의해 강한 에너지를 지닌 방사능 입자가 방출되며 원소의 종류가 바뀐다.

• 알파붕괴
• 음의 베타붕괴
• 양전자 방출(양의 베타붕괴라고도 한다.)
• 감마붕괴
• 전자포획

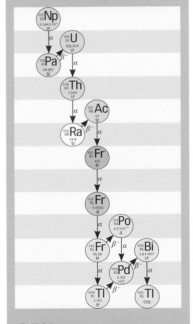

○ 악티니드
○ 알칼리 금속
○ 알카리토금속
○ 준금속(메탈로이드)
○ 전이후 금속

입자가속기

입자들은 우주와 별과 성층권에서 엄청난 속도로 서로 계속 충돌합니다.
고진공 환경에서 자석과 입자빔을 사용하면 이러한 사건들을 재현해 어떤 일이 일어나는지 연구할 수 있습니다.

구름상자(Cloud chamber)

구름상자는 1932년 칼 앤더슨(1905~1991)과 그의 동료들이 발명했고, 양전자를 발견하는 데 결정적인 역할을 한 도구입니다. 구름상자는 기체 상태의 물이나 알코올이 들어 있는 밀폐된 용기입니다. **입자가 구름상자를 통과하면 분자에서 전자가 떨어져 나가며 이온화된 가스 입자의 흔적이 남게 됩니다.** 집에서도 DIY 구름상자를 이용해 우주선(Cosmic ray)을 관측할 수 있습니다.

입자가속기의 종류

단일 빔 가속기
- 사이클로트론
- 선형가속기
- 싱크로트론
- 고정 타깃가속기
- 고강도 하드론가속기
  (중간자와 중성자를 만듦)
- 전자와 조강도 하드론가속기

이중 빔 가속기
- 충돌형가속기
- 전자–양전자 충돌가속기
- 하드론 충돌가속기
- 전자–양성자 충돌가속기
- 광원

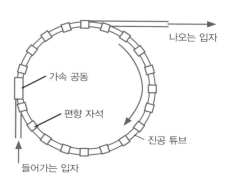

나오는 입자

가속 공동

편향 자석

진공 튜브

들어가는 입자

CERN

현재 세계에서 가장 큰 입자연구시설로, 유럽에 있습니다.
- 주요 발견 : 힉스 보손
- 주요 발명 : 월드와이드웹

세계의 입자가속기

전자는 전자기장을 이용해 가속할 수 있고, 입자가속기로는 자석과 고진공 환경을 조성해 다양한 입자를 가속할 수 있습니다.

세계적으로 약 3만 개의 입자가속기가 가동 중이며 그중 일부를 소개합니다.

- 라자 라마나 고등기술연구소, 인도
- 싱크로트론 광연구소(ALBA), 스페인
- 유럽 싱크로트론 방사선연구소(ESRF), 프랑스
- 바릴로체 원자센터(LINAC), 아르헨티나
- 이온빔 응용연구소(CIBA), 싱가폴
- 고에너지 가속연구소(KEK), 일본
- 다이아몬드 광원과 ISIS 중성자 및 뮤온 연구소, 영국
- 원형 전자 및 양전자 충돌가속기(CEPC)는 현재 건설 중

별, 태양, 방사능

별의 생성과 진화는 양자역학과 중력의 지배를 받습니다.

별의 형성 과정

- 별은 성운에서 시작한다.
- 양성자(H^+핵)는 서로 중력으로 끌어당기면서도 양전하로 인해 척력이 작용한다.
- 이 움직임으로 인해 운동에너지가 증가한다.
- 질량이 더 많은 H^+를 끌어당긴다.
- 온도가 1억 켈빈에 도달한다.
- H^+가 융합을 일으킬 정도의 힘과 충돌한다.
- H^+가 중수소로 융합되며 양전자, 감마선, 중성미자를 방출한다(이것이 양성자이다). 양성자 체인으로 시작하는 핵융합이다.

별에서의 양성자-양성자 사이클

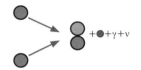

두 개의 양성자가 융합하여 중수소 원자, 양전자, 감마선, 중성미자가 생성된다.

별 내부에서 작용하는 힘

- 별이 정역학적 평형에 도달하여 안으로 끌어당기는 중력과 밀어내는 핵융합의 힘이 동일한 상태가 된다.
- 많은 핵융합이 발생한다. 철(Fe)까지의 원소가 만들어지고 Fe보다 큰 원자들은 분열된다.
- H^+가 모두 소모되면 정역학적 평형이 깨지면서 별이 팽창하고 온도가 낮아지며 적색거성이 된다.
- 적색거성의 표면온도는 약 5,000K다.

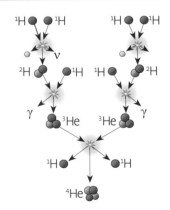

중력

융합

주계열성

- 우리 태양과 같이 평균적인 별들은 주계열성에 속한다.
- 적색거성 단계가 지나면 바깥 껍질이 날아가며 백색왜성이 된다.
- 이후로 식어가면서 갈색왜성이 된다.

무거운 별

- 수소 핵융합반응이 끝나면 중력붕괴가 발생한다.
- 질량이 별의 핵과 충돌하여 초신성 폭발을 유발하며 Fe보다 무거운 원자를 생성할 수 있을 정도의 강한 에너지를 지닌다.
- 이로 인해 중성자 별이 생성된다.
- 훨씬 더 무거운 별은 붕괴가 지속되어 블랙홀이 된다.

양성자-양성자 체인

ν 감마선
γ 중성미자
● 양성자
● 중성자
○ 양전자

그 다음은?

- 무거운 별은 수소를 빨리 연소한다.
- 가벼운 별은 수소를 천천히 연소한다.

태양계

태양계는 행성을 거느리는 태양과 그밖의 천체로 구성돼 있습니다. 거대 가스행성이 별 주위를 아주 가까운 거리에서 빠르게 공전하는 외부 태양계도 존재합니다. 두 개의 항성으로 구성된 것을 쌍성계(Binary system)라고 합니다.

지구는 시속 약 11만km로 태양 주위를 공전하며, 태양은 초당 약 217km의 속도로 우리 은하의 중심을 공전합니다. 행성은 태양과 중력으로 연결되어 있으며, 중력에 의해 모든 행성들이 동일한 평면에서 태양 주위를 공전합니다.

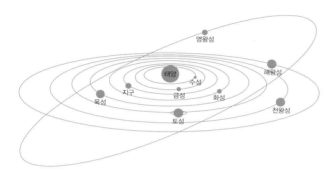

행성이란?

행성의 정의에는 여러 이견이 존재하지만, 전문가들은 아래의 조건을 중요시합니다.

- **별이나 별의 잔해 주위를 공전**할 것
- 자체 중력으로 구형이 될 수 있을 정도로 **중력이 충분**할 것
- **원자핵융합 반응**이 진행되고 있지 않을 것
- **궤도가 명확**할 것

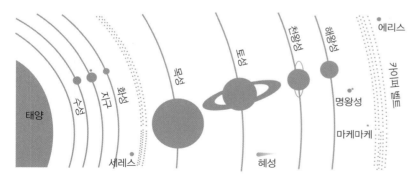

태양계의 천체

태양과 가까운 천체는 먼지와 암석으로 구성된 반면, 먼 천체는 기체와 얼음으로 구성되어 있습니다. 카이퍼 벨트는 태양계의 바깥 고리로, 얼음 덩어리의 왜소행성으로 이루어져 있습니다.

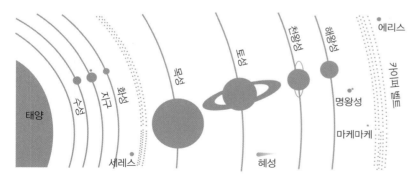

태양계의 미래

엔트로피가 증가하면서 사용할 수 있는 에너지가 줄어들 것입니다. 이것이 열역학 제2법칙입니다. **약 50억 년 뒤에 태양은 수소를 모두 소진**해 적색거성이 되어 행성을 모두 빨아들일 것이며 결국에는 모든 에너지를 소진할 것입니다.

태양계의 형성

모든 행성계의 시작은 먼지입니다. 우리 태양계 또한 별의 폭발로 인한 성운 잔존물에서 생겨났습니다. (철과 같은 무거운 원소는 별의 핵융합으로만 만들어집니다.)

1. 중력에 의해 성운이 붕괴한다.
2. 성운의 밀도가 높아지고 회전하면서 평평해지며 중심부가 뜨거워진다.
3. 파편들이 뭉치면서 소용돌이 치는 미행성을 만든다.
4. 큰 미행성들은 성장하면서 중력이 점점 커져 더 많은 물질을 끌어당긴다.
5. 작은 미행성들이 충돌하면서 행성을 형성한다.
6. 성운의 중심부에서 핵융합이 시작된다. 이곳에서 방출된 에너지가 먼지를 밀어내고, 태양계만 남게 된다.

우주관측소

인간의 눈은 전자기 스펙트럼의 아주 미세한 조각만을 볼 수 있어서 우주에서 벌어지는 대부분의 사건을 볼 수 없습니다.
천체물리학자는 X선, 자외선, 마이크로파와 같은 보이지 않는 전자파 스펙트럼으로 광자를 측정하고 탐지합니다.

우주 관측 대상

- 감마선
- X선
- 가시광선
- 적외선과 서브밀리파
- 마이크로파
- 전파
- 입자 탐지
- 중력파

1990년에 발사된 허블 우주망원경(HST)은 미국 천문학자 에드윈 허블(1889~1953)에서 그 이름을 따왔습니다. 허블 우주망원경에는 **자외선, 가시광선, 근적외선을 관측할 수 있는 4개의 주요 관측장비가 장착**되어 있습니다.

아스트로샛은 인도 최초의, 여러 파장을 관측할 수 있는 우주천문대이며 2015년에 인도우주연구기구에서 발사했습니다.

블랙홀이나 은하의 중심에서 생성되는 **X선은 대기에 흡수되기 때문에 아주 높은 대기층이나 우주에서만 관측이 가능합니다.** 초신성, 주계열성, 이중성, 중성자성도 X선을 방출합니다.

찬드라 X선 천문대는 NASA가 1999년에 발사했습니다.

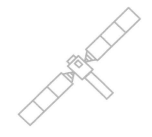

감마(γ)선은 초신성 폭발에 의해 방출되거나 중성자별, 펄서, 블랙홀에서 나옵니다. **감마선도 대기에서 흡수되기 때문에 관측하기 위해서는 높은 고도에 올라갈 수 있는 기구나 우주선을 이용해야 합니다.**

암흑물질 입자탐색기구(DAMPE, Dark Matter Particle Explorer)는 **암흑물질 탐사**에 필요한 고에너지 감마선, 전자, 우주선(Cosmic ray) 이온 관측을 위해 2015년, 중국과학원(CAS)에서 발사했습니다.

자외선은 태양은 물론 항성과 은하에서도 방출되며, 이러한 **자외선 관측이 중요한 이유**는 과학자들이 우리 태양계를 더 잘 이해할 수 있는 방법이기 때문입니다.

적외선 광자는 가시광선보다 작은 에너지를 지니고 있습니다. 적외선은 갈색왜성이나 성운처럼 온도가 낮은 곳이거나, 우리에게서 멀어져가며 적색편이를 일으키는 은하에서 관찰할 수 있습니다.

허블 우주 망원경

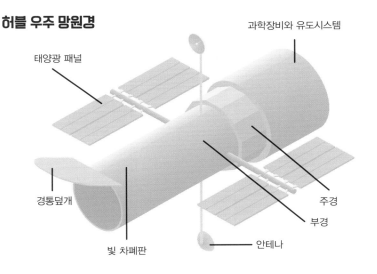

과학장비와 유도시스템

태양광 패널

경통덮개

빛 차폐판

주경

부경

안테나

은하

은하는 수백만에서 수십억 개의 별과 분자 구름, 먼지 등이 중력으로 묶인 천체입니다.
거대한 은하의 중심에는 초질량의 블랙홀이 있다는 것이 관측되었습니다.

은하

은하가 보이는 방향은 상대적이라서 관측 시점의 지구의 위치에 따라 다릅니다. 어떤 때는 은하 구조의 일부만 관측할 수 있습니다.

분류 체계

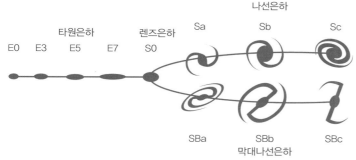

허블의 은하 분류

에드윈 허블은 **은하 형태를 분류할 수 있는 체계**(아래)를 1926년에 만들었습니다.

우리은하 - 은하수

- 130억 년에서 510억 년의 나이
- 두 개의 팔이 있는 원반형의 나선은하
- 수천억 개의 별로 구성되어 있음
- 태양은 은하의 중심으로부터 약 26,000 광년 떨어져 있음
- 우리은하의 지름은 약 100,000 광년이며 두께는 수천 광년이다.
- 중심부에는 늙은별들로 구성된 막대구조가 있다.
- 우리은하의 핵에는 거대한 블랙홀이 존재한다.

은하의 형성

- 은하는 아주 작게 시작된다.
- 시간이 지날수록 중력이 물질을 끌어들인다.
- 우주팽창을 극복할 정도로 중력이 강해진다.
- 중력에 의해 거대한 분자구름이 생성된다.
- 회전하며 얇고 평평한 원반모양이 된다.
- 회전이 방해 받으면 타원은하가 된다.
- **대규모 합병** : 질량이 비슷한 은하끼리 충돌
- **소규모 합병** : 큰 은하가 작은 은하를 합병
- 필라멘트, 거대은하단, 은하단, 은하군을 따라 생성됨

나선은하

- 평평하고 나선팔이 있는 원반
- 가장자리가 보일 경우에는 길고 가는 형태이며 정면으로 보일 때는 나선팔을 볼 수 있다.
- 늙은별과 젊은별이 섞여있다.
- 어떤 은하는 커다란 팽대부*를 가지고 있다.
- 늙은별과 가스로 이루어진 헤일로* 로 둘러싸여있다.

타원은하

- 타원(찌그러진 공) 모양을 하고 있다.
- 아주 적은 양의 가스와 먼지를 가지고 있으며 늙은별들이 많다.

불규칙 은하

- 특정한 모양이 없다.
- 왜성, 젊은별, 먼지구름으로 이루어져 있다.
- 너무 작아서 어떤 형상을 이루기에 중력이 부족한 불규칙 은하도 있다.
- 은하 간의 충돌로 생긴 경우도 있다.

★ **팽대부** : 주로 나선은하에서 관찰할 수 있는 중심부의 별의 군집
★ **헤일로** : 구형으로 넓게 퍼져 있는 은하의 성분

안드로메다 은하와의 충돌/합병

40억 년 후에 우리은하는 안드로메다 은하와 충돌하게 됩니다.

분광법

빛의 전자기 스펙트럼은 과학과 의학 등의 분야에서 물질을 분석하는 데 사용됩니다.
전자기 에너지인 빛은 파장이 짧고 에너지는 큽니다.

분자, 원자, 가시광선 이외의 전자기파 등 **우주에 있는 대부분의 것들을 인간의 눈으로는 볼 수 없지만, 분석할 방법은 있습니다.** 원자 주위를 도는 전자는 원자핵과의 거리에 따른 특정한 에너지 준위(Energy level)를 이용하는데, 전자가 특정 파장의 에너지를 흡수하면, **들뜬 상태**가 되며 에너지 준위가 바뀝니다.

수소, 헬륨, 철과 같은 각각의 원소를 돌고 있는 전자가 들뜬 상태가 되려면, 저마다 독특한 파장의 빛이 필요합니다. **멀리 떨어진 행성이나 항성에서 나오는 빛을 분석하면, 그 천체가 어떤 원소로 구성되어 있는지 분석할 수 있습니다.** 원소와 분자는 원자의 두 에너지 준위 사이의 에너지 차이와 동일한 양의 광자를 흡수합니다.

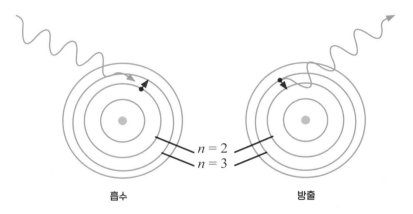

흡수   방출

$n = 2$
$n = 3$

에너지 준위의 변화 계산

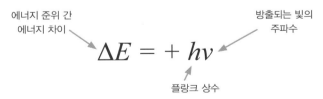

에너지 준위 간
에너지 차이

방출되는 빛의
주파수

$$\Delta E = + h\nu$$

플랑크 상수

흡수 스펙트럼

원자가 두 에너지 준위 차이와 동일한 에너지의 광자를 흡수하기 때문에 여기에서 반사된 스펙트럼에는 흡수선이 존재한다.

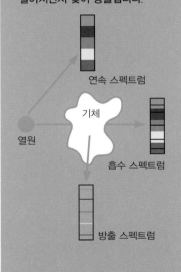

방출 스펙트럼

흡수한 빛 에너지만으로는 전자를 높은 에너지 준위로 유지할 수 없어서, 이내 빛을 흡수하기 전과 동일한 수준으로 **에너지 준위가 떨어지면서 빛이 방출됩니다.**

연속 스펙트럼

기체

열원

흡수 스펙트럼

방출 스펙트럼

응용

분광학은 천문 거리분석, 별의 구성, 다른 행성의 대기 구성, 지구의 대기 구성, 생체분광학 및 조직 분석, 의료영상분석, 화학분석 등에 사용됩니다.

물리학

외계행성

다른 행성계의 항성 주위를 도는 행성을 의미합니다.
멀리 떨어진 항성을 공전하는 수천 개의 외계행성이 발견되었으며 수백만 개가 존재할 것으로 추측합니다.

현재까지 발견된 외계행성 중에서 지구와 매우 비슷한 행성이 있었으며, 목성처럼 가스 행성인 경우도 있었습니다. 2004년에 발견된 55Cancre e라는 외계행성은 매우 뜨거우며 표면은 흑연이고 내부는 다이아몬드로 이루어져 있습니다.

외계행성 찾는 방법

행성식을 이용하는 방법

별에서 나오는 빛의 밝기가 주기적으로 변화하는 것을 측정하는 방법입니다. **별의 밝기가 주기적으로 어두워진다는 것**은 커다란 크기의 행성이 모성 주위를 돌고 있다는 것을 의미합니다.

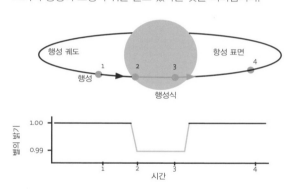

도플러 효과를 이용하는 방법

일반적으로 중력으로 묶인 두 천체(별과 행성)의 중력의 중심은 별의 한가운데가 아닙니다. 행성의 질량이 상당히 큰 경우라면, 중력의 중심이 별의 중심에서 바깥쪽으로 이동하면서 별이 진동하게 됩니다. **이 진동으로 인해 별이 내뿜는 빛이 도플러 효과를 보입니다.** (36페이지의 '소리와 음향'을 참고하세요)

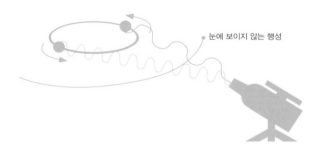

사진 촬영

외계행성을 천체망원경으로 관측하거나 사진기로 촬영할 수 있습니다. 이 방법은 거리가 가까워야 한다는 것과 빛의 영향을 받는다는 단점이 있습니다. 밝은 별빛이 어두운 행성을 찾는 것을 방해합니다.

중력렌즈를 이용

작은 외계행성을 찾을 때 중력렌즈를 사용하기도 합니다. 이 방법은 아인슈타인의 일반 상대성이론에 기초합니다. **물체는 시공간을 왜곡하며 광자도 왜곡된 시공간을 따라 이동**합니다. 멀리 떨어져 있는 항성 주위를 도는 행성의 질량을 측정하기 위해 중력렌즈로 시공간의 왜곡 정도를 측정합니다.

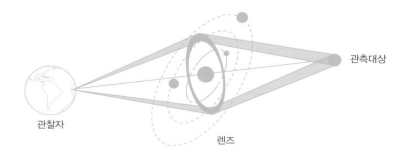

운석, 소행성, 혜성

운석, 소행성, 혜성과 같은 작은 태양계 천체에는 우주 초기에 관한 정보가 담긴 물질이 포함되어 있습니다.

운석

먼 우주에서 날아온 우주의 잔해로, 혜성이 지나간 자리에 남는 경우도 있습니다. 운석이 지구로 들어오면 대기와의 마찰로 인해 빛이 나며 밝은 빛줄기처럼 보이게 됩니다.

혜성

얼음과 먼지로 이루어진 타원궤도를 도는 천체입니다. 혜성이 태양에 가까워지면 온도가 올라가면서 **가스와 먼지로 이루어진 꼬리**가 생기며 태양의 반대방향으로 뻗어 나갑니다.

대혜성

1557년에 나타난 대혜성을 요하네스 케플러가 소년 시절에 관측했습니다.

핼리혜성

75년마다 지구로 돌아오는 주기혜성입니다. 아래 그림처럼 기다란 타원궤도를 돌고 있으며, **다음 지구로 다가오는 시기는 2061년입니다.**

소행성

다양한 모양으로 태양 주위를 공전하는 암석덩어리입니다. **유명한 소행성들은 화성과 목성 중간에 위치한 소행성대에 있지만**, 이들이 곧잘 흩어지기도 합니다. 우리 태양계를 관통하는 길다란 타원궤도를 가진 것도 있습니다. 현재까지 지름이 1km 이상인 소행성을 110만 개에서 190만 개 정도 발견했습니다. 이보다 작은 것들은 수백만 개가 존재합니다.

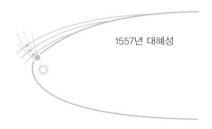

1557년 대혜성

핼리혜성

카이퍼 벨트

해왕성의 바깥쪽에 위치한 태양으로부터 50AU(1AU는 149,600,000km) 거리에 있는 태양계의 바깥 고리입니다. 화성과 목성 사이에 위치한 소행성대와 유사해 보이지만, 카이퍼 벨트가 20배나 더 넓으며 질량도 20배에서 200배 가량 더 큽니다.

로제타 미션

유럽우주국 ESA는 2014년 '로제타 미션'을 진행해 **67P/추류모프-게라시멘코 혜성**에 우주선을 착륙시켰습니다.
착륙선 필레를 탑재한 우주선 로제타는 2004년 3월 2일에 발사되었습니다.
필레는 혜성 표면에 착륙하여 시료를 채취, 분석하는 임무를 맡았습니다. 로제타와 필레는 분광계를 사용하여 혜성의 특징에 관한 중요한 데이터를 수집했습니다.

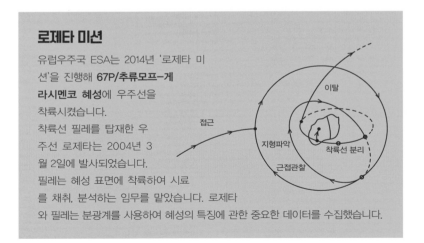

펄사와 조슬린 벨 버넬

조슬린 벨 버넬은 펄사를 공동 발견한 천체물리학자입니다.

벨 버넬의 전파망원경 어레이(Array)

1965년 벨 버넬은 케임브리지에서 앤터니 휴이시 교수의 지도 아래 박사 과정을 시작했습니다. 퀘이사를 관측하기 위한 전파망원경 어레이를 건설하는 데 참여했습니다.

퀘이사(준항성상 천체)

퀘이사는 아주 멀리 있는 무거운 천체입니다. 퀘이사의 **양극에서는 엄청난 양의 전파에너지가 뿜어져 나옵니다.**

펄사

펄사는 자기장이 강력한 회전하는 중성자 별입니다. 빠르게 회전하며 전파대역의 전자기파를 뿜어냅니다. 펄사가 정확히 **지구 방향으로 뿜어낼 때에만 전파 펄스를 관측할 수 있습니다.**

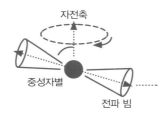

자전축

중성자별

전파 빔

펄사 PSR B1919+21의 데이터

벨 버넬은 자신의 데이터에서 **1.337초마다 나타나는 특이한 펄스 주기를 발견**했습니다. 지도교수인 휴이시는 단순히 사람에 의한 전파로 치부했지만, 벨 버넬은 새로운 천체가 발견된 것이라고 생각했습니다.

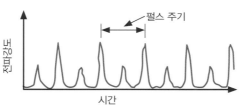

펄스 주기

전파강도

시간

노벨상 논란

1974년 노벨 물리학상은 펄사 발견에 기여한 사람들이 받았습니다. 그러나 **수상 목록에 벨 버넬의 이름은 없었는데,** 그녀의 지도교수인 휴이시와 다른 남성 과학자만이 적혀 있었습니다. 많은 천문학자가 벨이 펄사를 최초로 관측하고 특이한 데이터를 분석했는데도 상을 받지 못한 것을 비판했습니다.

조이 디비전의 언노운 플레저

디자이너인 피터 사빌은 벨 버넬의 데이터를 서로 겹치게 늘어놓아 영국 밴드인 조이 디비전이 1979년에 발매한 '언노운 플레저'의 앨범 디자인으로 사용했습니다.

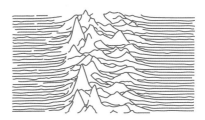

물리학

최근 이력

- 2002–2004년 : 영국 왕립천문학회 회장
- 2008–2010년 : 영국 물리학연구소 소장
- 2018년 기초 물리학 분야에서 브레이크스루상 수상 : 상금으로 받은 전체 금액 230만 파운드(약 35억 원) 전액을 물리학자를 꿈꾸는 여성, 소수민족, 난민 학생들을 위해 기부함

우주를 측정하는 방법

천문학자들은 어떻게 우주의 크기를 측정해서, 우주는 팽창한다고 말하는 것일까?

천문단위

천문단위(Astronomical Unit, AU)는 지구와 태양 사이의 평균 거리를 의미합니다. **이 단위를 이용해 천문학자들이 거리를 측정합니다.** 1AU는 1억4,960만km입니다.

시차

다른 위치에서 한 천체를 관찰했을 때 그 천체보다 멀리 떨어져 있는 배경이 다르게 보이는 현상입니다.

위치 B에 있을 경우 화살표가 가리키는 산의 앞에 나무가 보인다.　위치 A에 있을 경우 화살표가 가리키는 산의 앞에 나무가 보인다.

위치 A　　위치 B

시차는 별의 각도를 알아내는 도구입니다. 지구가 현재 위치에서 반대쪽으로 가는 (7,480만km의 거리 차이가 있다) 6개월 간격으로 별의 각도를 측정합니다. 3.26광년 떨어진 별이 있다면, 시차각은 1/3600°가 됩니다. 실제 별의 시차는 이보다 더 작습니다.

세페이드 변광성과 표준촉광

세페이드 변광성은 주기적으로 밝기가 변화하며 태양보다 밝아 거리를 측정하는 기준으로 사용합니다.

미국의 천문학자 헨리에타 스완 리비트(1868~1912)는 마젤란 은하(우리은하 주변을 도는 위성은하)에 있는 **스물 다섯 개의 세페이드 변광성의 목록을 만들었습니다.** 이 별들은 대략 지구와 동일한 거리만큼 떨어져 있었기 때문에 **밝은 세페이드 변광성일수록 변광주기가 길다는** 연관성을 찾아낼 수 있었습니다. 이러한 특성을 이용해 **에드윈 허블은 세페이드 변광성을 표준촉광(예측할 수 있는 밝기를 지닌 천체)으로 삼아 우주의 거리를 측정**했습니다.

안드로메다 은하까지의 거리를 측정했으며 이로 인해 이 은하가 우리은하에 있는 성운이 아니라, 아주 멀리 떨어져 있는 별도의 은하라는 사실을 알게 되었습니다.

허블의 법칙

에드윈 허블은 우리에게서 멀어지고 있는 은하의 '거리와 속도의 관계'를 관찰했고, 먼 은하일수록 속도가 빠르다는 걸 알아냈습니다. 우주가 팽창하는 비율인 허블상수를 계산했습니다.

팽창하는 우주

우리는 우주가 팽창하고 있다는 것을 지구에서의 시선으로 관찰하지만, **우주 어디에서 관찰해도 우주가 팽창하고 있다는 것을 알 수 있을 겁니다.**

도플러 편이

멀리 떨어진 별에서 나오는 광자는 도플러 편이를 합니다. 도플러 편이를 측정하면 아래와 같은 관측 결과를 얻을 수 있습니다.

- 천체에서 온 빛이 낮은 주파수로 편이되는 경우, 즉 '적색편이'가 발생한다는 것은 멀리 있는 별이나 은하가 우리와 멀어지고 있다는 의미이다.
- 멀리 떨어진 은하일수록 더 낮은 주파수로 편이한다.

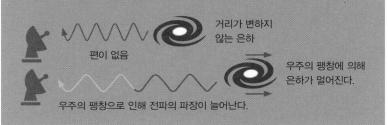

편이 없음　거리가 변하지 않는 은하

우주의 팽창에 의해 은하가 멀어진다.

우주의 팽창으로 인해 전파의 파장이 늘어난다.

블랙홀

사건의 지평선에 이르기 전까지 블랙홀은 질량을 가진 일반적인 천체와 같은 특성을 보입니다.
초거대 블랙홀이 우리 은하의 중심에도 존재하며 블랙홀 주변을 공전하는 것도 가능합니다.

별의 진화

- 질량이 태양의 1.4배 이하인 별은 백색왜성이 된다.
- 질량이 1.4배에서 1.8배인 별은 지름이 약 20km 정도인 중성자 별이 된다.
- 질량이 2.8배 이상인 경우 블랙홀이 된다.

블랙홀의 형성

- 핵융합 연료가 소진된다.
- 중력에 의해 별이 수축한다. **이 단계까지는 별에서 빛이 난다.**
- 질량에 의해 수축하면서 중력이 강해지고 시공간이 왜곡되면서 빛도 빠져나갈 수 없게 된다.
- 사건의 지평선 안쪽에서는 모든 질량과 빛이 한점으로 수렴한다.
- 입자 간의 상호작용은 사건의 지평선에서 이루어진다.

★ 슈바르츠실트 반지름 : 회전하지 않고 전하가 없는 블랙홀의 반지름
★ 사건의 지평선 : 어떤 지점에서 일어난 사건이 어느 영역 바깥의 관측자에게 오랜 시간 뒤까지도 아무런 영향을 미치지 못할 때, 그 시공간 영역의 경계

슈바르츠실트 반지름

물체의 질량이 **슈바르츠실트 반지름***의 부피로 압축될 때 중력 붕괴가 일어납니다.

특이점

슈바르츠실트 반지름

사전의 지평선

탈출 속도

무거운 물체의 중력으로부터 벗어날 수 있는 속도를 탈출속도라고 합니다. **블랙홀의 탈출속도는 빛의 속도입니다.**

블랙홀 관측

백조자리 X-1은 우리 태양보다 23배 무거운 밝은 별입니다. 이 별이 블랙홀의 사건의 지평선을 공전하고 있는 것을 관측할 수 있습니다.

시공간 왜곡

질량이 있는 모든 물체는 시공간을 왜곡합니다. 블랙홀의 엄청난 질량은 시공간을 극적으로 왜곡시키며 **사건의 지평선***에서는 시간이 느려집니다.

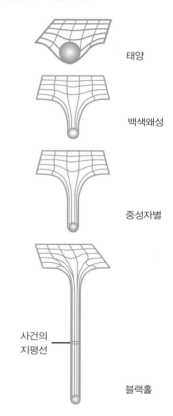

태양

백색왜성

중성자별

사건의 지평선

블랙홀

스티븐 호킹

영국의 물리학자인 스티븐 호킹(1942~2018)은 양자역학, 일반 상대론, 열역학을 조합해 블랙홀을 묘사했습니다.

시간 팽창

시간 팽창은 빛의 속도가 모든 기준틀에서 일정하기 때문에 발생합니다.
측정이 가능하며 물체의 속도가 광속에 가까워질수록 시간이 점점 느리게 흐릅니다.

- 속도 100km/h로 달로 향하고 있는 우주선이 속도 200km/h인 로켓을 발사했다고 가정해보자. 달에서 이 로켓을 보면 두 속도가 합쳐져 300km/h의 속도로 날아가는 것으로 보인다.
- 그런데 이 우주선에서 빛의 속도 'c'인 레이저를 쏠 때도 속도가 더해져 빛의 속도가 c+100km/h가 될 것 같지만, 이런 일은 일어나지 않는다. 빛은 기준틀에 상관없이 항상 동일한 속도로 움직이기 때문이다.

어떤 기준틀 안에 서로 마주보고 있는 평행한 거울 A와 B가 있다고 상상해보자.

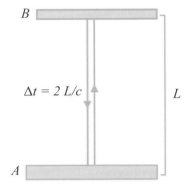

$$\Delta t = 2\,L/c$$

움직이지 않는 관찰자가 A를 떠나 B에 반사되어 A로 되돌아오는 빛을 보면 빛은 $2L$만큼 이동했고, 시간의 변화량 Δt는 $2L/c$입니다.

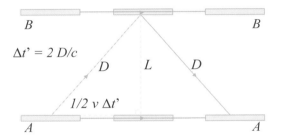

$$\Delta t' = 2\,D/c$$

왼쪽에서 오른쪽으로 움직이는 관찰자가 보면, A 지점에서 시간 $t' = 0$일 때 빛이 출발합니다. 이 빛이 B 지점에 도달하는 시간은 $t' = D/c$이며, 다시 A로 돌아오는 시간은 $t' = 2D/c$입니다. (t'는 원래 실험과는 다른 시간임을 표시한 것)

빛은 기준틀 안에서 더 멀리 이동했지만 진공에서 빛의 속도는 항상 일정하기 때문에 시간 팽창이 발생합니다. 움직이는 속도가 빛의 속도에 가까워질수록 시간이 느려집니다. 빛의 속도가 주변의 시간을 관장하는 것입니다.

시간 팽창

$$T_0 = \sqrt{1 - \frac{v^2}{c^2}}\; T$$

길이의 축소

$$L = \sqrt{1 - \frac{v^2}{c^2}}\; L_0$$

상대적 질량 증가량

$$m\,(v) = \sqrt{1 - \frac{v^2}{c^2}}\; m_0$$

$$t' = \frac{t}{\sqrt{1 - \dfrac{v^2}{c^2}}}$$

t' = 시간의 변화
t = 정지시간
v = 속도
c = 빛의 속도

아인슈타인 시간 팽창 방정식

쌍둥이 패러독스

쌍둥이 중 한 명은 고속 로켓을 타고, 다른 한 명은 지구에 남습니다. 로켓을 탄 쌍둥이는 광속에 가까운 속도로 여행을 하고 지구로 돌아옵니다. 상대론에서 기술한 시공간의 변화에 따르면, **지구에 있던 쌍둥이는 열 살이나 나이를 먹었지만, 로켓을 탄 쌍둥이는 한 살밖에 나이를 먹지 않습니다.** 쌍둥이의 나이가 달라졌습니다.

물리학

우주배경복사

절대영도보다 온도가 높은 물체는 전자파를 열에너지로 내보냅니다. 우주의 온도는 절대온도보다 조금 높은 2.7K, 따라서 열에너지를 내뿜습니다. 이를 우주배경복사(Cosmic microwave background, CMB)라고 합니다.

- 1927년, 벨기에의 천문학자 조르주 르메트르(1894~1966)는 초기 우주는 뜨겁고 밀도가 높았으며 시간이 지나면서 점차 식어 갔다는 이론을 발표했다.
- 1964년, 우주 전반적으로 마이크로파가 나온다는 것이 관측되었다. 이 CMB는 빅뱅이 남긴 복사열이다.

COBE

COBE 우주선은 1989년에 발사되어 우주배경복사를 관측했습니다. 1992년에는 **우주배경복사의 온도가 조금씩 다르다는 것**이 알려졌는데, 이러한 CMB의 미묘한 변화나 덩어리짐은 **'양자요동'** 즉 우주 진공 속에 가상의 입자가 있다는 것을 의미했습니다.

WMAP

2001년에 NASA는 CMB의 변화와 우주의 구성을 관측하기 위해 WMAP(Wilkinson Microwave Anisotropy Probe)를 발사했습니다. 우주의 구성에 관한 관측 결과는 아래와 같습니다.

- 5%는 원자
- 27%는 중력은 있지만 빛을 내뿜지 않는 물질(암흑물질)
- 68%는 우주를 떠밀고 있는 그 무엇(암흑에너지)

고대의 빛

아주 먼 곳의 별이나 은하에서 온 빛 역시 매우 오래된 빛입니다. **우주 저 멀리에서 무슨 일이 벌어지고 있는지는 빛이 우리에게 도달하고 나서야 알 수 있습니다.** 안드로메다 은하에서 온 빛은 250만 년 전의 것이고, 우주배경복사는 137억 년 전의 것입니다. 우주배경복사는 별과 은하가 생성되기도 훨씬 전의 빛입니다.

TV에서 보는 우주배경복사

우주배경복사는 빅뱅이 남긴 잔존열입니다. 실제 우주배경복사의 주파수를 오래된 TV로도 포착할 수 있는데, TV 채널의 사이사이 잡음이 나는 그 상황입니다. 대기층에서도 이 주파수가 발생할 때가 있습니다.

우주 거품

2012년 MACS0647-JD라는 은하가 허블과 스피처망원경에 관측됐습니다.
수십억 개의 은하로 이루어진 거대한 그룹을 뜻하는 초은하단(supercluster)을 중력렌즈로 활용해 관측할 수 있었습니다.

- MACS0647-JD는 현재 관측된 은하 중 가장 먼 은하로 133억 광년 떨어져 있다.
- 그 은하는 매우 어리고 작았을 것이다. 아주 오래된 빛이었기 때문이다.
- 그 은하에 있는 별은 연료를 전부 소모했을 것이다.
- 초은하단에 의해 만들어진 중력렌즈는 여러 무리의 은하로 구성된 필라멘트 구조를 가졌다.

우주 그물망

우주가 은하단끼리도 이어진 대규모 구조임을 뜻합니다. **암흑물질이 온 우주를 잇는 그물망 구조를 만드는 것이라고 추측**하고 있습니다. 먼지 구름, 입자, 초신성 잔재, 별들이 은하들을 연결하는 필라멘트를 형성합니다.

우주 거품

양자역학은 **카시미르 효과***로 가상의 입자들이 잠깐이나마 시공간의 파동으로서 존재할 수 있다고 말합니다. 진공 상태의 우주는 가상의 입자로 물결치고 있습니다.

우주의 지평선

- 지구에서 볼 수 있는 우주의 가장 먼 부분을 의미한다.
- 지평선에 있는 먼 별이나 은하에는 결코 도달할 수 없다.
- 우주의 지평선 너머에 있는 빛은 우리에게 결코 도달하지 않는다.

중력파 검출

1916년 아인슈타인이 중력파의 존재를 예견했습니다. **중력파는 거대한 중력의 움직임에 의해 시공간이 흔들리는 현상**입니다. 레이저 간섭계 중력파 관측소(LIGO)가 블랙홀이 합쳐지며 생기는 파동을 측정하여 우주 중력파를 탐지했습니다. 이 업적으로 2017년 노벨상을 받았습니다.
간섭계 안에서 광자를 반사시키는 거울의 미세한 위치 변화를 측정하여 시공간의 왜곡을 감지했습니다.

중력파

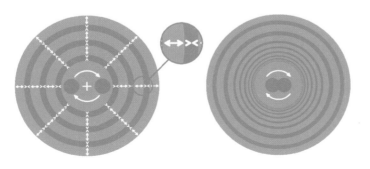

★ 카시미르 효과 : 가상 입자가 파동으로
  변하여 알짜힘을 발생시키는 효과

빅뱅

빅뱅은 138억 년 전에 발생했습니다.

팽창하는 우주

구의 표면에는 중심이 없습니다. 이처럼 우주도 중심이 없고 모든 지점이 서로 멀어져만 갑니다. 이런 현상을 이해하기가 어려운 이유는 우리가 지구의 관점에서 우주를 관찰하고 측정하기 때문입니다.

우주연대표

시대	시간	온도(K)	환경
플랑크 시대	빅뱅 이후 10^{-43}초		전자기력, 중력, 약한 핵력, 강한 핵력이 서로 섞여 있었다.
GUT(Grand Unified Theory) 시대	빅뱅 이후 10^{-43}~10^{-38}초		중력이 다른 힘들과 분리되며 엄청난 양의 에너지가 방출되었다. 우주는 원자 크기에서 태양계 정도의 크기로 팽창했다.
전자기 약력 시대	빅뱅 이후 10^{-10}초		글루온과 쿼크 사이의 강한 핵력이 분리되었고, 전자기력과 핵력이 결합했다. 아원자 입자가 형성됐고 광자가 등장했다.
입자 시대	0.001초	우주가 팽창하고 10^{12}K로 냉각	입자가 형성됐고, 네 가지로 힘이 분리되었다. 물질과 반물질이 광자로부터 형성됐다가 소멸하여 다시 광자로 돌아갔다.
핵합성 시대	0.001초-3분	10^9K	핵융합으로 원자가 형성됐고, 무거운 원소들이 형성됐다. 75%가 수소이며 25%가 헬륨이다. 중성미자, 양성자, 중성자, 전자, 반물질은 매우 드물다.
핵 시대	3분 – 500,000년	급격하게 3000K로 냉각	우주는 자유전자를 가진 입자들이 플라즈마 상태에 있는 것이다. 광자가 물질로부터 분리되었고 온 우주에 빛이 퍼지기 시작했다. 이 빛이 바로 우주배경복사이다.
원자 시대	500,000년 – 10억년	3000K에서 2.73K로 냉각	첫 번째 별이 형성되었고, 전자와 원자핵이 결합하여 원자가 되었다.
은하 시대	오늘날	2.73K	더욱 많은 구조가 형성되었고, 은하가 생성되며 진화하기 시작했다.

우주과학

CP 대칭성 깨짐

C 대칭은 전하 대칭이고 P 대칭은 패리티(회전) 대칭입니다.
대칭성 깨짐이 일어나는 이유는 우주에 반물질보다 물질이 많기 때문이라고 합니다.

입자와 반입자

모든 입자는 고유한 반입자를 가졌습니다. 광자와 힉스 보손 같은 입자들 역시도 반입자를 갖고 있습니다. 우주학자들은 모든 것은 물질로 이루어져 있으므로 반물질*도 같은 개수여야 하는데, **물질의 개수가 더 많은 것에 대해 의문을 갖고 있습니다.** 물질과 반물질 입자는 동일한 질량을 갖지만, 전하와 회전이 서로 반대입니다. **물리학 법칙에 의하면 이러한 성질은 보존되어야 합니다.**

CP 깨짐

물질과 반물질 사이에서 발생하는 알 수 없는 비대칭의 이유가 우주에 반물질보다 물질이 더 많다는 것을 반증하는 것이라 생각하고 있습니다.

- **전하 대칭** : 물질과 반물질 사이에서 관찰된 상호작용은 두 물질의 전하가 반대인 경우에도 동일하게 작용한다.
- **패리티 대칭** : 물질과 반물질 사이에 관찰된 상호작용은 입자의 회전 방향에 영향을 받지 않는다.
- **시간 대칭** : 시간의 방향과 상관없이 상호작용은 동일하다.

CPT 대 CP 대칭

한 쌍의 쿼크가 강한 핵력으로 연결되면, 베타붕괴가 발생하며 빨간색과 파란색(쿼크의 색들) 사이에서 진동합니다. 빨간색에서 파란색으로 진동할 때보다 파란색에서 빨간색으로 진동할 때 더 많은 시간이 소요됩니다. 이런 소요 시간의 차이를 두고 **'시간 대칭'**이 깨졌다고 말합니다.

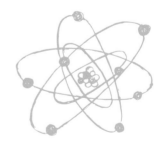

대칭

기본 대칭 변환

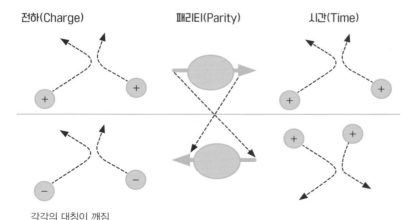

전하(Charge)   패리티(Parity)   시간(Time)

각각의 대칭이 깨짐
세 가지 CPT 대칭에 의한 생성물은 보존된다.

★ 반물질 : 모든 면에서 물질의 역이며 거울상이라 부르기도 한다.

물리학

암흑에너지와 암흑물질

우주 측정 결과 : 5% 바리온 물질(탐지가능한 원자와 물질), 95% 미지의 물질과 에너지.
암흑에너지와 암흑물질은 광자나 물질과는 반응하지 않지만 중력의 영향을 받습니다.

- 26.8%의 물질은 중력이 있지만 빛을 발하지 않는다. (암흑물질)
- 68%는 우주를 한쪽으로 밀어내는 무언가로 이루어져 있다. (암흑에너지)

중력

은하와 은하단을 관측하고 계산한 결과, 그들의 **질량과 중력이 은하를 구성하기에는 충분하지 않다**는 것을 발견했습니다. 어떤 무언가가 추가적인 중력을 제공하고 있을 것입니다.

암흑에너지

우리가 알 수 없는. 우주를 팽창시키는 힘입니다. 반중력이라고 말하기도 합니다.

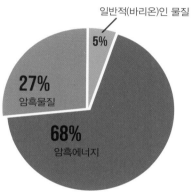

우주의 에너지 분포

일반적(바리온)인 물질

5%

27%
암흑물질

68%
암흑에너지

암흑물질

은하가 구성되는데 필요한 추가적인 중력을 제공합니다. 암흑물질을 직접적으로 관측할 수는 없지만, **중력렌즈 효과를 통해 그로 인한 영향을 관찰할 수 있습니다.** 암흑물질이 중력을 지녔기 때문입니다.

우주의 팽창

- 은하는 서로 점점 빠르게 멀어진다.
- 멀리 있는 은하일수록 적색편이가 강하게 나타난다.
- 먼 은하는 더 빠르게 가속한다.
- 천문학자들은 암흑물질과 암흑에너지가 빅뱅의 원인이자 우주 구조 및 우주 팽창의 원인이라고 생각한다.

암흑물질 후보

- 암흑물질은 반물질도, 블랙홀도 아니다.
- 우주 전체에 많이, 널리 퍼져 있다.
- 웜프(WIMPs)라는 입자가 암흑물질의 후보로 떠오르고 있다. 이 입자는 서로 간, 그리고 바리온 입자와 매우 약하게 상호작용하여 검출하기가 어렵다. 실제로 존재한다면, 매우 거대한 질량을 갖고 있을 것이다.
- 양자물리학과 중력을 결합하는 다른 이론에서 이론적으로 나타난다.

미스터리
(다중우주, 초대칭성, 초끈이론)

우리는 우주에 대해 많은 것을 알지 못합니다.

초대칭성

힘과 물질은 방정식 안에서 동일하게 다뤄진다는 이론입니다. 표준모델이 많은 것을 설명하고 있지만, 아직 완벽하지는 않습니다. 이러한 초대칭성이 표준모델의 특성일 수도 있습니다.

GUT

대통합 이론(Grand Unified Theory)

TOE

모든 것의 이론(Theory of Everything)

힘의 통합

- 자연의 힘으로 인한 작용은 아주 높은 에너지로 수렴한다.
- 힉스 보손의 발견은 전자기력과 약한 핵력이 모두 전기약력의 한 측면이라는 것을 밝혀냈다.
- GUT의 과제는 전기약력과 강한 핵력의 통합 방법을 설명하는 것이다.
- 어쩌면 자연의 네 가지 힘(강한 핵력, 약한 핵력, 전자기력, 중력)이, 단일한 힘의 다른 표현들일지도 모른다.

양자 중력

현재까지, 중력은 우주의 기하학 이론입니다. 중력이 양자 규모에서 어떻게 작용하는지는 아직 표준모델에 포함되지 않았습니다. **중력자라는 에너지 양자가 중력을 전달하는 매개체**로 파악되고 있는데, 아직까지 **그 존재에 대한 증거가 존재하지 않습니다.**

GUT와 TOE의 에너지 추정

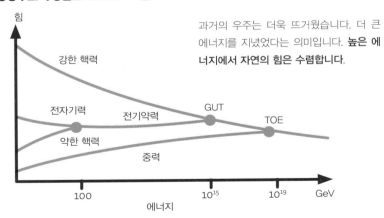

과거의 우주는 더욱 뜨거웠습니다. 더 큰 에너지를 지녔다는 의미입니다. **높은 에너지에서 자연의 힘은 수렴합니다.**

다중우주

양자역학의 다세계 해석은 파동 함수가 붕괴될 때 다중 현실이 형성된다고 이야기합니다.

초끈이론

증명할 수 없는 이론입니다. 자연의 모든 힘을 통합하기 위해 실제 세계가 진동으로 이루어져 있다고 말하는 이론입니다. 우주를 구성하는 이 진동을 은유적으로 끈이라고 표현했습니다.

수정중력이론

아인슈타인의 이론은 우주 현상을 매우 정확히 설명했지만, 아직까지도 우주 팽창과 암흑 에너지는 미스터리입니다. 일부 천문학자들은 일반 상대성이론을 조금 수정해야 한다고 말합니다.

주기율표

주기율표에는 현재 알려진 모든 화학 원소의 원자번호, 전자구성 및 화학적 특성이 담겨 있습니다.

- 원자번호는 원자핵이 가진 양성자의 개수이다.
- 원자번호는 원자가 가진 전자의 개수도 알려준다. 양성자의 개수와 균형을 이룬다.
- 원자량은 양성자와 중성자의 수를 더한 것이다.
- 원소는 원자기호로 표시한다.

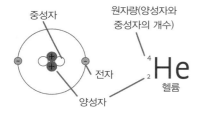

전자궤도

전자는 원자핵 주위에 있는 서로 다른 궤도나 껍질에 배열됩니다. 슈뢰딩거의 파동 함수를 확률론적 수학 방정식에 사용해 전자의 위치를 계산할 수 있습니다. 즉 **파동 함수는 전자가 어디에 있고, 핵 주위를 어떻게 감싸고 있는지를 알려주는 함수입니다.**

아우푸바우원리

전자가 원자에 스스로 배열되며 궤도를 채우는 원리를 말합니다. 그 궤도를 각각 s, p, d, f 라고 합니다. 두 개의 전자만을 담을 수 있는 1s에서 시작하여, 2s, 2p, 3s, 3p, 4s의 순서로 전자가 채워집니다.

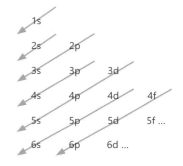

원자가전자는 원자의 가장 바깥쪽에 있는 전자이며, 이들로부터 화학반응이 일어납니다.

주기율표 읽기

- 주기율표의 세로줄(족이라고 부른다)은 각 원소의 원자가 몇 개의 전자를 지녔는지를 나타낸다. 1족은 1개, 2족은 2개의 원자가전자를 갖고 있다.
- s 오비탈, p 오비탈, 기타 등등의 순서로 전자가 채워진다. 주기율표는 오비탈에 전자가 어떻게 채워졌는지를 나타낸다.
- 가로줄, 왼쪽에서 오른쪽으로 갈수록 원자번호가 커진다.
- 8족에 있는 불활성기체*는 최외각 껍질에 8개의 전자가 채워져 있어 화학반응을 일으키지 않는다.

★ **불황성기체** : 모든 궤도가 전자로 가득 차, 매우 안정적이므로 다른 원소와 결합하지 않는다.

- 비금속
- 알칼리금속
- 알칼리토금속
- 천이금속
- 금속
- 준금속
- 할로
- 불활성기체
- 란탄족원소
- 악티늄족원

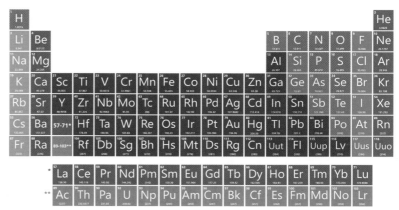

방사성탄소연대측정법

다양한 분야에서 물질의 절대 연령이나 연대를 측정하는 데 활용됩니다.

방사능은 방사성 핵이 스스로 붕괴하면서 내부로부터 방사선이 방출될 때 발생합니다.

동위원소

동위원소란 원소의 핵을 이루는 중성자의 수가 다른 원소를 말합니다. 중성자 수에 따라 원자가 더 무거워지거나 가벼워집니다. 원자량은 동위원소를 포함한 질량을 평균값으로 나타냅니다. 그 예로 C(탄소)의 원자량이 12.011인 것을 들 수 있습니다. 탄소는 C12, C13, C14 등으로 존재할 수 있습니다.

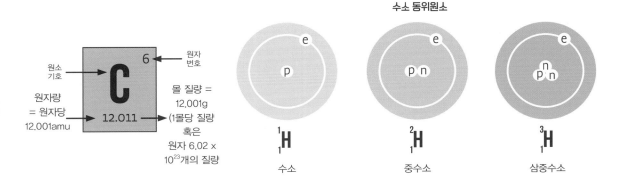

수소 동위원소

원소 기호
원자 번호
원자량 = 원자당 12.001amu
몰 질량 = 12.001g (1몰당 질량 혹은 원자 6.02 × 10^{23}개의 질량)

$^{1}_{1}H$ 수소
$^{2}_{1}H$ 중수소
$^{3}_{1}H$ 삼중수소

화학

반감기

방사성 동위원소는 고유의 붕괴율이 있습니다. 반감기는 **방사성 동위원소가 붕괴하여 절반으로 줄어드는 시간**을 의미합니다.

붕괴 곡선

붕괴 곡선은 동위원소가 붕괴되는 비율을 표현합니다. 아래의 그래프는 삼중수소의 붕괴 곡선입니다.

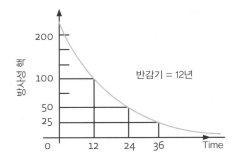

반감기 = 12년

탄소 C14

모든 생물은 체내에 소량의 방사성 동위원소인 C14를 가지고 있습니다. 살아있는 생물이라면, 먹고 숨쉬는 과정에서 C14가 지속적으로 교체되면서 그 비율이 일정하게 유지되지만, 죽은 생물은 C14가 더 이상 교체되지 않아 붕괴하기 시작합니다. 과학자들은 죽은 생물에 남아 있는 C14의 양을 측정하여 얼마나 오래 전에 죽은 것인지 측정할 수 있습니다.

분자결합

분자가 생성될 수 있도록 원자 간 작용하는 힘입니다.
전자가 한쪽 원자에서 다른 원자로 이동하거나 원자끼리 전자를 공유하여 원자 간 연결이 이루어집니다.

전자는 파동함수에서 중첩의 확률로 존재하는 양자입자입니다.

루이스 구조는 **분자 내 결합 구조가 어떠한지를 나타내는 그림**입니다. 분자의 고립전자쌍 (결합에 관여하지 않거나 공유되지 않은 전자)은 점으로 나타냅니다. 오른쪽 그림은 암모니아(NH_3)의 루이스 구조입니다.

$$H - N - H$$
$$|$$
$$H$$

옥텟 규칙

대부분의 경우* **원자의 가장 바깥쪽 껍질에 전자가 8개 존재할 때 안정적**입니다. 공유결합이나 이온결합이 이루어질 때, 그 **최종 목표는 8개의 최외각 전자로 안정성을 얻는 것**입니다. 이러한 성질을 **옥텟 규칙**이라고 합니다.

H_2O(아래 그림)는 1개의 최외각 전자를 갖고 있는 수소 원자가 6개의 최외각 전자를 가진 산소와 전자를 공유합니다. 수소의 s 오비탈은 두 개의 전자로, 산소의 p 오비탈은 8개의 전자로 채워집니다.

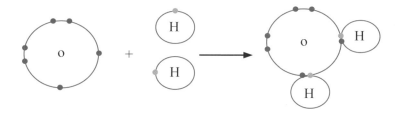

★ s 오비탈은 2개의 전자를 가지면 안정적이며 p, d, f 오비탈은 8개의 전자를 가져야 안정된다.

금속결합은 양이온 상태의 금속과 전위차의 영향으로 자유롭게 움직일 수 있는 '분리된' 전자 사이에서 발생하는 정전기적 인력에 의해 발생합니다.

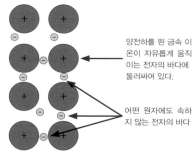

양전하를 띈 금속 이온이 자유롭게 움직이는 전자의 바다에 둘러싸여 있다.

어떤 원자에도 속하지 않는 전자의 바다

공유결합은 전자껍질의 중첩으로 인해 이루어집니다. 경우에 따라 전자를 공유한다는 표현을 쓰기도 합니다.

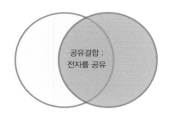

공유결합 : 전자를 공유

이온결합은 양이온과 음이온 사이의 정전기적 차이에 의해 발생합니다. 이온결합 시 전자가 한 원자에서 다른 원자로 전이합니다.

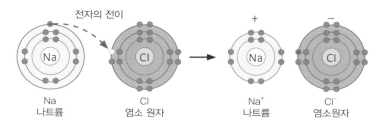

전자의 전이

| Na | Cl | Na⁺ | Cl⁻ |

Na
나트륨

Cl
염소 원자

Na$^+$
나트륨

Cl$^-$
염소원자

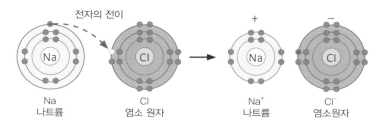

분자간 결합

분자끼리 서로 밀고 당기는, 분자 사이에 작용하는 힘입니다.
크게 3종류가 있습니다.

---

1. 수소결합
2. 쌍극자-쌍극자 힘
3. 반데르 발스 힘

수소결합

수소는 분자 주위의 전자가 비대칭적으로 분포하여 약간의 양전하를 띨 수 있습니다. 이때 **다른 극성분자의 전자를 끌어당기는 힘을 발휘**합니다. 수소결합으로 물에 많은 물질이 용해되면서 고체인 얼음의 밀도보다 물의 밀도가 높아져 얼음이 물 위에 뜨게 됩니다.

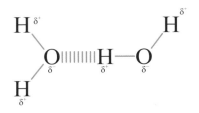

쌍극자-쌍극자 힘

이 힘은 **분자 내부에서의 전자의 비대칭적인 배치에 의해 발생**합니다. 당기는 힘과 미는 힘 모두 작용합니다.

- 염화수소(HCl) 분자는 수소 원자 주위로 약간의 양전하를 띤다. 분자 내부에서 서로 공유하는 전자가, 양성자가 풍부한 염소(Cl) 원자로 몰리기 때문이다.
- 약간의 양전하를 가진 HCl의 수소 원자 부분은 약간의 음전하를 가진 다른 HCl 분자의 Cl 원자를 끌어당기는데, 이것이 쌍극자 모멘트의 상호작용이다.

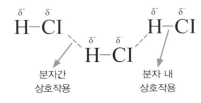

반데르발스 힘

분자의 양극화에 의해 발생하며, 원자 혹은 분자 사이의 거리와 관련이 있다. 쌍극자 모멘트의 일종으로 연결이 쉽게 끊어지는 특징이 있다.

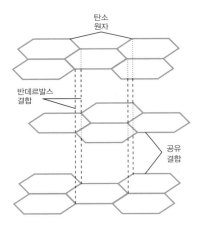

동소체

어떤 원소가 두 개 이상의 구조 형태를 가질 때, 이를 동소체라고 합니다. 동소체가 나타나는 이유는 어떤 원소의 원자가 다른 형태로 결합하기 때문입니다. **특히 탄소는 다양한 동소체를 갖습니다.**

탄소 동소체

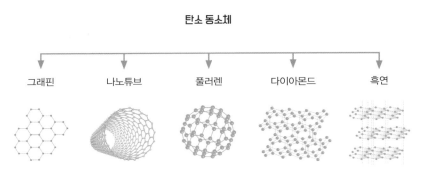

그래핀 · 나노튜브 · 풀러렌 · 다이아몬드 · 흑연

화학

90

화학반응

화학반응은 원자 간 결합이 끊어지거나 생성될 때 작용합니다.
화학반응이 없었다면, 인간도 존재하지 않았을 겁니다.

화학 방정식 작성하기

화학반응은 화학 방정식으로 표현합니다. 작성 시에 고려할 점으로 네 가지가 있습니다.

1. 반응물질은 화학반응이 시작되는 시점에 쓰고 생성물질은 가장 나중에 쓴다. 처음에는 단어로 화학반응을 적어본다.

   수소 + 산소 → 물

2. 단어를 반응물질과 생성물질의 화학식으로 표현한다.

   $H_2 + O_2 \rightarrow H_2O$

3. 방정식의 균형을 맞춘다. 방정식 양쪽에 있는 반응물질과 생성물질의 원자 수량이 일치해야 한다.

   $2H_2 + O_2 \rightarrow 2H_2O$

4. 반응물질과 생성물의 물리적 상태를 추가한다.

   $2H_2(g) + O_2(g) \rightarrow 2H_2O(l)$

물리적 상태

- 기체(gas, g)
- 액체(Liquid, l)
- 고체(Solid, s)
- 수용액(Aqueous, aq)

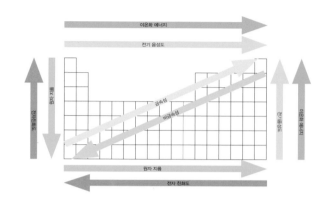

화학 반응 용어

- **첨가(addition)** : 2개 이상의 원자나 분자가 결합하여 단일 분자를 생성한다.
- **촉매(Catalyst)** : 촉매는 화학반응을 촉진시키지만 화학반응을 일으키지는 않는다.
- **탈수(Dehydration)** : 수분을 제거한다.
- **치환(Displacement)** : 원자나 분자가 다른 원자나 분자의 자리를 대체한다.
- **전기분해(Electrolysis)** : 전기에너지를 가해 비자발적인 산화–환원 반응을 일으켜 물질을 분해한다. 반응 자체는 음극과 양극에서 일어난다.
- **흡열(Endothermic)** : 열을 흡수한다.
- **에스터화 반응(Esterification)** : 알코올과 유기산이 반응하여 에스터를 형성한다.
- **발열(Exothermic)** : 열을 발산한다.
- **발효(Fermentation)** : 당이 분해되며 알코올과 이산화탄소가 생성되는 반응이다.
- **가수분해(Hydrolysis)** : 화합물이 물에 의해 분해되는 과정이다.
- **이온결합(Ion association)** : 서로 다른 극성의 이온이 결합하며 침전한다.
- **이온화(Ionization)** : 전하를 띤 이온을 생성한다.
- **산화(Oxidation)** : 산소와 결합한다.
- **중합반응(Polymerization)** : 작은 분자들이 결합하여 긴 사슬 형태의 분자를 생성하는 반응이다.
- **침전(Precipitation)** : 액체 안에 있는 고체가 바닥에 쌓이는 현상이다.
- **산화–환원(Redox)** : 산화와 환원이 발생한다.
- **환원(Reduction)** : 산소를 잃는다.
- **가역반응(Reversible reaction)** : 반응물질이 생성물질로 변하고 생성물질이 다시 반응물질로 변화하는 반응이다.
- **열분해(Thermal decomposition)** : 열에 의해 화합물이 분해되는 비가역반응이다.
- **열해리(Thermal dissociation)** : 열에 의해 화합물이 분해되는 가역반응이다.

유기화학

탄소에 기반한 분자의 기하학적 구조, 반응성, 물리적·화학적 특성에 대해 연구하는 학문입니다.

생명

유기화학은 생명의 기본을 구성합니다.

탄화수소

탄소에는 4개의 원자가전자가 있습니다. 일반적으로는 8개여야 안정적이지만, **4개만으로도 안정성을 갖습니다.** 아래 그림은 메테인을 나타낸 것입니다. 한 개의 탄소 원자가 네 개의 수소 원자와 공유결합하고 있는 그림입니다.

$$H-\underset{\underset{H}{|}}{\overset{\overset{H}{|}}{C}}-H$$

한 개의 탄소 원자에 네 개의 수소가 연결되는 대신, 탄소끼리도 연결이 가능합니다. 탄소는 탄소 원자끼리 단일결합, 이중결합, 삼중결합이 가능합니다.

단일결합

이중결합

삼중결합

중합체

탄소는 탄소 간 결합이 가능하여 중합반응을 통해 긴 사슬 모양의 분자를 구성할 수 있습니다. 이러한 긴 분자를 중합체라고 부르며 중합체를 이루고 있는 단위체를 단량체라고 합니다.

탄화수소 이름 붙이기

탄화수소는 복잡하기 때문에, **탄소 원자가 몇 개인지와 어떤 기능 그룹에 속해있는지**를 기반으로 이름을 붙입니다.

탄소원자의 개수	접두사	화학식	이름
1	Meth	CH_4	메테인
2	Eth	C_2H_6	에테인
3	Prop	C_3H_8	프로페인
4	But	C_4H_{10}	뷰테인
5	Pent	C_5H_{12}	펜테인
6	Hex	C_6H_{14}	헥세인
7	Hept	C_7H_{16}	헵테인
8	Oct	C_8H_{18}	옥테인

기능 그룹

기능 그룹은 유사한 원자를 묶은 것으로 과학자들이 구조를 분류하고 탄화수소의 행동을 예측하는 것을 돕습니다. 알코올도 기능 그룹이며 C–O–H 단위를 포함합니다.

구조식

$$C_2H_2OH \quad \text{분자식}$$

알켄(탄소 간 이중결합), 알킨(탄소 간 삼중결합), 아민(C–NH₂ 기능 그룹과 결합)은 아래의 그림과 같습니다.

알케인   알켄   알킨   아민   알코올   에테르

알데하이드   케톤   카르복시산   에스터   아마이드

무기화학

유기화합물을 제외한 화학원소와 화합물의 구조, 성질, 반응을 연구하는 학문입니다.

이온화에너지(E^i)

기체 원자나 분자에서 원자가전자를 제거하는 데 필요한 최소한의 에너지량을 말합니다.

원자가 혹은 산화수

화학반응에 참여할 수 있는 원자나 분자의 사용할 수 있는 전자의 개수를 의미합니다.

• 1족 : 알칼리금속 : 원자가 +1
• 2족 : 알칼리토금속 : +2
• 3~6족 : 천이금속 : 여러 산수화를 가짐
• 7족 : 할로겐 : −1

알칼리금속

• +1 전하를 갖는 금속 이온
• 물과 반응하여 금속 수산화 이온을 생성한다. 예) $M \rightarrow M^+ + e^-$
• 1족의 아래쪽에 있는 원소일수록 원자핵과 원자가전자와의 거리가 멀어 전자를 제거하기 쉽기 때문에 반응성이 높아진다.
• 물이나 공기와 매우 쉽게 반응하며 반응하는 동안에 빛과 열을 낸다.
• 매우 부드럽고 쉽게 자를 수 있다.

알칼리토금속

• +2 전하를 갖는 금속 이온
• 베릴륨을 제외하곤 물과 반응하여 금속 수산화 이온을 생성한다. 이온방정식
  예) $Mg \rightarrow Mg^{2+} + 2e^-$
• 화학방정식 :
  $Ca + 2H_2O(l) \rightarrow Ca(OH)_2 + H_2$
• 2족의 아래쪽에 있는 원소일수록 원자핵과 원자가 전자와의 거리가 멀어 제거하기 쉽기 때문에 반응성이 높아진다.
• 할로겐 원소와 반응하며 금속 할로겐화물을 생성한다.
• 2족 금속 황산화합물의 반응성은 2족의 아래쪽으로 갈수록 줄어든다.
• 2족의 위쪽에 있는 원소일수록 수산화 반응이 강해진다.
• 꽤 부드럽다.

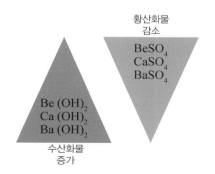

황산화물
감소

$BeSO_4$
$CaSO_4$
$BaSO_4$

$Be(OH)_2$
$Ca(OH)_2$
$Ba(OH)_2$

수산화물
증가

천이금속

• 단일 원소가 다양한 산화수를 갖는다.
• 주기율표 전체에서 반응성이 감소한다.
• 밝은 색상의 수용액을 만든다.
• 끓는점과 녹는점이 높다.
• 천이금속 중 수은(Hg)을 제외하고 실온에서 고체 상태로 존재한다.
• 조밀하며 단단하다.

Sc	Ti	V	Cr	Mn	Fe	Co	Ni	Cu	Zn

일반적으로 반응성이 줄어든다.

할로겐 원소

• 7족에 속하는 비금속 원소
• 아래쪽으로 갈수록 반응성이 낮아진다.
• −1 전하를 갖는 이온이 된다.
• 할로겐이 이온이 되면 −ide라는 접미사가 붙는다.
• 할로겐으로만 구성된 염소가스나 불소가스 같은 할로겐 원소는 이원자 분자(두 개의 원자로 이루어진 분자)로 존재한다.

화학

pH, 수소이온농도

pH는 수용액에 포함되어 있는 H^+를 측정한 값입니다.

산

수소이온(H^+)을 포함하고 있는 물질을 의미합니다. **화학반응에서 산은 양성자를 주는 쪽입니다.**

- 산은 물에 녹아서 산성 용액을 만들 수 있다.
- 산은 수소이온 H^+의 근원이다.
- 염산은 다음 방정식으로 수소이온을 만든다.

  $HCl(aq) \rightarrow H^+(aq) + Cl^-(aq)$
- 산성용액의 pH는 7보다 작다.

염기

염기는 수산화 이온(OH^-)을 가지고 있으며 산과 반응하여 염을 만듭니다. **양성자를 받는 쪽입니다.**

- 염기는 물에 녹아 염기성 수용액을 만들 수 있다.
- 염기는 수산화 이온(OH^-)의 근원이다.
- 수산화나트륨은 다음 방정식으로 수산화 이온을 만든다.

  $NaOH(aq) \rightarrow Na^+(aq) + OH^-(aq)$
- 염기성 수용액의 pH는 7보다 크다.

산성반응

산 + 금속 → 염 + 수소

예를 들어 '염산 + 마그네슘 → 염화 마그네슘 + 수소'라면

$2HCl(aq) + Mg(s) \rightarrow MgCl_2(aq) + H_2(g)$

산 + 산화금속 → 염 + 물

'황산 + 산화구리 → 황산구리 + 물'이라면

$H_2SO_4(aq) + CuO(s) \rightarrow CuSO_4(aq) + H_2O(l)$

산 + 탄산염 → 염 + 물 + 이산화탄소

'염산 + 탄산구리 → 염화구리(II) + 물 + 이산화탄소'라면

$2HCl(aq) + CuCO_3(s) \rightarrow CuCl_2(aq) + H_2O(l) + CO_2(g)$

염기 반응

'나트륨 + 물 → 수산화나트륨 + 수소'라면

$2Na(s) + 2H_2O(l) \rightarrow 2NaOH(aq) + H_2(g)$

중화반응

산 + 염기 = 염 + 물

$H^+(aq) + OH^-(aq) \rightarrow H_2O(l)$

산 + 염화금속 → 염 + 물

'질산 + 염화나트륨 → 질산나트륨 + 물'이라면

$HNO_3(aq) + NaOH(s) \rightarrow 2NaNO_3(aq) + H_2O(l)$

pH		
14		액상 배수구 클리너, 수산화나트륨, 가성소다
13	염기성	탈색제, 오븐 클리너
12		비눗물
11		가정용 암모니아(11.9)
10		마그네슘 우유(10.5)
9		치약(9.9)
8		베이킹소다(8.4), 바닷물, 계란
7	중성	'순수한' 물
6		소변(6), 우유(6.6)
5		산성비(5.6), 블랙커피(5)
4	산성	토마토주스(4.1)
3		자몽주스 및 오렌지주스, 탄산음료
2		레몬주스(2.3), 식초(2.9)
1		위벽에서 분비되는 염산(1)
0		배터리 용액

수소결합과 물

지구 표면의 71%가 물이고, 생명체의 60~90%가 물입니다.
지구 생명의 근원은 물입니다.

극성

극성은 분자 주위의 비대칭적인 전자 분포와 전기음성도라는 성질에 의해 발생합니다. 분자가 극성을 가지려면 '쌍극자 모멘트*'가 필요한데, 분자 주위의 전하를 양전하를 띤 부분 δ^+과 음전하를 띤 부분 δ^-으로 나눠주기 때문입니다.

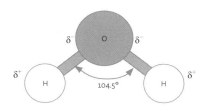

전기음성도

분자 내의 원자가 결합에 관여하는 **전자를 끌어당기는 정도**를 의미합니다.

- 전기음성도 측정값은 파울링 스케일로 나타낸다.
- 전기음성도는 주기율표에서 왼쪽에서 오른쪽 방향으로 증가한다.
- 주기율표에서 행방향 아래쪽으로 이동할수록, 양전하를 차단하는 전자껍질을 가져 전기음성도가 감소한다.
- 불소는 전기음성도가 가장 강하다.

★ 쌍극자 모멘트 : 어떤 계가 쌍극자처럼 행동하는 정도. 극성이나 분포의 분리 정도를 나타내는 물리량이다.

- 이온결합은 물과 같은 일부의 수소결합 분자에서 발생하는 비대칭 전하 분포를 제외하면, **공유결합에 비해 전기음성도가 높습니다.**

결합의 종류

순수 공유결합 / 극성 공유결합 / 이온결합

0 / 낮음 / 높음

전기음성도의 차이

물의 극성

물과 같은 극성분자를 포함한 용매는 용질을 잘 녹입니다. 물은 다른 그 어떤 용매보다도 많은 용질을 녹일 수 있습니다.

우주에 있는 물

- 2011년에 천문학자들이 블랙홀을 감싼 수증기 구름을 발견했는데, 지구보다 약 140조 배나 많은 물이 존재했다.
- 목성의 위성인 유로파는 소금물 얼음으로 뒤덮혀 있다.
- 토성의 위성인 엔셀라두스는 얼음으로 된 표면과 내부에 바다가 있다.
- 혜성은 암석과 물로 이루어져 있다.

물분자의 기하학적 구조

산소는 6개의 원자가전자를 가지고 있어서, **옥텟을 완성하기 위해 수소 원자와 공유결합하여 전자 두 개를 받아옵니다.** 수소 원자에 양성자가 한 개 있는 것에 비해, 산소 원자에는 두 개의 양성자가 있어 물분자의 전자가 산소 원자에 더 가까이 있게 되어 **쌍극자 모멘트가 발생**합니다.

용어 해설

- **용매** : 고체, 액체, 기체 상태로 있는 물질을 용해시키는 물질. 용매는 물을 포함하는 것과 포함지 않는 것이 있다.
- **용질** : 용매에 의해 녹은 물질
- **용액** : 용질이 용매에 녹아 있는 상태

응집력

용액의 극성분자는 전하량에 따라 스스로를 배열하는 특성이 있습니다. 분자 내의 쌍극자 모멘트가 같은 분자끼리 달라붙게 만듭니다. **물방울이 구의 형태를 띠는 것도 이 때문입니다.**

화학

물질의 상태

물질은 지닌 성질로 구분됩니다. 관능 속성, 화학적 속성, 물리적 속성.
상태의 변화는 물리적 속성(물성)에 포함됩니다.

물성은 다음을 포함한다

- 밀도
- 분자의 기하학적 구조
- 비중
- 냄새
- 색깔
- 우발적 속성 : 다른 현상에서 발생하는 질감, 형태, 부피나 과학자 및 설계자에게 중요한 기타 관능 속성이 포함된다.

어떤 계에 열을 가하면 원자나 분자의 운동에너지가 증가하여 운동속도가 증가하며 진동합니다. 여기에 열이나 에너지를 더 가하게 되면 **물질의 상태가 바뀌게 됩니다.**

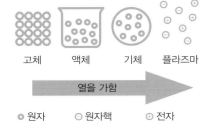

상변화

계에 포함된 열에너지는 계에 있는 분자가 진동할 수 있도록 에너지를 제공합니다. 고체 상태인 물질의 분자결합 및 분자간결합에 에너지가 지속적으로 가해져 결합에 변화가 생기면 **물질의 상태가 변하게 됩니다.**

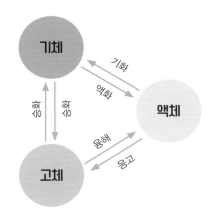

브라운 운동

액체 혹은 기체에 있는 분자나 원자는 다른 분자와 끊임없이 충돌하며 불규칙적인 궤적으로 운동합니다. 스코틀랜드의 식물학자인 로버트 브라운(1773~1858)이 1827년에 발견했습니다.

유체에 있는 입자의 불규칙한 움직임

브라운 운동에 의하면, 유체의 입자는 분자나 원자와 계속 충돌하며, **결국에는 유체에 입자가 고르게 확산됩니다.**

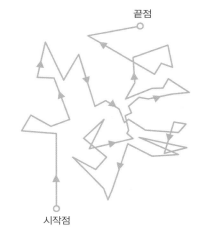

플라즈마

플라즈마는 양전하를 띤 원자핵으로부터 전자를 전부 분리할 수 있을 정도로 많은 에너지를 지니고 있습니다. 그리고 자유롭게 움직이는 이온덩어리를 생성합니다. 플라즈마라는 상태는 물질의 상태 중 **우주에서 가장 에너지가 풍부한 상태**로, 별과 초신성들이 플라즈마 상태에 있습니다.

키랄리티(분자 비대칭성)

키랄리티는 왼손과 오른손처럼 상과 거울상을 서로 겹칠 수 없는 형태를 말합니다.
키랄리티 분자는 원래 분자와 동일한 화학식을 갖지만 다른 화학적 성질을 지닙니다.
일부 분자와 이온이 가진 기하학적 성질입니다.

이성질체 : 동일한 화합물이지만 원자 배열이 달라서 성질이 다르다.

입체 이성질체 : 동일한 화학식을 갖지만 원자의 공간배치(삼차원구조)가 다른 분자를 의미한다.

부분입체 이성질체 : 서로 중첩되지 않으며 거울상이 아닌 입체 이성질체를 의미한다.

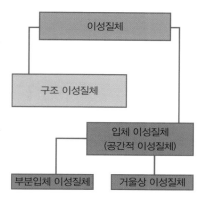

키랄 화합물 :
• 동일한 화학식을 갖는다.
• 다른 기하학적 구조를 갖는다.
• 다른 화학적 특성을 지닌다.

Cis-trans 이성질체는 입체 이성질체의 한 종류다.

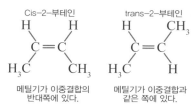

메틸기가 이중결합의 반대쪽에 있다.　메틸기가 이중결합과 같은 쪽에 있다.

S와 R 거울상 이성질체

분자의 중심에 있는 탄소 원자를 둘러싼 **분자의 비대칭성이 키랄리티를 유발**합니다. 거울상 이성질체는 서로 거울상인 분자들의 쌍을 의미합니다.

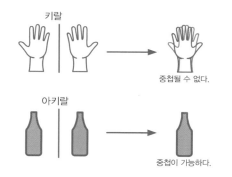

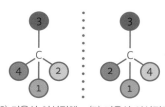

(S) 거울상 이성질체　(R) 거울상 이성질체

당의 거울상 이성질체

거울상 이성질체는 유기체에서 종종 다른 반응을 보입니다. **분자가 키랄인 신체의 수용체와 결합하는 경우도 있기 때문입니다.** 포도당의 거울상 이성질체(D-글루코스와 L-글루코스)는 체내에서 다르게 반응합니다. 우리의 몸은 에너지원으로 D-글루코스를 사용할 수 있지만, L-글루코스는 사용할 수 없습니다. L-글루코스는 자연에서는 존재하지 않는 실험실의 산물입니다.

DNA와 키랄리티

DNA의 이중나선은 시계방향으로 꼬입니다. DNA를 만드는 분자들이 자체적으로 키랄 중심을 갖고 있어서, 분자간 결합이 DNA를 한쪽 방향으로 꼰 나선형이 되도록 만듭니다. DNA는 오른손 나사의 형태입니다.

고분자

수천 개 이상의 원자로 구성된 거대한 분자를 의미합니다.
생체고분자와 거대분자(중합체가 아닌)가 가장 흔합니다.

분자구조

분자가 지닌 화학적 특성과 그 분자가 어째서 그런 형태의 구조를 가졌는지 이해하기 위해서는 분자를 구성하는 하위 단위 분자의 3차원 모양(기하학적 모습)과 구성을 이해하면 큰 도움이 됩니다. **전자궤도가 서로 상호작용하는 방법이 곧 분자의 형태를 정의**하는 것입니다.

분자의 기하학적 구조

작은 분자는 각기 다른 기하학적 구조를 가지고 있습니다.

선형

굽은형

삼각평면형

삼각 피라미드형

T형

사각평면형

삼각쌍뿔형

정팔면체

아미노산

단백질을 만드는 데는 20여 가지의 아미노산이 필요합니다. 어떤 'R기(R group)'를 갖고 있느냐에 따라 아미노산의 종류가 정해지며, **어떤 아미노산을 가지고 있는지에 따라 단백질은 다른 성질을 갖게 됩니다.** 오른쪽은 아미노산의 기본 구조입니다.

아미노산의 구조

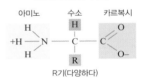

아미노   수소   카르복시

R기(다양하다)

단백질

단백질은 아미노산의 사슬로 만들어집니다. 각각의 아미노산은 하나의 작은 분자로 시작합니다. 폴리펩타이드는 아미노산으로 이루어진 사슬입니다.

- 1차 구조 : 폴리펩타이드 사슬
- 2차 구조 : 폴리펩타이드 사슬이 특정 길이에 이르면 사슬이 접히거나 꼬이면서 알파나선이나 베타병풍구조를 형성한다. 이러한 접힘이나 꼬임은 분자간 힘에 의한 결합으로 발생한다.
- 3차 구조 : 3차 구조는 다수의 2차 구조가 조합되어 생성된다. 분자간 힘에 의해 어떤 구조를 만들지가 결정된다.
- 4차 구조 : 어떤 단백질은 2개 이상의 3차 구조로 구성되어 매우 복잡한 구조를 지닌다. 헤모글로빈은 4차 구조의 단백질이다.

단백질 접힘

단백질에서 접힘이 발생하는 걸 예측하기는 매우 어렵습니다. 여러 아미노산에 의해 형성된 분자간 결합이 매우 다양한 방법으로 상호작용하기 때문입니다. 수소결합과 소수성과 친수성 중심까지, 이 모든 힘들이 단백질 형성에 영향을 줍니다. 이황화결합은 폴리펩타이드 사슬 안에서 발생하며 3차 구조를 안정화시킵니다.

폴리머

단위체가 반복적으로 연결된 커다란 분자를 의미합니다.
종합반응을 통해 단위체를 결합시킴으로써 폴리머를 만들 수 있습니다.

첨가 중합반응 : 촉매의 도움을 받아 목걸이에 구슬을 꿰듯이 단위체를 연결하는 것을 말한다.

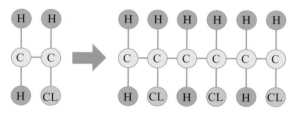

축합 중합반응 : 단위체가 연결되면서 물과 이산화탄소, 암모니아가 생성되는 반응이다.

아미노산

$$H-N-C-C-O-H \quad H-N-C-C-O-H \rightarrow$$

$$-N-C-C-O-N-C-C- + H_2O$$

단백질

자연에서 생성되는 폴리머

- **다당류** : 전분, 셀룰로오스, 글리코겐, 펙틴과 같은 탄수화물
- **셀룰로오스** : 당분자로 이루어진 다당류로서 야채, 식물, 나무에서 발견된다. 섬유에 사용되는 길고 유연한 섬유질을 형성한다.
- **펙틴** : 젤리 같은 질감의 다당류
- **명주실** : 누에나방 애벌레가 고치를 만들 때 생성되는 폴리머
- **거미줄** : 거미가 단백질로 만드는 매우 튼튼한 폴리머
- **양털** : 케라틴이라는 단백질로 이루어져 있다. 양의 체온을 유지해주는 기능이 있으며, 안전하게 깎아낼 수 있다. 섬유로 가공할 수 있다.
- **DNA** : 뉴클레오티드 분자와 당으로 이루어져 있다.
- **단백질** : 아미노산 단위체로 이루어져 있다.
- **콜라겐** : 동물이나 새, 물고기의 근육과 결합조직에서 만들어지는 섬유질 폴리머

플라스틱

플라스틱은 열을 가해 녹이는 것으로 가공과 재가공이 가능합니다. 대부분 석유를 원료로 하며, 잘게 쪼개져 모든 생명체에 독이 되는 미세플라스틱을 만듭니다. **특히나 1회용 플라스틱의 사용은 환경오염의 주요 원인이지만, 의료 분야에서는 주요하게 사용됩니다.** 재생이 가능하지만, 자연분해는 되지 않습니다.

플라스틱의 종류

- 폴리에틸렌 테레프탈레이트(PETe 또는 PET)
- 고밀도 폴리에틸렌(HDPE)
- 폴리염화비닐(PVC)
- 저밀도 폴리에틸렌(LDPE)
- 폴리프로필렌(PP)
- 폴리스티렌 또는 스티로폼(PS)

바이오플라스틱

당분이나 나무조각에서 추출한 녹말, 음식물 쓰레기와 같은 생물학적 원천으로도 플라스틱을 만들 수 있습니다. 바이오플라스틱은 생분해성이지만, 산업적인 퇴비화 과정(약 70℃의 온도)을 통해서만 분해됩니다.

바이오플라스틱의 종류

- 단백질 기반
- 전분 기반
- 셀룰로오스 기반
- 폴리락틱산(PLA)
- 카제인(우유 단백질)
- 지질 유래 중합체

친수성과 소수성

친수성은 '물을 좋아'하고 소수성은 '물을 싫어'하는 성질입니다.

친수성	+약한 접착력 +쉬운 수분 제거 – 빠른 얼음 생성
친수성 표면	유체

소수성
+강한 접착력
+느린 얼음 생성
– 물방울이 둥글게 된다.

소수성 표면 유체

• 친수성 물질은 물에 녹는다. 소금과 같은 이온화합물이나 알코올과 같은 극성분자가 친수성 물질에 속한다.

• 소수성 물질은 물에 녹지 않는다. 기름과 지방은 물을 밀어내며 극성을 띄고 있지 않다.

물과 기름

기름방울은 물에 섞이지 않아 물 위를 떠다닙니다. 즉 혼합되지 않는 것입니다.

• **극성 용매** : 비대칭적인 전자분포를 지니고 있다.

• **비극성 용매** : 전자가 균일하게 분포되어 있고 대칭적인 구조를 가지고 있다.

인슐린

혈당 수치를 조절하는 단백질입니다. **세포가 포도당(에너지)을 흡수(대사작용)하도록 도와줍니다.** 세포가 충분한 포도당을 갖게 되면, 간은 포도당을 글리코겐(혈당량이 떨어지는 것을 방지)의 형태로 저장합니다.

인슐린은 친수성이라서 소수성인 세포막 안쪽을 통과할 수 없습니다. 따라서 세포에 직접적으로 작용할 수 없으며 기능하기 위해서는 신호에 의존해야 합니다. **인슐린이 없으면 수용체는 혈액 속에 포도당이 얼마나 많은지 알 수 없어 포도당이 대사되지 않습니다.**

세포막

세포막(지질 이중층)은 친수성과 소수성이라는 특성들 때문에 존재합니다. 두 개의 층으로 구성되어 있는데, 바깥쪽에는 신체가 외부에 노출되어도 견딜 수 있게 하는 극성 말단 부분이 있고, 안쪽에는 소수성 탄화수소 꼬리가 있습니다.

아미노산

우리 몸을 구성하고 지탱하는 단백질을 형성하기 위해서는 20개의 아미노산이 필요합니다. 대부분이 물로 구성된 우리의 신체는 친수성 아미노산과 소수성 아미노산을 모두 필요로 합니다.

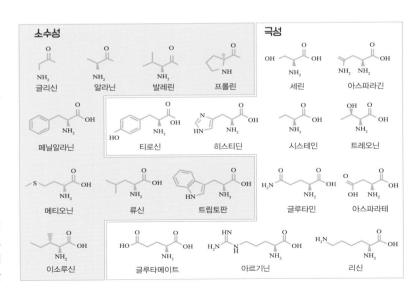

소수성: 글리신, 알라닌, 발레린, 프롤린, 페닐알라닌, 티로신, 히스티딘, 메티오닌, 류신, 트립토판, 이소루신

극성: 세린, 아스파라긴, 시스테인, 트레오닌, 글루타민, 아스파라테, 글루타메이트, 아르기닌, 리신

단백질 결정학

결정화된 단백질 분자의 구조를 확인하는 데 사용됩니다.
화학, 물리학에서 단백질과 DNA 같은 생물학적 분자의 분석 등에 널리 쓰입니다.

도로시 호지킨

영국의 생물학자 도로시 호지킨(1910~1994)은 X선 결정학을 이용해 단백질 구조를 연구했습니다. **비타민 B12의 구조를 발견한 공로로 1964년에 노벨 화학상을 받았습니다.** 또한 분자의 3차원 구조를 이미지화하는 혁신적인 기술을 개발했고 페니실린, 인슐린, 스테로이드의 분자 구조를 밝혀내는 데 기여했습니다.

비타민 B12의 복잡한 구조

비타민은 신체에 필수적인 분자이지만, 대부분이 체내에서 생성되지 않습니다. B12는 수용성 분자이며 신경세포, 혈액 아미노산세포, DNA의 유지와 생성에 필요합니다.

단백질 결정화

단백질의 구조는 매우 복잡해 파악하기 어렵지만, 점차 단백질이 우리 몸에서 어떤 작용을 하는지 이해해 나아가고 있습니다. **인슐린이 어떻게 생성되는지 알게되면서 인공적인 생산이 가능하게 되었고, 제1형 당뇨병을 가진 사람들의 생명을 구할 수 있었습니다.** 단백질 결정화 기술은 복잡한 생물학적 분자의 구조를 이해하는 데 도움이 됩니다.

X선 회절

X선 회절은 결정의 구조를 파악하는 데 사용하는 기술입니다. X선은 파장이 매우 짧으며 결정체를 통과하는 특징이 있습니다. **X선이 결정을 통과할 때 회절무늬가 나타나는데.** 이를 통해 원자가 무늬 안에 어떻게 배열되어 있는지와 원자 간의 거리, 크기를 알 수 있습니다.

결정

결정은 고체입니다. 평평한 표면과 곧은 모서리라는 규칙적인 구조를 가지며, 격자 모양의 반복적인 패턴에 수백만 개의 작은 입자가 배열됩니다. **결정의 규칙성은 결정 분자구조를 기하학적으로 분석하기 쉽게 만듭니다.**

일반적인 결정의 형태

결정에는 다양한 형태가 있습니다. 가장 일반적인 것으로는 입방체, 육각형. 단사정계, 마름모가 있습니다.

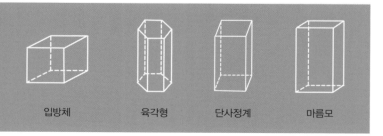

입방체   육각형   단사정계   마름모

DNA와 51번 사진

X선 결정학은 파장이 짧은 X선과 물질의 상호작용을 살펴 물질의 내부 구조를 연구하는 학문입니다.
1950년대 초, 생명의 열쇠라 할 수 있는 DNA 분자의 구조를 X선 결정학을 통해 확인할 수 있었습니다.

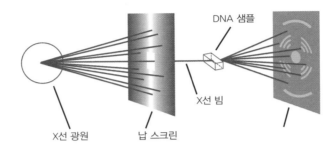

DNA 샘플

X선 빔

X선 광원   납 스크린

이중나선

생물학자들이 DNA를 발견한 당시 세포의 복제 혹은 화학물질 생성을 위해 유전정보를 저장하는 역할을 한다고 파악했지만, 어떻게 작용하는지는 몰랐습니다. DNA 이중나선 구조를 알고 나서야 그 작용을 이해하기 시작했습니다. 1950년대 초반이었습니다.

로잘린드 프랭클린(1920~1958)과 킹스 칼리지의 동료들이 진행한 선구적인 X선 연구는 **거대분자 안에 있던 핵심적인 화학 구조를 발견**해냈습니다. 1953년, '**51번 사진**'이라는 주요 발견이었습니다.

51번 사진이 중요한 이유는 케임브리지 대학교 생물학자인 프랜시스 크릭(1916~2004)과 제임스 왓슨(1928~)이 **베이스와 뉴클레오티드라는 화학 단위가 꼬불꼬불한 사다리 모양으로 연결되는 '이중나선'**이라는 모델을 만드는 데 영감을 주었기 때문입니다.

이중나선의 발견으로 유명해진 왓슨은 '51번 사진' 관련한 프랭클린의 공헌을 축소하려 했습니다. 노골적인 성차별도 자행되며 DNA 관련한 논의는 진창에 빠져들었습니다. 추측이지만, 케임브리지 과학자들은 동료인 모리스 윌킨스를 통해 프랭클린 모르게 주요 연구내용에 접근할 수 있었을 거라고 합니다.

이 이야기의 진실과 관련된 사람들의 동기는 미스터리로 남을 것입니다. 1958년 프랭클린이 난소암으로 사망하면서 증명할 기회가 사라졌기 때문입니다.

4년 뒤, 왓슨과 크릭과 윌킨스는 '그들의' 발견으로 노벨상을 받았고, **프랭클린은 '잊혀진 DNA의 여성'이라는 상징적 인물이 되었습니다.**

51번 사진과 이중나선

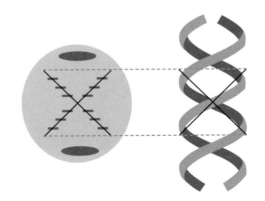

생명의 중심원리

DNA는 RNA를, RNA는 단백질을, 단백질은 DNA를 만듭니다.
DNA는 세포핵 안의 염색체들에 가득 들어차 있습니다.

DNA

- DNA는 아데닌(A), 구아닌(G), 티민(T), 시토신(C). 4종의 뉴클레오티드로 구성되어 있다.
- A, G, T, C는 나선 사다리처럼 꼬여있는 당-인산염 사슬 사이에 연결되어 있다.

염기쌍

A는 T, C는 G와 연결됩니다. 이러한 쌍의 배열이 DNA가 정보를 저장하는 방법입니다.

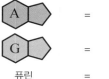

A	=	T
G	=	C
퓨린	=	피리미딘

각각의 세포에는 대략 60억 개의 염기쌍이 존재합니다.
- **DNA** : 디옥시리보 핵산 - 이중나선
- **RNA** : 리보 핵산 - 단일 나선구조. 티민 대신 우라실을 지니고 있다.

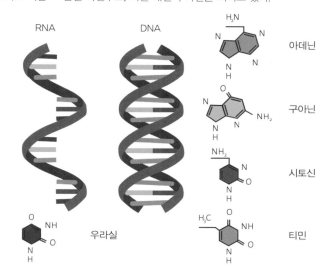

복제

세포는 DNA의 절반을 템플릿으로 사용하여 일생에 **수조 번이나 DNA를 복제합니다**. 효소는 복제를 제어하는 단백질입니다.
- 헬리카이제가 DNA를 분해하여 템플릿을 만든다.
- RNA 프리마이제가 프로세스를 시작한다.
- DNA 중합효소는 상호보완적인 뉴클레오티드를 첨가한다.
- DNA 리가아제가 프로세스를 끝낸다.

100억 개의 뉴클레오티드에 한 번 정도 오류가 발생하며 DNA 중합효소가 오류를 최소화하기 위해 DNA를 검사합니다.

전사

유전자는 단백질 생성을 통해 표현됩니다. mRNA(단백질을 만들기 위한 지침)를 형성하기 위해 DNA 일부를 복사합니다.

- RNA 중합효소는 이중나선을 분해하여 시퀀스를 복사한다.
- RNA가 종단 신호에 도달하여 정지한다.
- 메신저 RNA(mRNA)가 형성된다.
- mRNA는 단백질을 만들기 위해 핵을 떠난다.

번역

리보솜은 세포질에서 단백질을 만듭니다.

- mRNA가 소포체에 주입된다.
- 리보솜은 단백질과 리보솜 RNA(rRNA)를 포함한다.
- rRNA는 mRNA의 세 개의 뉴클레오티드를 한 번에 읽는다.
- tRNA의 한쪽 끝에는 아미노산이 있고 다른 쪽 끝에는 mRNA와 일치하는 안티코돈이라고 불리는 베이스가 있다.
- tRNA 결합에 의해 운반되어 **폴리펩타이드 사슬을 형성하는 아미노산이 생성**되며 이것이 단백질의 시작이다.

세포

세포는 유기체의 가장 기본적인 구성 요소입니다.

원핵세포

원핵생물은 **단세포 생물**입니다. 이 생물들은 움직이는 '편모'와 주변 환경을 감지하는 '선모'를 지니고 있습니다.

진핵세포

다세포 유기체에서 발견되며 더 복잡한 내부 구조를 가지고 있습니다.

세포 안에 있는 것

- **세포막** : 세포를 둘러싸 보호하며 영양분과 노폐물이 드나든다.
- **세포핵(진핵세포)** : 세포를 제어하며 DNA를 가지고 있다.

세포의 구조

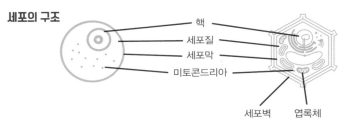

핵
세포질
세포막
미토콘드리아
세포벽　엽록체

세포호흡

세포는 세포질에서 **탄수화물을 분해하는 세포호흡**이라는 화학반응을 통해 에너지를 얻습니다.

- **흡열성** : 화학결합을 깨트리기 위해서 에너지가 필요하다.
- **발열성** : 화학결합이 깨지면서 에너지를 방출한다.

식물 세포만의 특징

- **세포벽** : 단단한 외부 구조물이 있다.
- **액포** : 세포 안에서 수액을 담고 있다.
- **엽록체** : 광합성이 일어나는 곳이다.

발열반응으로 방출되는 에너지는 인산염 이온과 결합하여 아데노신 삼인산(ATP)이라는 분자를 만듭니다. 이산화탄소(CO_2)가 배출되는 동안 산소(O_2)는 전자를 받아들입니다.

광합성 세포에서 CO_2는 탄수화물을 만드는 데 사용되며 폐기물로 O_2가 방출됩니다.

- **세포질** : 화학 반응이 일어나는 복잡한 물질
- **미토콘드리아** : 신진대사(호흡)가 일어난다.
- **리보솜** : 세포 내 막상구조(소포체)에 존재하며 단백질을 생성한다.

당분해

세포호흡을 간단히 설명하면 다음과 같습니다.

- 포도당을 피루브산으로 분해한다('크랩스 회로'의 일부).
- 더 많은 에너지를 방출하기 위해, 피루브산을 분해하여 니코틴아미드 아데닌 디뉴클레오티드(NADH)를 생성한다.
- '사이토크롬'이라고 불리는 효소와 분자의 사슬을 따라 전자를 이동시킨다. 전자는 에너지의 원천이다.
- 전자는 ATP를 만드는 막으로 양성자(H^+ 이온)를 밀어낸다. 이것을 화학삼투작용이라 한다.
- 당분해과정은 혐기성이라 산소를 사용하지 않는다.
- 일부 박테리아와 효모는 에너지를 위해 당분해만을 사용한다.

크랩스 회로(구연산회로)

세포 내에서 피루브산은 ATP, CO2, NADH, 플래빈 아데닌 디뉴클레오타이드(FADH2)를 생성합니다. 즉, 산화 환원 과정이 일어나는 것입니다.

현미경

현미경의 개발이 없었다면 소아마비 백신이나 마이크로칩도 만들지 못했을 것입니다.

광학현미경

광학현미경은 가시광선과 렌즈를 이용해 유기체를 확대합니다. 네덜란드의 안경 제조업자인 자차리아스 얀센은 1595년에 현미경을 설계했다고 하며 **최대 9배**까지 확대할 수 있었다고 합니다.

로버트 후크의 마이크로그라피아 (Micrographia)

영국의 과학자 로버트 후크(1635~1703)는 현미경을 만들어 1665년에 마이크로그라피아라는 책을 출판했습니다. 이 책은 **현미경으로 본 물체를 그린 최초의 책**이었습니다.

안톤 본 레벤후크

네덜란드 과학자 레벤후크는 현미경을 더욱 발전시켜 **270배의 배율**을 낼 수 있었습니다.

한외현미경 (Ultramicroscope)

오스트리아의 화학자 리차드 지그몬디가 한외현미경을 발명했습니다. 이 현미경은 콜로이드 입자에 빛을 집중시키는 방법으로 **100,000배율**이 가능하여 콜로이드 연구에 활용됐습니다. 1925년에 노벨상을 받았습니다.

위상차현미경

프리츠 제르니케는 1932년에 위상차현미경을 설계하여 **투명한 물질을 볼 수 있었습니다.** 원자분해능에 가까운 수준까지 확대가 가능했습니다.

전자현미경

1931년에 발명된 전자현미경은 **빛 대신 전자빔**을 사용하여 물체를 최대 **1,000만 배**까지 확대할 수 있었습니다. 빛의 파장보다 더 작은 사물을 볼 수 있었습니다. 현대의 전자현미경은 컴퓨터와 소프트웨어를 필요로합니다.

주사터널링현미경(ETM)

1982년에 IBM이 발명한 ETM은 **물체 표면을 원자 스케일로 관찰**할 수 있었습니다. ETM은 퀀텀 터널링 기술을 이용하는 것으로 컴퓨터와 소프트웨어를 필요로합니다.

생물학 & 의학

1800년대부터 사용한
현미경의 기본 구조

현미경 스케일

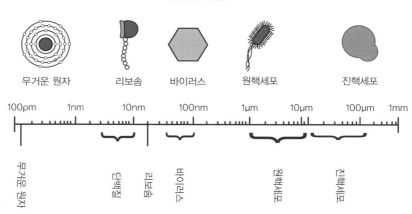

무거운 원자 리보솜 바이러스 원핵세포 진핵세포

100pm 1nm 10nm 100nm 1μm 10μm 100μm 1mm

무거운 원자 단백질 리보솜 바이러스 원핵세포 진핵세포

미생물학

미생물을 연구하는 학문입니다. 박테리아, 바이러스, 고세균, 균류, 원생동물을 포함합니다.
의학, 생화학, 생리학, 세포생물학, 생태학, 진화학, 생명공학 등의 연구 분야에 매우 중요합니다.

미생물은 우리의 소화를 돕고 치즈를 만들며 감기에 걸리게 합니다. 우리의 존재뿐 아니라 생태계에 필수적입니다. 미생물은 그만큼 중요하지만, 치명적인 질병을 일으키기도 합니다.

5가지 종류의 미생물

박테리아

바이러스

조류(Algae)

균류 : 효모와 곰팡이

원생동물

고세균, 박테리아, 원생동물

진화한 최초의 유기체이며 극한 환경에서도 많이 발견됩니다. 어떤 것은 인간 신체의 안과 밖에서 발견되며, 보호의 기능을 하기도 합니다.

1715년에서 1929년 사이의 미생물학과 의학의 발전

1715년   몬타구 부인이 그녀의 아이들에게 터키식 인두접종을 시행하여 천연두를 예방했다.

1796년   에드워드 제너가 천연두 백신을 발견했다.

1838년   마티아스 야콥 슐레이덴은 식물이 세포로 구성됐다는 것을 발견했다.

1840년대   이그나즈 세멜웰즈는 손씻기가 질병의 확산을 막는다는 것을 발견했지만 이를 믿는 사람이 거의 없었다.

1850년대   루돌프 피르호는 세포가 세포에서 나오는 것을 발견했다. – 세포는 분열하면서 새로운 세포를 만든다.

1854년   존 스미스는 런던 소호 지역의 콜레라 확산이 공용 물펌프와 관련이 있다는 것을 알아냈다.

1864년   루이 파스퇴르가 저온살균법을 개발했고, 전염병은 세균이 사람을 타고 옮겨 다녀 발생하는 것이라는 '세균 원인설'을 제안했다.

1876년   로버트 코흐는 박테리아학을 창시했으며 미생물마다 각기 다른 종류의 질병을 일으킨다는 것을 알았다.

1882년   프래니 헤세가 한천평판(agar plate)을 발명했다.

1860년대   조셉 리스터가 질병의 확산을 줄이는 소독약품을 개발했다.

1905년   플로렌스 나이팅게일이 환자 진료와 전염병 감소에 있어서 청결의 중요성을 밝혀냈다.

1928년   알렉산더 플레밍이 페니실린을 발견했으며 이는 곧 항생제의 발견이었다.

저온살균법

프랑스의 화학자인 루이 파스퇴르(1822-1895)는 백신이 어떻게 질병을 예방하고, 미생물에 의한 발효가 어떻게 작동하는지 발견했으며, 저온살균법을 발명했습니다. 그의 혁신적인 성과로 인해 수많은 생명을 살릴 수 있었습니다.

과학적 발견은 누적되며 협력합니다. 파스퇴르는 다른 사람들의 발견들을 더해 혁신적인 성과를 이뤘습니다.

발효

파스퇴르의 초기 연구는 **발효가 살아있는 미생물에 의해 일어난다는 것**을 보여줬습니다. 발효 과정에서 당분은 알코올과 이산화탄소로 전환됩니다. 이런 원리가 맥주와 와인 제조에 사용됩니다.

세균원인설

파스퇴르가 전염성 질환은 세균에 의한 것이며 사람을 통해 퍼진다는 '**세균 원인설**'을 주장했습니다.

하지만 의학계는 파스퇴르의 주장을 쉽게 받아들이지 않았습니다. 당시 화학자였던 파스퇴르를 얕보았기 때문입니다. 포기하지 않은 **파스퇴르가 예방접종 기술을 개발**하며 면역학에 대한 지식을 넓히는 데 기여했습니다.

예방접종

파스퇴르는 광견병, 탄저균, 닭 콜레라 예방접종을 개발했습니다.

저온살균법

파스퇴르는 백조 목처럼 입구가 길게 늘어진 플라스크에 우유를 넣어 60℃에서 100℃로 가열한 후 그대로 식혀서 내버려두면 시간이 지나도 미생물이 자라지 않는다는 사실을 실험으로 증명했습니다. 플라스크의 내용물은 상하지 않지만, 플라스크가 깨지면 미생물의 성장이 시작됐습니다.

백조 목처럼 좁은 입구가 미생물이 플라스크 안으로 들어가는 걸 막은 것입니다. 이런 기술은 변기에도 적용되었는데, 변기 관을 좁은 입구로 하고 구부러뜨려 S 형태로 만들었습니다.

저온살균법은 식품을 오래 보존하기 위해 현재도 사용되고 있습니다.

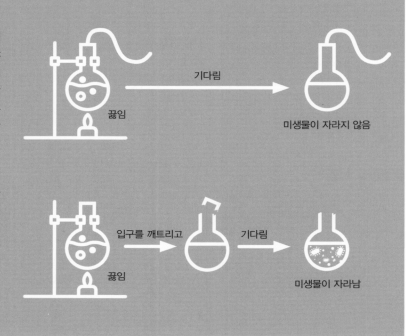

끓임 → 기다림 → 미생물이 자라지 않음

끓임 → 입구를 깨트리고 → 기다림 → 미생물이 자라남

예방접종

인간의 면역체계에 약화된 병원체를 노출시켜, 병원체를 식별하여 공격할 수 있도록 훈련시키는 것입니다.
자연 면역력을 자극하는 방법입니다.

천연두

전염성이 강한 바이러스인 천연두는 숙주에 발열과 농포를 유발하며 수십억 명의 목숨을 앗아갔지만 1979년, **백신 접종을 통해 사실상 박멸**되었습니다.

인두법

1022년 중국 세이순의 한 비구니가 천연두 딱지를 갈아서 건강한 사람들의 콧구멍에 불어넣었습니다. 이로 인해 많은 사람들이 천연두 면역력을 얻었습니다. 이와 유사한 방법이 터키에도 전파되었습니다.

예방접종 실험

에드워드 제너(1749~1823)는 **우두에 걸린 적이 있는 소젖 짜는 여인들이 천연두에 걸리지 않는다는 것을 발견**했습니다. 제너는 천연두에 감염되지 않은 사람들에게 우두를 주사하고 몇 달 기다렸다가 천연두를 주사했습니다. 그들은 천연두에 감염되지 않았습니다.

예방접종

- 우두*는 사람에게는 덜 위험하다.
- 따라서 우두를 '약한 버전의 천연두'의 역할로 인체의 면역체계에 노출시킨다.
- 이후 천연두에 노출되면, 면역체계가 바이러스를 인식하고 공격한다.

MMR(Measles,Mumps,Rubella) 백신

홍역, 볼거리, 풍진 바이러스로부터 어린이를 보호하는 백신입니다. MMR 백신이 자폐증을 일으킨다는 이야기가 있으나 믿을 만한 근거가 없으므로, 이러한 주장은 명백한 거짓입니다. **자폐증은 질병이 아니며 눈동자 색상이나 피부색 같은 인간 다양성의 일부**입니다. 이러한 오명을 씌워서는 안 됩니다.

★ 우두 : 바이러스에 의한 소의 급성 전염성 질병이다. 소를 다루는 사람도 걸렸다. 천연두와 함께 수두 바이러스의 일종이다.

HPV 백신

자궁경부암의 원인으로 알려진 HPV 바이러스로부터 인체를 보호합니다.

에볼라

에볼라 바이러스는 **인체 내에서 살아남도록 진화**했습니다. 일단 감염되면, 가혹한 고통을 받다가 출혈로 사망하게 됩니다. 아직까지 백신이 개발되지 않았습니다.

세균학

박테리아는 우리를 보호하기도, 질병을 일으키기도 합니다. 특히 혈액 속의 박테리아는 치명적입니다.
박테리아는 어디에나 존재합니다.

박테리아는 지구에서 가장 오래된 유기체 중 하나입니다. 이들은 **30억 년 이상 지구에 존재**해왔고, 대부분의 원핵생물을 구성하고 있습니다.

박테리아의 작용 방식

박테리아는 성적인 과정으로 번식하지 않으며 수평적인 유전자 전달을 통해 항생제에 대한 내성을 빠르게 키웁니다. 많은 박테리아가 숙주에 기생하며 이들을 크게 세 가지로 분류할 수 있습니다.

박테리아 분류

구형(구균)
구균 쌍구균
사련구균 팔련구균
연쇄상구균
포도상구균

막대모양(간균)
구상간균
간균
쌍간균
연쇄상간균
펠리세이드균

기타
나선균
코리네박테리움
비브리오
스피로헤타

박테리아 독성

세균의 병원성이 얼마나 강한지 나타내는 지표입니다.

박테리아 저항성

메티실린 내성 포도상구균(MRSA)은 많은 항생제에 내성을 가지도록 진화한 '슈퍼' 박테리아입니다.
MRSA 감염은 다른 박테리아 감염보다 치료하기 어렵습니다.

세균 감염 목록

- 세균성 뇌막염
- 폐렴
- 결핵
- 상부 호흡기 감염
- 위염
- 식중독
- 눈 감염

소독의 역사

헝가리 의사인 이그나츠 젬멜와이스(1818~1865)는 환자를 치료하는 사이마다 손을 씻는 것이 감염의 확산을 막아 생명을 구하는 것을 발견한 뒤, **소독이라는 절차를 도입**했습니다. **다른 의사들은 '의사들이 병을 퍼뜨린다'라는 의견에 격분하며 손 씻기를 거부했습니다.** 하지만 젬멜와이스가 옳았습니다.

영국의 외과의사인 조셉 리스터(1827~1912)는 **소독수술을 개발**하여 의사들이 감염과 사망의 위험성을 낮추면서 수술할 수 있도록 만들었습니다.

영국의 사회개혁가이자 간호사인 플로렌스 나이팅게일(1820~1910)은 상처보다는 감염으로 죽어가던 부상병들의 생명을 구했습니다. 청결함의 중요성을 증명했습니다.

바이러스학

많은 면에서, 바이러스는 살아있다고 볼 수 없습니다.
숙주가 없으면 스스로 복제하거나 퍼질 수 없는 세포 내 기생충이라고 설명할 수 있습니다.

바이러스

흔한 감기, 간염, 결핵, H1N1(돼지/조류독감), 광견병, HIV, 에볼라, HPV(헤르페스), 인플루엔자, 홍역, 수두 등을 포함합니다.

• 바이러스는 DNA(또는 RNA) 조각과 이를 둘러싸고 있는 단백질로 구성된다.
• 바이러스는 번식을 위해 숙주의 DNA와 세포 메커니즘을 이용한다.
• 바이러스는 박테리아, 벌레, 식물 등 모든 생물을 감염시킬 수 있다.

다양성

바이러스의 크기는 마이크로미터 단위에서 나노미터 단위까지 아주 다양합니다.

바이러스 독성

병원성을 어떻게 높이는가에 대한 바이러스의 특성입니다. 독성은 시간에 따라 강해지기도, 약해지기도 합니다.

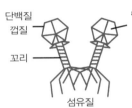

단백질 껍질
꼬리
섬유질
핵산과 DNA가 내부에 있다.

간략히 나타낸 바이러스의 삶

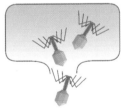

HIV-에이즈를 일으키는 바이러스

1930년대 이후로 전 세계 약 7천만 명의 사람들이 HIV에 감염되어 3천 5백만 명이 사망했습니다.

HIV의 역사는 '에이즈'라는 이름에 의해 도외시된 사람들의 역사입니다. **이제는 감염이 되어도 올바르게 약물을 투약받는다면 사망까지 이르지 않습니다.**

프랑스의 바이러스 학자인 프랑수아즈 바레 시누시는 HIV를 발견한 공로로 2008년에 노벨 생리의학상을 받았습니다. 공동 수상자는 뤽 몽타니에와 자궁경부암의 원인이 HPV 바이러스임을 밝힌 하랄드 하우젠이었습니다.

레트로바이러스

레트로바이러스는 숙주의 RNA를 이용해 번식합니다. 이 과정에는 다음과 같이 뚜렷한 5단계가 존재합니다.

1. **부착** : 박테리오파지 바이러스가 숙주세포에 붙는다.
2. **침투** : 바이러스의 DNA/RNA를 세포에 주입한다.
3. **생합성** : 바이러스 DNA/RNA를 복제하여 단백질을 형성한다.
4. **성숙** : 바이러스 단백질이 모여 새로운 바이러스를 형성한다.
5. **세포용해** : 세포에서 새로운 바이러스가 방출된다.

숙주와 바이러스 DNA의 상호작용으로 인해 변형된 바이러스의 DNA/RNA 덩어리가 우리의 DNA/RNA와 상호작용하기도 합니다. 이때 우리의 DNA가 변이하거나 손상되지 않으면 별다른 일이 발생하지 않습니다. 정자와 난자 같은 생식세포에 이런 일이 발생하면 바이러스 DNA가 유전됩니다.

극한생물

극한생물은 우리가 극단적인 환경이라고 생각하는 곳에 살고 있습니다.
극단적인 조건에 적응한 것일까요? 아니면 좀 더 원시적인 환경에서 진화한 걸까요?

극한생물의 종류

- 방사선을 견디는 극한생물
- pH 1~5의 산성에 적응하는 **호산성생물**
- pH 9~14의 염기성에 적응하는 **호염기성생물**
- 열을 견디는 **호열성생물**
- 극한의 추위를 견디는 **호냉성생물**
- 뜨겁고 산성인 환경에 적응하는 **호열호산성생물**
- 극단적으로 건조한 상태를 견디는 **내건성미생물**
- 극단적으로 압력이 높은 상태를 견디는 **호압성생물**
- 염도가 매우 높은 환경에 적응하는 **호염성생물**

완보동물

물곰이나 이끼 새끼돼지라고도 불리는 초소형 무척추동물입니다. 우주의 진공 상태에서도 살아남을 수 있고 대기의 6,000배에 달하는 압력도 견딜 수 있으며 움직임을 멈추고 가사 상태에 빠질 수도 있습니다.

우주

박테리아는 우주의 진공 상태에서 살아남을 수 없지만, 구멍에 숨어 있으면 **방사선을 견딜 수 있습니다.** 로스트리디움 보툴리누스는 특별한 경우로, 우주에서 살아남을 수 있는 포자를 형성합니다.

열수분출공

열수분출공은 물을 400℃까지 가열하여 유기체를 죽음에 이르게 하는 황화수소 가스를 방출합니다. 그렇게 유체에서 용해된 화학 물질들이 이 생태계를 유지시킵니다. 피크로필루스 토리두스라는 고세균과 남극 크릴, 폼페이 벌레 등이 이 생태계에 속해 있습니다.

우주생물학

지질화학, 생화학, 천문학, 지구물리학, 생태학과 함께 생명의 기원과 초기 진화와 미래 생명을 연구하는 학문입니다. 우주생물학자들은 **극한생물이 태양계와 우주의 다른 곳에서도 진화할 수 있는지 탐구합니다.**

크립토엔돌리스

지구 표면 아래의 다공성 암석 속에서 살아갑니다. 남극의 깊은 바위에서 발견되었으며 태양의 영향 없이 살아갈 수 있습니다. 지구 해양의 모든 유기체보다 더 큰 생물총량을 가지고 있습니다.

엔셀라두스와 유로파

토성의 위성인 엔셀라두스와 목성의 위성인 유로파에는 얼음으로 덮혀있는 표면 아래에 **지구처럼 액체 상태의 바다가** 존재합니다.

고대 박테리아

2000년, 560m 지하에 있는 소금 결정에서 발견된 박테리아 포자는 2억 5천만 년 만에 되살아난 것입니다.

화성

현재의 화성의 환경에서는 생명이 생존할 수 없지만, 과거에는 존재했을지도 모릅니다.

생물학 & 의학

바이오 물질

생물학적 시스템과 상호작용하거나 생물학적 시스템에 의해 합성됩니다.
제약, 의학, 건축, 디자인, 직물 분야에서 점점 더 많이 사용되고 있습니다.

바이오 미네랄

뼈, 깃털, 엄니, 껍질 등이 생물학적 시스템에 의해 만들어진 바이오 미네랄입니다. 유기체는 스스로를 보호하고 강화하며 주변 환경을 감지하기 위해 바이오 미네랄을 생산합니다.

- **규산염** : 해면류, 해조류, 규조류
- **탄산염** : 무척추동물의 껍질
- **인산칼슘과 탄산칼슘** : 척추동물
- **구리와 철** : 일부 박테리아가 활용한다.

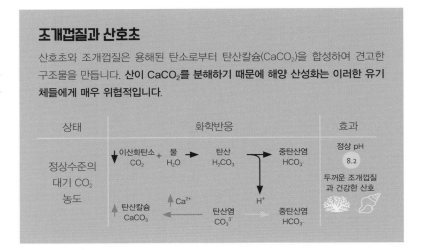

조개껍질과 산호초

산호초와 조개껍질은 용해된 탄소로부터 탄산칼슘($CaCO_2$)을 합성하여 견고한 구조물을 만듭니다. **산이 $CaCO_2$를 분해하기 때문에 해양 산성화는 이러한 유기체들에게 매우 위협적입니다.**

상태	화학반응	효과
정상수준의 대기 CO_2 농도	이산화탄소 CO_2 + 물 H_2O → 탄산 H_2CO_3 → 중탄산염 HCO_3; 탄산칼슘 $CaCO_3$ ← Ca^{2+}; 탄산염 CO_3^{3-} → H^+; 중탄산염 HCO_3^-	정상 pH 8.2 두꺼운 조개껍질과 건강한 산호

수산화인회석

이 복잡한 결정($Ca_5(PO_4)_3(OH)$, 혹은 $Ca_{10}(PO_4)_6(OH)_2$)은 뼈의 구조에 매우 중요합니다. 응력을 받는 방향의 강도를 증가시키기 때문입니다. 아기는 태어날 때 단단한 무릎뼈를 가지고 있지 않지만, 걷기를 배울 때쯤에는 무릎뼈 연골이 석회화(칼슘이 포함된 결정을 형성)되면서 단단해지는데, 수산화인회석의 특성 덕분입니다.

해파리

해파리는 특별한 막에 둘러싸인 단백질에 내장된 $CaSO_4$의 입자를 통해 지구의 중력장을 감지함으로써 방향을 정합니다.

주자성 박테리아

다양한 종이 존재하는 친수성 박테리아는 지구의 자기장선을 따라 이동합니다. Fe_3O_4결정체가 이를 가능케 합니다. 철(Fe)은 강자성체입니다.

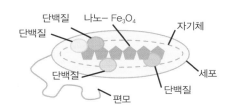

단백질 · 나노– Fe_3O_4 · 자기체 · 단백질 · 세포 · 단백질 · 단백질 · 편모

균형

우리 귓속에 있는 작은 뼈(이석)는 우리가 균형을 잡도록 기능합니다.

바이오디자인

자연과 함께 디자인하며, 자연적으로 발생하는 과정을 활용합니다.

디자이너 나차이 오드리 치에자는 유독한 부산물을 만들지 않고도 직물을 염색할 수 있는 색소 생성 박테리아에 대한 연구를 했습니다.

균류

동물도 식물도 아닌 환상적인 생명체입니다.
다세포 생물이나 효모와 같은 단세포 생물로 존재합니다.

- 약 10억 년 전, 원생동물로부터 진화했다.
- 약 150만 종이 존재하는 것으로 여겨진다.
- 분류학적으로 약 12만 종을 파악하고 있다.
- 몇몇은 먹을 수 있지만 독이 있는 것도 많다.

번식

접합균류에 속하는 곰팡이는 포자 혹은 포자낭포자를 방출함으로써 유성생식과 무성생식 모두 가능합니다. 접합균류는 성별이 없는 대신 짝짓기 유형을 가지고 있으며 어떤 곰팡이는 수백 가지의 짝짓기 유형을 가지고 있습니다. 곰팡이 번식은 종류에 따라 몇 초 또는 수백 년이 걸릴 수 있습니다.

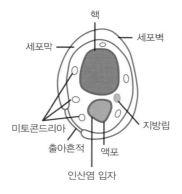

균류의 생존 전략

- **분해** : 나무를 포함한 여러 물질을 분해한다.
- **공생** : 식물의 뿌리 조직에 단단히 붙어서 식물이 영양분을 잘 흡수할 수 있도록 돕는다. 이는 생태계와 농업에 있어서 매우 중요하다.
- **기생** : 숙주를 바로 죽이지는 않지만, 죽을 때까지 기다렸다가 잡아먹는다.
- **포식** : 균사로 먹이를 잡는다.

균류의 식생활

균류는 부패한 물질을 먹고 강력한 효소를 배설하여 중요한 화합물을 주변 환경으로 방출합니다. 곰팡이는 종속영양생물로서 스스로 영양분을 만들지 못합니다.

균류와 박테리아의 전쟁

균류와 박테리아는 **같은 자원을 얻기 위해 경쟁**하면서 분자전쟁을 벌입니다.

균사

균사는 균류가 먹는 것 주위로 자라나거나 뚫고 지나가는 필라멘트 형태의 구조물입니다. 외골격이나 조개껍질에 포함되어 있는 다당류인 치틴을 포함하고 있습니다.

균사체

영양분을 흡수하기 위한 표면적을 최대화하기 위한, 균사로 이루어진 거대한 그물망을 균사체라고 합니다. 균류의 본체이며 땅 속에 위치합니다. **균사체는 균류에 영양분을 공급할 뿐만 아니라 토양의 구조와 질도 유지해줍니다.**

자실체

자실체는 포자를 생산하는 곰팡이의 기관입니다.

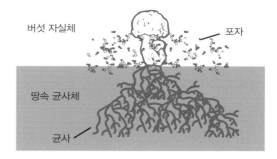

균류 감염

곰팡이는 사람, 동물, 식물을 감염시킵니다. 특히 농작물 감염에 민감합니다. 농업에 큰 위험을 초래하기 때문입니다. 지구 온도가 상승하면서 곰팡이 감염의 위험성도 증가하고 있습니다.

페니실린의 발견

1800년대에는 결핵에 감염되면 약 25%가 사망했으며
1940년대에는 장미꽃에 찰과상을 입어도 패혈증으로 사망할 수 있었습니다.

1928년에 박테리아학자 알렉산더 플레밍(1881~1955)은 자신의 실험실에서 포도상구균이 있는 한천평판이 곰팡이에 오염된 것을 발견했습니다. 연이어 그 곰팡이가 박테리아가 없는 영역을 만든다는 것도 발견했습니다.

플레밍의 논문을 읽은 과학자 하워드 플로리(1898~1968)와 언스트 체인(1906~1979)은 생화학자인 노먼 히틀리(1911~2004)와 함께 **제2차 세계대전이 벌어지는 동안 페니실린 관련 실험을 진행했습니다.** 당시 적합한 장비를 찾기 어려워서 낡은 책장과 우유 항아리로 페니실린을 추출하는 장치를 만들었습니다.

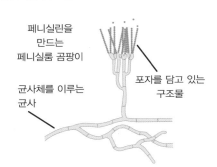

페니실린을 만드는 페니실룸 곰팡이

균사체를 이루는 균사

포자를 담고 있는 구조물

1940년 9월, 알버트 알렉산더라는 사람이 얼굴에 장미 가시로 인한 상처를 입어, 붓고 감염되며 패혈증을 일으켰습니다. 플로리와 체인은 알렉산더에게 페니실린 실험을 요청한 뒤 진행했는데 효과가 있어 금방 완치될 줄 알았지만, 안타깝게도 그 전에 페니실린이 다 떨어져 버렸습니다.

페니실린을 추출하는 것은 어려운 일이었지만, 연구를 거쳐 여러 종류의 곰팡이를 이용해 충분한 만큼 만들 수 있게 되었습니다. 제2차 세계대전이 끝날 무렵에는 사람들이 박테리아 감염으로 사망하지 않게 되었습니다.

페니실린의 개발

"플레밍이 없었다면 플로리나 체인도 없었고, 체인이 없었으면 플로리도 없었으며, 플로리가 없었으면 히틀리도 없었고, 히틀리가 없었으면 페니실린도 없었을 것이다."   1998년 헨리 해리스 교수

항생제 내성

플레밍은 항생제를 잘못 사용하면 박테리아가 내성을 갖는 진화를 할 수도 있으니 조심해서 사용해야 한다고 경고했습니다. 항생제는 감염이 완전히 없어질 때까지 사용해야 하며 과용해서는 안 됩니다. 결국, **농업에 항생제를 과다하게 사용하여 박테리아가 내성을 갖게 되었습니다.**

1. 항생제의 효과를 떨어트리는 효소를 가지도록 진화
2. 항균 표적으로 사용하는 박테리아 단백질을 변형
3. 세포막을 변화시키도록 진화

알러지

일부 소수의 사람이 페니실린에 **알레르기 반응**을 보이기도 합니다.

페니실린의 구조

1945년, 도로시 호치킨은 페니실린이 '락탐 고리' 구조를 갖고 있다는 것을 발견했습니다. **페니실린은 세포막과 결합하여 박테리아를 죽입니다.**

락탐 고리

페니실린 구조	R-그룹	약품명
	$-CH_2-\bigcirc$	페니실린 G
	$CH_2-O-\bigcirc$	페니실린 V
	$-CH-\bigcirc$ / CH_2	암피실린
	$-CH-\bigcirc-OH$ / CH_3	아목시실린
	$CH_3O-\bigcirc-CH_3O$	메티실린

생물학 & 의학

광합성

식물이 스스로 영양분을 만들기 위한 화학반응입니다.
식물은 스스로 영양분을 생산하는 독립영양체입니다.

식물세포의 구조

식물세포는 **단단한 세포벽과 색소체**를 갖고 있습니다. 엽록소는 엽록체라는 색소체에서 발견할 수 있는 색소이며 **광자를 흡수하여 에너지로 사용하는 세포기관**입니다.

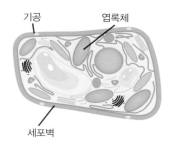

기공

엽록체

세포벽

엽록체는 이중의 지질막 등 복잡한 구조를 갖습니다. 엽록체를 막으로 둘러싼 틸라코이드는 루멘과 엽록소를 함유하고 있으며, 동전이 쌓인 모습과 같아 그라나(라틴어로 동전이 쌓여있는 모습을 뜻함) 틸라코이드라고 부릅니다. 이 그라나를 제외한 틸라코이드 바깥을 스트로마라고 부릅니다.

광자가 식물에 닿으면 엽록체가 광합성을 시작합니다. 이때 물 분자가 분해되며 당분과 산소를 만드는 광자극 반응으로 이어집니다. 아래는 반응의 전체적인 이미지입니다.

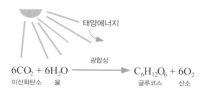

태양에너지

광합성

$$6CO_2 + 6H_2O \longrightarrow C_6H_{12}O_6 + 6O_2$$

이산화탄소 　 물 　 　 글루코스 　 산소

식물이 녹색으로 보이는 이유는 식물이 녹색을 반사하기 때문입니다. **대부분의 식물은 붉은 빛만 흡수합니다.** 깊은 정글에서 발견되는 몇몇 식물들은 잎에 빨간색 혹은 자주색의 반점을 갖고 있는데, 빛을 주변으로 반사하는 역할을 합니다.

식물 조직구조: C3, C4와 CAM

식물들은 **어떤 기후에서 자랐는지**와 광합성 반응 시 **탄소를 고정하는 방법**에 따라 **서로 다른 조직 구조를 갖습니다.**

- **C3** : 대부분의 식물이 해당됨. 증발로 인해 수분을 잃으며 캘빈 사이클 과정에서 탄소를 고정함. 루비스코 효소를 반응에 사용함.
- **C4** : 열대 잔디. 수분 손실이 적음. 세포질 안에 탄소가 고정됨. PEP-효소를 사용함.
- **CAM** : 다육식물. 파인애플. 선인장. 물을 효율적으로 사용. 야간에만 탄소를 고정함. PEP-효소를 사용함.

엽록소

엽록소는 CH_3를 포함한 a와 CHO를 포함한 b가 존재합니다(총 a, b, c1, c2, d, f가 존재합니다). 둘 다 안정적인 단일결합 혹은 이중결합을 하고 있으며 중심에 있는 마그네슘 원자 주위로 전자궤도가 분산되도록 합니다. 이로써 엽록소가 빛을 잘 흡수할 수 있습니다.

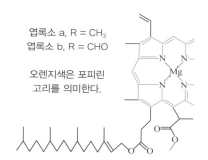

엽록소 a, R = CH_3
엽록소 b, R = CHO

오렌지색은 포피린
고리를 의미한다.

시아노박테리아

물에 살면서 광합성을 통해 에너지를 생산하는 다양한 박테리아군을 의미합니다. **원핵생물 중 유일한 독립영양체입니다.**

광합성은 세포 내 공생이라는 과정에서 시아노박테리아를 집어삼킨 세포가 진화한 결과입니다. 광합성은 약 24억5천만 년에서 23억2천만 년 전에 진화했습니다.

다세포화

다세포 유기체는 세포끼리 서로 종속되어 있습니다.
각각의 세포는 유기체 전체를 지탱하는 특별한 기능을 갖고 있습니다.

다세포성의 진화

단세포 생물은 지구 나이가 10억 년이었던 약 35억 년 전에 처음으로 등장했습니다. **다세포 유기체가 몇 번의 진화과정을 거치고서야 식물, 동물, 곰팡이 등 여러 종이 생겨났습니다.** 다세포로의 진화에는 다음과 같은 과정이 필수적이었습니다.

1. 세포 간 접착력
2. 세포 간 분자 단위의 의사소통과 협력과 세포전문화
3. '단순한' 조직에서 '복잡한' 조직으로 발전

단순한 유기체

- **이배엽** : 자포동물(해파리, 산호, 히드라, 말미잘) 및 이배엽성 유기체는 두 개의 배엽층을 갖고 있다.
- **삼배엽 무체강** : 세 개의 배엽층을 가진 단순한 유기체. 선충, 구충, 윤충류가 속한다.
- **체강**(유체가 채워져 조직을 보존하고 보호하는 조직)을 갖고 있다. 조개, 달팽이, 오징어가 속한다.

바다 해면(Sponge)

해면은 층을 구성하지 않는 단순한 조직, 특별한 기능이 없는 해면 세포덩어리로 이루어진 다세포 생물입니다. 약 10,000여 종이 있는 것으로 알려져 있습니다.

다세포 생물의 발전

- 생식세포(접합자)가 수정(정자와 난자가 결합)되었을 때 분열하고 증식한다.
- **형태생성** : 세포가 특별한 형태를 갖춘다.
- **분화** : 세포는 다양한 형태로 전문화된다.

구조적인 복잡함의 증가

- **외배엽** : 바깥층(껍질, 피부)
- **내배엽** : 소화기
- **중배엽** : 여러 기관으로 분화
- **체강** : 유체로 채워진 부분

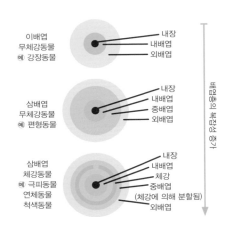

이배엽
무체강동물
예) 강장동물
— 내장
— 내배엽
— 외배엽

삼배엽
무체강동물
예) 편형동물
— 내장
— 내배엽
— 중배엽
— 외배엽

삼배엽
체강동물
예) 극피동물
연체동물
척색동물
— 내장
— 내배엽
— 체강
— 중배엽 (체강에 의해 분할됨)
— 외배엽

똑같음의 복잡성 증가

복잡한 동물

갈비뼈, 치아, 두개골, 안구 등의 조직은 분화에 의해 만들어집니다.

환형동물 : 거머리, 지렁이
절지동물 : 외골격과 관절이 있는 곤충과 같은 생물
예) 풍뎅이, 거미, 랍스타, 나비 등
척색동물 : 척수를 가진 척추동물
예) 새, 동물, 물고기

공생

자원에 대한 종간의 경쟁은 생태계의 다양성을 이끄는 원동력입니다.
경쟁을 해소하는 다른 방법은 함께 일하는 것. 공생은 항상 존재합니다.

분류

- **기생** : 한 종만 이득을 얻고 다른 종은 피해를 입는다.
- **상리공생** : 양쪽 모두 이득을 얻는다.
- **편리공생** : 한 종이 이득을 얻을 때, 다른 종이 피해를 입지 않는다.

산호와 황색공생조류

산호초는 입, 촉수, 소화관을 가진 촉수인 산호로 인해 만들어집니다. 산호가 용해된 미네랄을 단백질과 결합하여 탄산칼슘을 퇴적시켜 구조물을 구성합니다. 산호는 사냥감을 포획하는 먹이활동도 하며, 낮 동안 황색공생조류를 통해 산소와 포도당을 얻습니다. 산호가 포도당을 섭취하고, 사냥감과 산호가 방출하는 이산화탄소를 조류가 섭취합니다.

곤충의 식물 수분

꽃을 피우는 식물은 곤충이 먹을 수 있는 달콤한 꿀을 만듭니다. 곤충은 꿀을 먹기 위해 이꽃 저꽃을 옮겨다니며 수술의 화분을 암술머리로 옮깁니다. 이러한 곤충의 도움으로 식물은 번식할 수 있습니다.

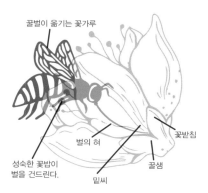

꿀벌이 옮기는 꽃가루

벌의 허

성숙한 꽃밥이 벌을 건드린다.

꿀샘

밑씨

꽃받침

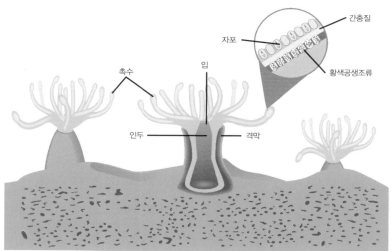

촉수

입

간충질

자포

황색공생조류

인두

격막

흰동가리

흰동가리는 말미잘(해파리, 산호의 폴립과 유사)과 상리공생하며 살아갑니다. 말미잘의 침(독)은 흰동가리를 포식자로부터 보호하며 흰동가리는 말미잘의 청결을 유지합니다. 흰동가리는 말미잘이 생성한 특별한 점액으로 몸을 뒤덮으며 말미잘의 침에 대한 면역을 얻습니다.

마이크로바이옴

박테리아, 고세균, 곰팡이와 같은 미생물은 다른 유기체에 살면서 공생관계를 이룹니다. 우리도 이들이 없으면 살 수 없습니다. 미생물은 감염에서 우리를 보호하고, 우리가 먹는 음식을 분해하여 영양분과 에너지를 방출합니다.

우리 몸은 박테리아, 곰팡이, 고세균과 같은 단세포 유기체와 바이러스의 숙주 역할을 하고 있습니다. 마이크로바이옴은 이 미생물 집단 전체의 유전체 혹은 미생물 군집을 의미합니다. 미생물 군집을 보호하는 것은 건강에 아주 중요합니다.

공생

인간은 많은 미생물과 상호의존적인 관계를 맺고 있습니다. 건강에 매우 중요하여 '잊혀진 기관'이라 불릴 정도입니다. 마이크로바이옴이 다양할수록 건강이 좋아질 수 있습니다. **마이크로바이옴 대신 그 자리를 특정 미생물이 대신할 때 질병이 발생합니다. '감염'입니다.**

음식

우리가 먹는 음식이 마이크로바이옴에도 매우 중요합니다. 섬유질이 풍부한 식단은 음식이 내장에서 규칙적으로 움직이도록 돕습니다. 음식이 장 속에서 적절한 속도로 이동하지 않으면, **독성이 생길 정도로 분해되어 우리의 생존을 돕는 미생물을 죽일 수도 있습니다.** 지방과 설탕을 너무 많이 먹으면 소화가 느려져 미생물이 번성하기 어려워집니다.

인간 세포보다 더...

우리 몸의 미생물 수가 우리 자신의 체세포 수보다 10배나 더 많습니다.

장내 미생물

장 속에 살고 있는 미생물을 때로는 장내 식물이라고 합니다. **박테리아가 없으면 우리는 음식을 소화시킬 수 없고, 중요한 영양소를 흡수할 수도 없습니다.** 각기 다른 종류의 장내 박테리아는 각자 다른 역할을 전문으로 합니다. 비타민을 생성하고 음식을 분해하며 감염으로부터 우리를 보호해 주는 것입니다.

피부 미생물

우리 피부에도 박테리아, 곰팡이, 바이러스, 고세균이 살고 있습니다. 마이크로바이옴에 불균형이 생기면 피부감염, 자가면역 질환, 여드름 등이 발생합니다.

만성 질병 피라미드

장내 미생물 죽이기

미생물 증식 돕기

장내 미생물 피라미드

식중독은 마이크로바이옴의 균형을 깨트리는 새로운 박테리아의 등장으로 발생합니다.

진화

진화는 유기체 집단의 유전적 특성과 유전적 특성에 누적된 변화를 나타냅니다.
진화는 다양성에 관한 것이며 결코 더 '복잡한' 쪽으로 가는 선형적인 과정이 아닙니다.

종의 기원

다윈 이전의 과학자들은 나방 날개나 게의 무늬가 변한 것을 보고 시간이 지남에 따라 종이 변화한다는 것을 알아챘습니다. 아랍의 학자 알 자히드(776~868)는 시간과 지리에 따라 경쟁과 포식관계가 변화하는 것에 주목했습니다. **다윈은 1859년에 〈종의 기원〉을 출판하고 자연선택에 관한 아이디어를 알렸습니다.** 이후 알프레드 러셀 월리스(1823~1913)이 발전시켰습니다.

공통조상

인간과 침팬지의 DNA는 98.4%가 일치합니다. 흔히들 갖는 오해가 인간이 침팬지보다 '더 진화했다'라고 생각하는 것입니다. 하지만 약 700만 년 전에 공통 조상으로부터 진화했다는 것이 진실입니다. 고래, 범고래, 돌고래는 약 5천5백만 년 전에 하마, 소, 들소의 공통 조상으로부터 진화했습니다.

적자생존이라는 표현이 오해를 낳곤 합니다. '가장 강한 개체'라는 의미에 집중하기보다는 유기체가 환경 안에서 자손을 얼마나 잘 생산하는지에 집중해야 합니다.

생물학 & 의학

깃털 달린 공룡

약 2억1030만 년 전, 트라이아스기-쥐라기 멸종에서 깃털달린 작은 공룡이 살아 남았으며, 이들이 오늘날 우리가 아는 새들의 공통 조상입니다. 악어와 새는 공통 조상을 갖고 있습니다.

악어목　　　　조반류　　　　용각류　　　케라토사우루스류　　티라노사우루스류

오르니토미무스류　　다이노니코사우루스류　　시조새　　　새

적응

종은 환경에 적응하며, 생존에 성공한 유기체는 다음 세대를 이어갈 가능성이 더 높아집니다. 유전적 특성이 이어지며 다음 세대도 환경에 적응할 수 있도록 합니다. 1835년 찰스 다윈(1809~1882)은 갈라파고스 제도를 탐험했는데, 섬마다 다른 핀치(참새목의 작은 새)류가 살고 있는 것을 발견했습니다. **각 섬의 생태계와 먹이환경에 적응한 부리를 갖고 있었습니다.**

유전학과 돌연변이

어떤 유기체가 자손을 남기지 않고 죽으면, 그 유기체의 유전자가 유전자 풀에서 사라집니다.
유기체가 많은 자손을 남긴다면, 그 유전자를 유전자 풀에서 쉽게 구할 수 있습니다.

유전자 용어

- **대립유전자** : 주어진 유전자의 다양한 변이를 의미한다.
- **유전자형** : 특정 성질을 지닌 유전자
- **표현형** : 생명체의 특징(완두꽃의 색상 등)

돌연변이

돌연변이는 유의미하기도 무의미하기도 하며 생명체에 해를 끼칠 수도 있습니다. 유전적 돌연변이는 유기체에 미치는 영향에 무관심하여 각 세대에 전해지는 유전적인 적응과 동시에 무작위로 발생합니다. 때로 돌연변이는 선택받은 특성이 되기도 합니다.

유전적 부동

적응 및 무작위 돌연변이와 함께, 유전적 부동이 발생합니다. 특히 작은 모집단에서 어떤 특징이 우연히 소멸되기도 하고, 대립유전자가 발현하면서 생기기도 하는 무작위적인 변화입니다.

환경 효과

표현형의 도출은 유전자형과 환경의 결과물입니다. 19세기, 연한 회색을 띠는 페퍼나방은 이끼로 덮힌 나무 위에 완벽하게 숨을 수 있었습니다. 하지만 산업지역의 스모그와 오염으로 인해 이끼가 죽고 **나무가 검게 변하자 오히려 눈에 띄는 먹이감이 되었습니다.** 그렇게 어두운 색의 나방만이 살아 남았습니다.

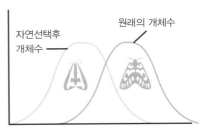

자연선택후 개체수 원래의 개체수

유전적 특성

어떤 특성은 서서히 사라지고, 어떤 특성은 지배적이게 됩니다. 지배적인 유전자형은 유전될 가능성이 더 높습니다. 표현형의 변화는 유전되지 않는데, 운동을 통해 근육을 발달시키는 것이 예가 될 수 있습니다. 즉 부모가 운동을 한다고 해서 근육질의 아기를 갖게 되는 것이 아닌 것과 같습니다. 선택은 환경과 유전성의 맥락 안에서 이루어집니다.

후생유전학

한 세대에서 다른 세대로 전달되는 유전자 발현 패턴을 연구하는 학문입니다. 발생단계에 따라 후생유전으로 인해 스트레스가 유전될 수 있습니다.

★ 발생 : 수정체가 태아로 발달하는 과정

후생유전의 작용

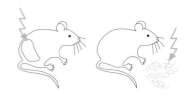

태아기 스트레스   생후 스트레스

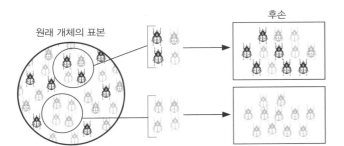

원래 개체의 표본   후손

애완동물의 진화

인간은 지난 5000년 이상 선택적 번식을 통해 늑대를 다양한 품종의 개로 만들었습니다. 교배는 모든 동물들에게 심각한 건강 문제를 초래합니다.

동물학

동물이 어떻게 서식지에 적응하며 서로 경쟁하고 공존하는지를 연구하는 학문입니다.
비교해부학은 서로 다른 종의 해부학적 구조를 비교합니다.

동물 분류

비교가 필요한 생태학자와 과학자들에게는 생물을 분류하는 것이 매우 중요합니다. 분류체계는 진화상에서의 관계를 반영합니다.

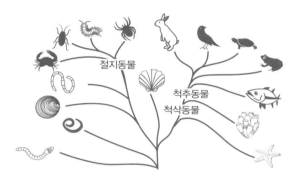

생물은 특정한 카테고리로 분류할 수 있습니다.

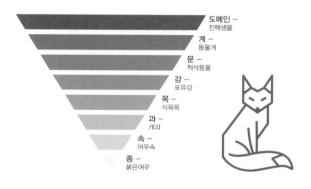

형태학

형태학은 생물의 크기나 형태 같은 구조적 특징에 대해 연구하는 학문입니다. **돌고래는 약 2억천만 년 전에 물에서 살았던 어룡과 매우 유사한 신체 구조를 갖고 있습니다.** 어룡의 화석을 통해 지느러미를 갖고 있었고, 사냥을 했으며, 새끼를 낳았다(난태생)는 것을 알 수 있었습니다. 그러나 유전적으로 어룡은 닭과, 돌고래는 토끼와 더 밀접한 관련이 있습니다.

뼈 형태학

유기체의 팔뼈 비교를 통해 수영, 비행, 등산과 같은 특정한 분야에 적응하기 위해 뼈 구조가 어떻게 진화해 나갔는지 살펴볼 수 있습니다. 이는 진화상에 있는 조상의 유전적 증거를 뒷받침합니다.

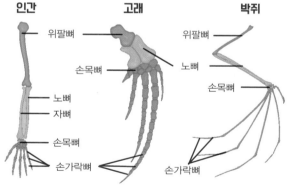

수렴진화

어떤 종들끼리는 비슷한 신체부위를 갖고 있지만, 완전히 다른 신체부위를 갖기도 합니다. 펭귄과 바다표범의 해부학적 신체구조는 극지의 생태계와 진화에 대해 많은 것을 알려줍니다. 이 두 동물은 큰 몸집과 지느러미, 혹독한 극지방의 겨울을 날 수 있는 알맞은 신진대사 적응력을 지니고 있습니다.

비교 및 조직 유형

동물마다 먹거나 움직이는 신체부위가 다르지만, 영양소를 섭취했을 때의 **세포가 영양소를 취급하는 방식은 동일합니다.** 일부 동물의 세포는 동면이나 새의 계절 이동 등 신진대사에 영향을 주는 특별한 기능을 갖고 있습니다.

번식과 복제

무성생식을 하는 종이 있고, 유성생식을 하는 종이 있습니다.
쌍둥이는 자연적인 복제로 발생합니다.

생물학 & 의학

생식세포와 생식모세포

- 유기체의 생식세포 예 균류의 포자, 척식동물의 난자와 정자
- 생식모세포*는 염색체 한 세트를 가지고 있으며 반수체이다.
- 인간의 생식세포는 23개의 염색체를 가지고 있다.

★ 생식모세포 : 정자와 난자로 변하게 되는 세포

체세포

- 생식세포를 제외한 동식물을 구성하는 모든 세포
- 인간의 체세포는 46개의 염색체를 갖고 있다.
- 인간의 반수체 염색체는 23개이다.

짝짓기 습관

- 극락조 수컷은 정성들여 짝짓기 춤을 춘다.
- 달팽이는 자웅동체이다. (수컷과 암컷의 생식기관을 모두 갖고 있다)
- 암컷 초롱아귀는 짝짓기 후, 수컷과 한 몸이 된다.
- 수컷 사마귀는 암컷에게 잡아먹힌다.
- 수컷 기린은 암컷이 짝짓기를 할 준비가 되었는지 확인하기 위해 암컷의 오줌을 마신다.
- 일부 곤충은 무성으로 번식하며 이를 처녀생식이라고 한다.
- 많은 물고기가 자신의 성별을 바꾼다. 흑돔, 흰동가리, 망둥어 등이 속한다.
- 대부분의 맹금류(독수리, 매, 부엉이 등)는 암컷이 수컷보다 크다.
- 돌고래는 재미로 동성애를 한다.

체세포분열

조직을 성장시키거나 치유하기 위해 유전물질을 복제하고 나누는 세포분열을 말합니다.

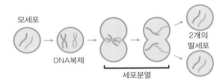

모세포 → DNA복제 → 세포분열 → 2개의 딸세포

감수분열

염색체가 반감되는 특별한 형태의 세포분열입니다. 동물, 식물, 곰팡이 등 단세포와 다세포의 진핵생물이 생식세포를 만들 때 감수분열을 합니다.

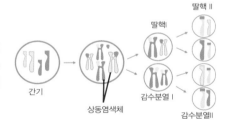

간기 / 상동염색체 → 감수분열 I 딸핵I / 감수분열II 딸핵 II

인간과 섹스

사랑 노래에서부터 성병, 아기, 사회적 편견에 이르기까지 **섹스에는 보이지 않는 위험이 도사리고 있습니다.** 동성애자나 양성애자, 범성애자, 무성애자도 있지만 이들 모두 자연스러운 것입니다. 인간은 즐거움을 위해 섹스를 합니다. 어떤 문화는 일부일처제이지만, 그렇지 않은 문화도 있습니다. **인간의 성에서 가장 중요한 측면은 동의입니다.** 성관계의 파트너는 모두 충분한 나이가 있어야 하며 모든 인식의 측면에서 성행위에 전적인 동의가 필요합니다.

쌍둥이

- 일란성 쌍둥이는 하나의 수정체에서 발생하는 자연적인 복제성 쌍둥이이다.
- 이란성 쌍둥이는 두 개의 수정란에서 태어난다.

줄기세포

줄기세포는 체내 어떤 유형의 세포로든 변하고 전문화할 수 있는 능력을 가진 아직 분화되지 않은 세포입니다.
줄기세포 치료법이 개발되면 부상이나 질병으로 인해 손상되거나 사라진 세포와 조직을 대체할 수 있을 것입니다.

특정한 일을 하는 데 특화된 각각의 세포들, 간세포와 망막세포와 혈구세포 등 우리 몸에 있는 대부분의 세포는 점차 기능이 약화합니다.

배아줄기세포

태아 발달 초기단계에 있는 세포입니다. 난자가 정자와 만나 수정되면, 염색체가 2배수가 되며 세포는 분열을 하여 배반포가 형성됩니다. 그 안에 배아줄기세포가 존재합니다.

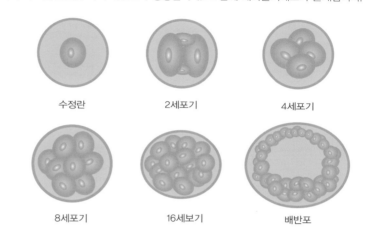

수정란   2세포기   4세포기

8세포기   16세보기   배반포

성체줄기세포

- **만능세포** : 만능세포는 치아, 골수, 혈관 등 여러 조직에 존재하며 그 수가 많지 않다. 그 주변에 있는 어떤 세포로도 분화할 수 있다.
- **다기능 줄기세포** : 만능세포보다는 흔하지만, 분화할 수 있는 세포의 형태가 제한적이다.

더 많은 줄기세포

줄기세포

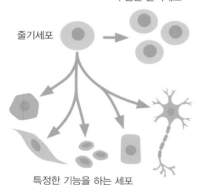

특정한 기능을 하는 세포

시험관 수정

시험관 수정은 아이를 가지고 싶어 하는 사람들을 돕는 데 사용됩니다. 제공자의 동의하에 줄기세포 연구에도 사용됩니다.

줄기세포 연구

아직까지 안전하고도 신뢰할 수 있는 줄기세포 치료방법은 없습니다. 하지만 병들거나 손상된 세포를 치료하고 대체하기 위한 줄기세포 연구가 계속되며 발전되고 있습니다.
이론적으로는 줄기세포를 간으로 가져와 간세포를 대체할 수 있지만, 줄기세포가 자리를 잡도록 만드는 것이 난관입니다.

신체의 구성

인체는 11개의 주요 기관으로 나눌 수 있으며 서로 상호작용합니다.

인체를 구성하는 시스템

- **심혈관** : 심장, 정맥 및 동맥, 산소를 운반하는 핵이 없는 적혈구, 백혈구, 혈장 및 혈소판
- **호흡기관** : 폐에 있는 폐포는 가스 교환 중에 CO_2와 O_2가 스며들도록 한다.
- **소화기관** : 입에서부터 항문, 간까지 소화기관 전체를 포함한다.
- **배설기관** : 혈액에서 독소를 걸러내는 신장과 방광
- **신경** : 신경 세포는 전기 신호를 보내고 감지할 수 있다.
- **내분비기관** : 우리 몸이 스스로 조절하는 데 필요한 호르몬의 체계. 부신과 뇌하수체, 췌장, 난소, 갑상선, 뇌, 고환, 흉선이 포함된다.
- **면역** : 백혈구, 즉 림프구(T세포, B세포, NK세포), 중성호성백혈구, 단핵백혈구/대식세포, 비장세포가 포함된다.
- **피부기관** : 머리카락, 손톱, 피부 세포, 기름샘, 지방 세포, 멜라닌이 있는 피부 세포, 땀샘이 있는 여러 층도 여기에 포함된다.
- **골격** : 골원성세포가 조골세포로 발달하여 뼈 구조를 만들며 골세포를 형성한다.
- **근육** : 이 세포들은 근육이 늘어나는 것을 돕는 '수축성' 단백질을 가지고 있다.
- **생식기** : 외부 생식기와 내부 생식기

복잡한 구조의 뼈 조직

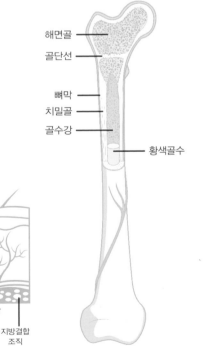

해면골
골단선
뼈막
치밀골
골수강
황색골수

복잡한 구조의 피부조직

모간
표피
진피
피하층
정맥
동맥
모공
기모근
성근결합조직
지방결합조직

세포 전문화

성인의 몸에는 서로 다른 200여 종의 세포가 존재합니다. 여러 세포로 이루어진 유기체는 수정란(정자에 의해 수정된 난자)에서 생명이 시작됩니다. 수정란이 되고 나서 4일 후에 배반포가 되며, 이전에는 균일했던 공 모양의 세포 덩어리가 분열하고 증식하면서 특정한 세포, 즉 장기 조직세포로 전문화되기 시작합니다.

유전자 발현

체세포는 모두 동일한 DNA를 갖고 있지만, **전문화된 체세포**들은 DNA의 정확한 부분을 활용해야 역할에 맞는 단백질을 합성할 수 있습니다. 세포가 특정한 유전자를 활발히 사용할 때, '유전자가 발현한다'라고 표현합니다.

인체해부학

해부학은 장기 체계, 신체의 부위, 여러 조직, 그리고 이들이 어떻게 상호작용하는지를 연구하는 학문입니다.

해부학 접근법

- 기능별 장기를 연구
- 신체의 일정 부분을 연구

해부학적 평면

해부학자들은 신체 영역의 특정 구조를 이야기하기 위해 신체 평면을 사용합니다.

표면해부학

표면해부학은 피부 및 근골격계와 관련이 있으며, 신체를 외부에서 살핌으로써 이해할 수 있는 해부학적 구조를 연구합니다.

근육에 이름 붙이기

근육의 이름은 아주 복합하지만 다음과 같은 기본원칙을 가지고 있습니다.

- 크기
- 모양
- 위치
- 근섬유의 방향
- 근육의 움직임
- 근육의 시작점
- 근육의 시작점과 끝점
- 근육의 기능

움직임

해부학자들은 근육이 어떻게 움직이는지 설명하기 위해 특정한 단어를 사용합니다.

Protraction : 내밈
Retraction : 들임
Abduction : 벌림
Adduction : 모음
Flexion : 굽힘
Extension : 폄
Pronators : 엎침
Supinators : 뒤침
Levators : 올림
Depressors : 내림
Rotators : 돌림
Sphincters : 고리 모양의 괄약근을 조이거나 풂

근육의 크기

Maximus 혹은 magnus : 그룹 내에서 가장 큰 근육
Minimum : 가장 작은 근육
Longus : 가장 긴 근육
Brevis : 가장 짧은 근육
Latissimus : 가장 넓은 근육

근육의 모양

Trapezius : 사다리꼴
Deltoid : 삼각형
Serratus : 톱니 모양
Platysma : 넓적한 모양

근육의 방향

Rectus : 근섬유가 중심선 혹은 척추와 평행
Oblique : 기울어져 있음
Transverse : 가로지름

뼈나 교차점에서 시작하는 지점의 개수

Bi : 둘
Tri : 셋
Quad : 넷
(예) biceps, triceps, Quadriceps)

기능

기능의 예는 다음과 같습니다.

Masseter(교근) : 씹는 근육
Risorius(소근) : 웃을 때 움직이는 근육

위치

Medial : 중심에 가까움
Lateral : 외부에 있음

생물학 & 의학

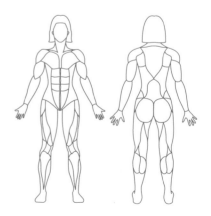

면역학

면역체계는 전염성 유기체로부터 인체를 보호하는 방어막입니다.

항원/병원체

면역 반응을 자극하는 유기체 또는 입자를 말합니다.

적응성 면역력

면역체계는 바이러스나 박테리아가 신체에 침투할 때 활성화됩니다. **항원을 공격하는 데 특화되어 있는 B세포와 T세포는 이전에 접촉했던 미생물을 인식할 수 있습니다.**

항체

면역에 중요한 역할을 하는 면역 글로불린 이라는 항체는 플라즈마 세포에 의해 생성되는 Y자 모양의 큰 단백질이며 항원을 중화하는 기능을 합니다. 항체는 항원에 달라붙는 단백질입니다.

항체

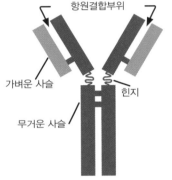

항원결합부위

가벼운 사슬

무거운 사슬

힌지

항원

- 면역체계를 자극해 항체를 만들도록 하는 이물질의 단백질
- 면역반응을 유발하는 바이러스, 박테리아, 독소 등

항체 A

항체 B

항원

항체C

항원연결부위

림프구

림프구 세포는 백혈구입니다. **백혈구는 탐식작용이라는 과정을 통해 항원을 죽이고 먹습니다.** T세포, B세포, NK세포, 호중구, 단핵백혈구, 대식세포가 있습니다.

면역체계 구성

면역체계는 신체의 여러 부분에 위치하고 있습니다.

- **림프절** : 림프구 세포는 림프절에 서식하며 병원균을 인식할 수 있다.
- **백혈구** : 병원균을 공격한다.
- **골수** : 혈구를 생성한다.
- **폐의 융모** : 병원균을 물리적으로 제거하거나 차단한다.
- **피부** : 방어막을 형성한다.
- **위** : 위산이 박테리아를 죽인다.
- **비장** : 세균 감염으로부터 보호한다.

면역 연구

- 암 면역 요법
- 면역 조절
- 바이러스 면역학
- 염증 연구
- 종양 면역학

면역체계 질환

- **자가면역** : 면역체계가 과도하게 활동하여 신체를 공격하기에 이르러 자신의 조직을 손상시킨다. **예** 알레르기 반응, 관절염, 제1형 당뇨, 건선, 셀리악병, 루푸스, 기면증
- **면역결핍** : 병원균으로부터 몸을 방어하는 능력이 저하되어 감염에 취약해진다.
- **암** : 암은 면역체계로부터 숨기 위해 특별한 분자를 사용함. 암세포는 통제할 수 없이 성장한다.
- **위생 가설** : 너무 깨끗하면 면역 기능이 떨어진다.

혈액의 순환

혈액은 복잡하게 구성된 액체입니다.
절반이 혈장(소금물과 단백질)이며 적혈구와 백혈구와 혈소판을 담고 있습니다.

혈구

대부분의 적혈구와 백혈구, 혈소판은 골수에서 생성
됩니다.

- **백혈구** : 크게 B세포와 T세포로 분류할 수 있다. 백
  혈구는 면역계의 한 부분을 이룬다.
- **혈소판** : 피부에 상처가 났을 때 피를 응고시켜 딱
  지를 만든다.
- **적혈구** : 몸 전체로 산소를 운반한다. 산소를 잘 흡수할 수 있게 표면적을 최대화할 수
  있는 구조를 지니고 있으며, 헤모글로빈이라는 단백질을 포함하고 있어 산소
  와 결합한다. 적혈구는 세포핵이 없기 때문이 분열하지 않는다.

혈장(55%)

백혈구와 혈소판
(〈1%)

적혈구(45%)

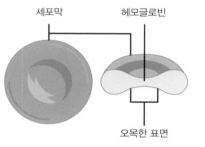

세포막   헤모글로빈

오목한 표면

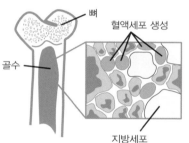

뼈

혈액세포 생성

골수

지방세포

혈액의 순환

영국 외과의사 윌리엄 하비(1578~1657)는
**심장이 혈액을 순환시키는 펌프 역할을 한
다는 사실을 발견**했습니다.

산소가 풍부한 혈액 :
허파를 지난 혈액은
심장으로 들어와 몸
전체로 흘러간다.

산소가 부족한 혈액 :
몸에서 심장으로 들어
온 혈액은 허파로 전
해진다.

또한 정맥에는 V 형태의 특별한 판막이 있
어 혈액순환이 한 방향으로만 이루어지게
해주며, 정맥과 동맥이 각기 다른 기능을
한다는 것도 알아냈습니다.

- **동맥** : 혈액을 심장에서 나머지 신체로
  운반한다.
- **정맥** : 각 신체로 운반된 혈액을 다시 심
  장으로 운반한다.

이중 시스템

인체의 순환계는 심장과 허파, 심장과 각 기관을 연결하는 이중 시스템으로 되어 있습니다.

- **폐순환** : 혈액을 폐로 운반하며 호흡을 통해 혈액에 산소를 공급한다.
- **체순환** : 혈액이 온몸으로 공급되어 산소와 영양분을 조직으로 확산시킨다.

호흡

- **들숨** : 폐에 있는 폐포에서 산소가 확산되며 혈액 속의 헤모글로빈이 산소를 흡수한다.
- **날숨** : 폐포에서 이산화탄소가 확산되어 혈액을 빠져나간다.

생물학 & 의학

기생충학

기생충에도 단세포 생물과 다세포 생물이 있습니다.

생물학 & 의학

외부기생체와 내부기생체

외부기생체는 신체 외부(피부 등)에서 숙주를 감염시키고, 내부기생체는 숙주 신체 내부에서 숙주를 감염시킵니다.

동충하초

곤충을 감염시키는 기생 균류입니다. 포자를 방출할 때까지 곤충의 몸 안에서 평화롭게 먹이를 먹으며 성장하다가, 곤충의 뇌를 통제하고 숙주를 습한 곳으로 이동시킨 후 곤충의 머리를 터트리며 튀어 나옵니다.

기생말벌

- 기생말벌은 다른 절지동물(예 애벌레)의 몸 속(위)에 알을 낳는다.
- 알을 깨고 나온 기생말벌 애벌레는 호르몬을 분비하여 먹이가 되는 애벌레의 발달을 조절한다.
- 기생말벌 애벌레는 때가 되었을 때 먹이가 되는 애벌레를 마비시킨다.
- 체내 기생충인 기생말벌 애벌레는 먹이가 되는 애벌레의 몸 밖으로 굴을 판다.

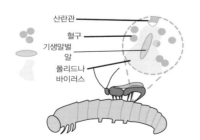

볼바키아

볼바키아는 공벌레(쥐며느리)를 감염시켜 생식세포(여기서는 난자)를 통해 확산되는 박테리아 기생충입니다. 심지어는 더 많이 확산하기 위해 숙주가 유전적으로 수컷이라면 암컷으로 바꾸어 버립니다. 볼바키아가 이 벌레의 성비를 왜곡시키지만, 공벌레가 중성을 택함으로써 멸종을 피합니다.

도움이 되는 감염

볼바키아는 모기도 감염시켜 영양분을 흡수함으로써 모기가 주로 퍼뜨리는 지카 바이러스, 뎅기열, 황열 바이러스가 자라기 어렵게 만듭니다.

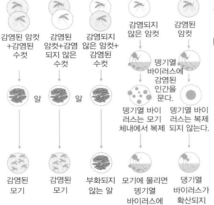

말라리아 원충

- 말라리아의 원인이다.
- 모기에 감염되어 사람에게 옮는다.
- 간과 적혈구에 감염되어 발열, 피로, 구토, 두통, 발작을 일으키며 사망에 이르게 한다.
- 2017년에만 약 43만 5천 명이 말라리아로 사망했다.

투유유의 아르테미시닌 발견

투유유는 중국의 약사로 1930년에 태어났습니다. 다양한 연구를 통해 중국 전통 의학을 이용해 개똥쑥에서 말라리아 원충을 억제하는 화합물인 아르테미시닌을 추출했습니다. 그 공로를 인정받아 2015년에 노벨 생리의학상을 받았습니다.

아르테미시닌 분자

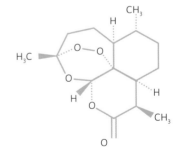

신경과학

신경과학은 신경계, 뉴런의 새로운 특성, 그리고 뉴런 간의 연결, 인지, 의식 등을 탐구합니다.

- **중추신경계(CNS)** : 뇌와 척수
- **말초신경계(PNS)** : 감각. 운동(체성 및 자율 신경계)
- **장 신경계** : 내장의 신경계(CNS와는 독립적임)

신경의 작동

- **감각** : 주변환경의 변화를 감지 – 감각세포에서 중추신경으로 신호를 전달한다.
- **통합** : 변화를 인지하고 무엇을 할지 결정하는 과정
- **운동** : 자극에 대한 반응 – 근육을 움직인다.

뉴런

- 신경세포는 전기신호를 주고 받을 수 있는 특별한 구조를 가지고 있다.
- 신체를 이루고 있는 세포 중에서 수명이 가장 길다.
- 대부분 무사핵분열이다. 즉, 스스로를 대체하는 세포를 만들지 않는다.
- 축삭돌기는 신호를 전달한다.
- 뉴런이 서로 연결되어 신경망을 이룬다.

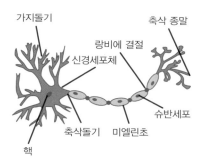

가지돌기
축삭 종말
랑비에 결절
신경세포체
슈반세포
축삭돌기
미엘린초
핵

교질세포

뉴런의 기능을 지원합니다.

활동전위

뉴런의 전기신호 주파수는 메시지의 강도를 의미합니다. 예를 들어 큰 통증의 경우 주파수가 높습니다.

뇌

부위별로 다양한 기능을 담당합니다.

- **대뇌** : 회백질로 둘러싸인 주름진 백질로 이루어져 있다.
- **전두엽** : 감정. 우선순위, 계획, 문제해결
- **운동 피질** : 운동
- **측두엽** : 기억력, 언어
- **감각 피질** : 감각
- **두정엽** : 지각. 이해, 논리적 처리
- **후두엽** : 시각, 공간
- **소뇌** : 동작의 조정
- **뇌량** : 뇌의 양쪽을 연결
- **뇌간** : 중뇌, 뇌교, 연수 – 정보를 전달하며 심장. 호흡. 수면. 통증. 자극에 대한 인식 등을 조절한다.
- **간뇌** : 시상하부, 후두부, 유두체 및 변연계 – 생식, 안전, 먹기, 마시기, 수면, 공포와 같은 강한 감정을 담당한다.

생물학 & 의학

CNS	PNS
• **성상세포** : 조절, 지지	• **슈반세포** : 미엘린초를 절연한다.
• **미세교세포** : 척수를 보호한다.	• **위성세포** : 신경세포를 둘러싸고 있다.
• **뇌실막세포** : 뇌실막 상피세포	
• **희돌기교세포** : 미엘린초를 생성한다.	

외과학

어떤 질병이나 부상은 외과적인 방법으로만 치유되기도 합니다.
전문화된 기구를 이용해 피부를 절개하고, 신체 부위를 이동, 제거, 교체하여 치료합니다.

생물학 & 의학

마취제

마취가 없었던 시절에는 발치 같은 **흔한 수술에도 환자가 통증으로 인해 사망**하기도 했습니다.

소독제

소독제는 감염률을 낮추는 데 큰 도움이 됩니다. 하지만 고위험 수술에는 위험하여 사용할 수 없습니다.

항생제

항생제가 없던 시절의 수술은 감염으로 인한 사망 위험이 높았습니다. 항생제 덕분에 감염을 배제할 수 있게 되면서 **수술의 안전성이 높아졌습니다.**

면역반응

장기이식은 신체의 면역체계가 익숙하지 않은 조직을 거부하는 경우가 발생하여 위험합니다. **기증자와 환자를 매칭하는 기술과 면역억제제의 개선으로 장기이식의 성공률이 많이 향상되었습니다.**

외과 용어

- **tomy** : 무언가 잘렸음
- **ectomy** : 잘라냄
- **ostomy** : 절개하여 엶
- **plasty** : 모양을 재건함
- **plexy** : 바른 위치로 이동
- **rraphy** : 봉함함
  - **예** gastrorrhaphy 위봉합술
- **desis** : 두 가지가 연결되어 있음

수술 도구는 용도에 따라 구성된다

- **그래스퍼** : 잡을 때 사용
- **클램프와 교합기** : 무언가를 닫을 때 사용 **예** 혈관
- **리트렉터** : 조직을 벌린다.
- **기계식 절단기**
- **확장기와 검경** : 열고 벌린다.
- **흡입 튜브** : 액체를 빨아들인다.
- **주사기와 주사바늘** : 유체를 주입하거나 제거한다.
- **스코프와 프로브** : 변경사항을 확인 및 측정하기 위한 도구

임플란트

임플란트(인공물질을 신체에 이식하는 것)에는 고관절 및 무릎 교체, 치과 임플란트 등의 미용 및 재건 목적의 임플란트와 심장박동기, 혈당측정센서, 신경자극기 등의 전자적인 임플란트가 있습니다.

주사기

거즈

핀셋

겸자

혁신의 역사

1914년 최초의 간접 수혈	1967년 최초의 심장 이식수술
1950년 최초의 신장 이식수술	1987년 최초의 심장, 폐 이식수술
1960년 최초의 고관절 교체수술	2005년 최초의 안면 이식수술
1963년 최초의 간 이식수술	2008년 작은 구멍을 통해 레이저로 수술
1964년 레이저 안과수술 개발	2011년 최초의 다리 이식수술
	2012년 최초의 자궁 이식수술

생활사

생활사 연구는 서로 다른 종들이 각각의 환경 속에서 적응한 다양한 방법과 전략에 대해 연구합니다.

생활사에는 수명, 자손의 수, 알의 크기, 부모의 행동, 번식 가능 연령, 주변환경에서 얻을 수 있는 자원과 관련된 사망 시 나이 등이 포함됩니다.

종별 크기비교

1. 대왕고래
2. 디플로도쿠스
3. 티라노사우루스 렉스
4. 대왕 오징어
5. 코끼리
6. 만타 가오리
7. 백상아리
8. 얼룩말
9. 모아
10. 악어
11. 인간

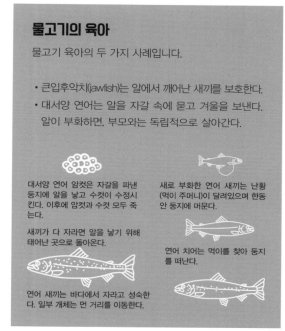

물고기의 육아

물고기 육아의 두 가지 사례입니다.

- 큰입후악치(jawfish)는 알에서 깨어난 새끼를 보호한다.
- 대서양 연어는 알을 자갈 속에 묻고 겨울을 보낸다. 알이 부화하면, 부모와는 독립적으로 살아간다.

대서양 연어 암컷은 자갈을 파낸 둥지에 알을 낳고 수컷이 수정시킨다. 이후에 암컷과 수컷 모두 죽는다.

새끼가 다 자라면 알을 낳기 위해 태어난 곳으로 돌아온다.

새로 부화한 연어 새끼는 난황 (먹이 주머니)이 달려있으며 한동안 둥지에 머문다.

연어 치어는 먹이를 찾아 둥지를 떠난다.

연어 새끼는 바다에서 자라고 성숙한다. 일부 개체는 먼 거리를 이동한다.

생활사는 유기체의 개체수 구조와 그 다음 세대의 생존을 가능하게 하는 것이 무엇인지에 대해서 연구합니다.

개체군생태학은 시간에 따른 개체수의 변화와 환경과 개체수의 관계를 연구하는 학문입니다.

유기체는 다음 세대가 성장할 수 있도록 돌보는 등의 행동을 통해 자손 번식을 최적화합니다.

- 환경이 혹독해지면, 유기체는 빠르게 적응해야 한다. 자칫 첫 번식을 하기도 전에 죽을 가능성이 높기 때문에 생명주기를 짧게 하는 것이 유리하다.
- 환경이 좋아 유기체가 생존하는 데 필요한 자원이 풍부하면, 자손을 성공적으로 번식시킬 수 있다. 생명주기를 길게 하는 전략이 유리하다.

번식 전략
- **일회번식** : 죽기 전에 한 번 알을 낳는다.
- **다회번식** : 죽기 전에 여러 번 번식한다.
- 어떤 동물은 환경의 상태나 자원에 따라 일회번식과 다회번식을 오간다.

진화학 & 생태학

생태학 원리

어떤 유기체가 주위 환경이나 다른 유기체와 어떤 연관이 있는지 연구하는 학문입니다.

1. 각각의 유기체는 개체군을 구성한다. **개체군을 구성하는 개체수와 다양성(몇 종이 있는지)은 서로 연관이 있으며 시간에 따라 변화**한다.

2. **모든 에너지(먹이)는 궁극적으로 태양으로부터 온다.** 탄수화물이나 포도당과 같이 탄소가 풍부한 당분은 식물과 해조류에서 광합성을 통해 만들어진다.

3. 유기체의 화학반응은 유기체에 에너지를 제공한다. 화학과 물리학은 이러한 신진대사가 어떻게 이루어지는지를 알려준다.

4. 탄소, 질소, 인, 나트륨과 같은 화학적 영양소는 생태계를 순환한다. 이 과정에는 생태계에서 죽은 유기체의 재활용 및 부패 과정이 포함된다.

5. 개체 증가 속도는 **새로 탄생한 개체수, 죽은 개체수, 이동한 개체수**에 의해 결정된다.

6. 특정 영역 안에서의 다양성은 **새로 발생한 종의 수, 해당 영역으로 이주하거나 소멸한 종의 수**에 의해 결정된다.

7. **서로 다른 유기체는 여러 면에서 서로 영향을 준다.** 동일한 공간과 영역을 공유하거나 동일한 먹이를 먹고 먹힌다. 이처럼 지리적인 영역에서의 유기체 간 상호작용이 그 개체수에 영향을 준다.

8. 생태계는 직선적이지 않고 그물 모양으로 상호작용하여 매우 복잡하다.

9. 인간은 수백만 년 동안 안정적으로 유지되어온 상호작용과 영양소 순환의 그물망을 교란하는데 아주 큰 영향을 끼치고 있다.

10. 자연의 여러 시스템은 인간의 삶에 필수적이며 생태계는 인간이 의존하는 자원, 프로세스, 물질을 제공한다.

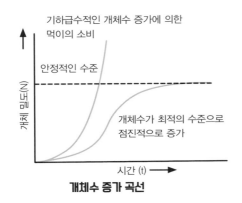

기하급수적인 개체수 증가에 의한 먹이의 소비

안정적인 수준

개체수가 최적의 수준으로 점진적으로 증가

개체 밀도(N)

시간 (t)

개체수 증가 곡선

우리가 생태계에서 얻는 것들

공급	식량	나무	의약품
조절	물의 여과	작물 수분	병해 방제
문화	영적 활동	개인의 성장	레저와 즐거움

영양계단 캐스케이드

포식자에서 식물, 박테리아 포자에 이르기까지 사소한 변화가 축적되어 생태계에 중요한 변화를 일으킬 수 있습니다.

영양계단 캐스케이드

먹이 사슬이나 먹이 그물에 있는 **한 유기체의 멸종이나 개체수 과다는 전체 생태계에 영향을 미칩니다.** 포식자의 등장과 소멸은 그와 관련된 다른 유기체의 개체수와 영양소의 순환을 변화시키며 생태계에 연쇄적인 영향을 미칩니다.

옐로우스톤 국립공원의 늑대 이야기

1900년대. 사람들은 생태계는 신경도 쓰지 않고, 그저 즐거움을 위해 회색늑대를 사냥했습니다. 결국 1926년에 마지막 남은 두 마리가 죽음으로써 그 지역의 회색늑대가 멸종했고, 따라서 사슴의 숫자가 늘어났습니다. 늘어난 사슴이 더 많은 관목과 풀과 식물을 소비하여 곤충의 개체수와 토양의 질까지 악영향을 미쳤습니다. 생태계 모든 구성원들이 영향을 받은 것입니다. 1995년에 환경 복원을 위해 늑대를 방사하여 생태계가 복원되면서 개체수와 식물과 토양의 질이 균형을 이루게 되었습니다.

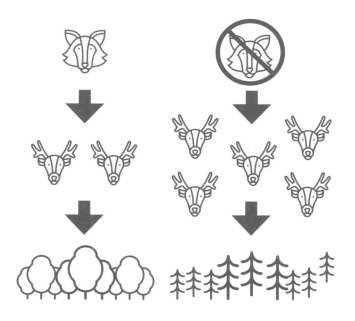

탑 다운 효과 : 초식동물의 수를 억제하는 포식자 집단(육식동물)에 의해 조절되는 영양단계

바텀 업 효과 : 제한된 자원인 풀이나 식물이 초식동물이나 육식동물의 수에 영향을 미치는 것

지질학 & 생태학

지구의 대양

지구 표면 71%는 물로 덮여 있고, 50~80%의 지구 생명체는 대양에 살고 있습니다.
인간은 대양의 10%만을 탐험했을 뿐입니다.

해류

해류는 복잡한 경로를 갖고 있습니다. 균일하지 않은 온도의 바다가 대류를 일으켜, 물과 영양분이 순환합니다.

- 대양의 해류는 수천 km에 걸쳐있다.
- 차갑고 밀도가 높은 극지방의 해류는 해저로 가라앉아 따뜻한 적도 쪽으로 이동한다.
- 차가운 물은 적도에서 따뜻해지며 위로 상승한다.
- 따뜻하고 밀도가 낮은 적도 해류는 위로 올라와 차가운 극지방 쪽으로 향한다.
- 따뜻한 바닷물은 극지방에서 차가워지면서 심해로 가라앉는다.

코리올리 효과

코리올리 효과는 지구의 자전 방향에 의해 발생합니다.

- 북반구의 바람은 해류가 시계 방향으로 흐르게 한다.
- 남반구의 바람은 해류가 반시계 방향으로 흐르게 한다.

염도

- 염도는 대양에 녹아 있는 소금의 양을 의미한다.
- 소금물은 민물보다 밀도가 높다.
- 바다와 강은 대양의 해류에 영향을 준다.
- 증발에 의해 염도가 증가한다.
- 염도 해류는 염도가 높은 물을 대양의 바닥으로 운반하여 심해 해류를 형성한다.

열염도(열과 소금) 순환은 밀도 차이에 의해 움직이는 심해 해류를 일으킵니다.

엘니뇨와 라니냐

중부와 동부 열대 태평양에 흐르는 조류의 복잡한 변화를 말합니다.

- **엘니뇨** : 평균 해수면 온도보다 따뜻하여 태평양 전역에서 바람의 패턴을 역전시킨다.
- **라니냐** : 적도 태평양 지역의 해수면 온도가 불규칙하게 평균 온도보다 낮아지는 현상

대양의 깊이

해양학자와 해양생물학자들은 대양의 깊이를 **오른쪽 그림**에 표현한 대로 구분합니다.

마리아나 해구

서태평양의 가장 깊은 곳에 있는 광대한 해구입니다. 길이는 2,550km이고 너비는 70km이며 가장 깊은 지점은 11,034m입니다. 에베레스트산을 뒤덮을 수 있는 크기입니다.

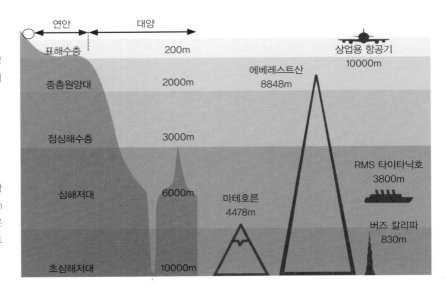

연안	대양		
표해수층	200m		상업용 항공기 10000m
중층원양대	2000m	에베레스트산 8848m	
점심해수층	3000m		RMS 타이타닉호 3800m
심해저대	6000m	마테호른 4478m	버즈 칼리파 830m
초심해저대	10000m		

멸종

멸종은 유기체나 그 집단이 완전히 소멸하는 것을 의미하며 멸종까지 이르는 시간은 저마다 다릅니다.

멸종위기종

멸종위기에 처한 생물을 멸종위기종으로 지정합니다. 최후의 수컷 북부흰코뿔소는 2018년에 죽었습니다.

주요 멸종위기종과 남은 개체수

아무르 표범 : 60 마리
크로스 리버 고릴라 : 250 마리
검은발 페렛 : 300 마리
시베리아 호랑이 : 450 마리
검은 코뿔소 : 약 5,000마리
아시아 코끼리 : 40,000~50,000 마리
오랑우탄 : 104,700 마리

멸종위기종

매부리 바다거북
아프리카 들개
갈라파고스 펭귄
고래상어
침팬지
북대서양 참고래

대형동물의 멸종

대형동물은 특히나 서식지 파괴에 취약합니다. 많은 거대 동물들이 멸종위기 상태입니다.

서식지 파괴

멸종의 주요 원인 중 하나이며 생물의 다양성을 감소시킵니다. 삼림파괴, 공해, 수렵, 자연재해 등에 의해 발생합니다.

화석 기록

멸종한 종의 잔해들을 화석으로 찾아볼 수 있습니다.

곤충 개체수

전 세계 곤충의 40%가 멸종위기에 처해 있습니다. 곤충은 물을 정화시키고 농작물의 꽃가루를 옮기는 등 필수적인 생태계의 일꾼입니다. 살충제와 서식지 파괴가 이들을 멸종으로 몰아가고 있습니다.

대멸종

지금까지 지구에 살았던 생물의 90% 이상이 멸종했습니다. 대멸종은 지질학적으로 확인할 수 있습니다.

	대멸종 사건	시간
1	오르도비스기-실루리아기 대멸종	4억3900만 년 전
2	후기 데본기 대멸종	3억6400만 년 전
3	페름기-트라이아스기 대멸종	2억5100만 년 전
4	트라이아스기-쥐라기 대멸종	1억9900만 년 전에서 2억1400만 년 전
5	백악기-팔레오기 대멸종	6500만 년 전
6	홀로세 대멸종	현재

인류세

인간의 활동은 지구의 지구물리학적 지층을 광범위하게 변화시키고 있기 때문에, 많은 전문가가 우리 시대를 인류세라고 부릅니다. 오늘날 세계는 6차 대멸종과 4차 산업혁명을 겪고 있습니다.

다양성과 개체수

다양성을 갖춘 생태계는 더 많은 수의 유전자를 공급하기 때문에 환경 변화에 조금 더 잘 대응할 수 있어서 안정적입니다.
건강하다는 뜻입니다.

- **유전적 다양성** : 한 종의 DNA에 있는 유전자의 개수
- **유전적 변이성** : 유전자가 변화하는 경향
- **생태계 다양성** : 생물 다양성의 한 유형

표현형

생물에서 관찰과 측정이 가능한 특성을 의미합니다. 눈 색깔, 나방의 날개 무늬, 개미가 집을 짓는 방법을 아는 것도 표현형입니다.

- 물리적 형태(형상학)
- 시간의 흐름에 따른 변화
- 생물의 생화학적 특성
- 행동과 본능

단일종

다양한 개체군은 유전자가 많아 질병과 포식에 대한 저항력이 높습니다. 큰 농장에서 재배하고 있는 단일종(유전자 복제)을 예로 들어봅시다. 병원체가 단일종을 공격한다면, 유전적 다양성이 부족하여 질병에 걸리기 쉽고, 전염되기도 쉽습니다. **질병에 강한 단일종을 개발한다는 것도 단기적인 해결책일 뿐입니다.** 병원체는 끊임없이 진화하기 때문입니다. 다양한 개체군에서는 병원체가 퍼지는 것이 비교적 어렵습니다.

MVP(Minimum viable population)

최소 생존가능 개체수는 한 종이 야생에서 생존하는 데 필요한 최소한의 개체수를 의미합니다.

갈라파고스 핀치의 다양성

유전자형

특정한 성질을 담당하는 유전자를 의미합니다.

- 대립유전자는 유전자의 다양한 변이를 의미한다.
- 2배체 조직은 이형접합체이다.
- 야생형은 자연에서 가장 높은 빈도로 표현형을 갖는 계통이다.

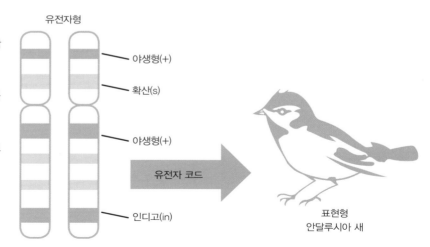

유전자형

— 야생형(+)

— 확산(s)

— 야생형(+)

유전자 코드

— 인디고(in)

표현형
안달루시아 새

판구조론

상대적으로 얇고 단단한 암석으로 이루어진 지각 층이 지구를 둘러싸고 있는데,
이 층은 지질학적 활동을 일으키는 뜨거운 마그마 위에 떠 있습니다.

지각

- 지각의 두께는 5~40km이다.
- 지각은 고체로 이루어져 있다.
- 지각을 구성하는 원소는 무게비로 따졌을 때 산소 46.6%, 규소 27.7%, 알루미늄 8.1%, 철 5%, 칼슘 3.6%, 나트륨 2.8%, 칼륨 2.6%, 마그네슘 2.1%로 구성되어 있다.

맨틀

- 약 3000km의 두께
- 액체 상태
- 규산염, 칼슘, 마그네슘, 철 및 기타 광물로 구성된 여러 층이 존재한다.
- 온도는 200℃에서 4000℃

외핵

- 약 2200km의 두께
- 액체 상태
- 주로 철과 니켈로 구성되어 있다.
- 온도는 4400℃에서 6100℃

내핵

- 약 1200km의 두께
- 고체 상태
- 주로 철, 니켈로 구성되어 있고 약간의 우라늄이 포함되어 있다.
- 온도는 6000℃ 이상

지구 내부에서의 열 순환

지각은 지각 아래에서 발생하는 마그마의 흐름에 의해 **해마다 2.5~5cm 정도 움직입니다.**

열전달
메커니즘

 이송

 대류

전도

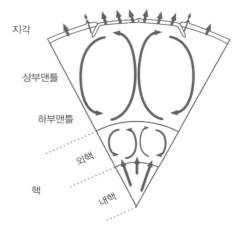

지각의 운동

단단한 **지각판이 충돌하면 산맥이 형성됩니다.** 아니면 충돌 시 서로 아래로 밀어 넣는 현상(섭입)이 일어나 **해구가 형성되기도 합니다.**

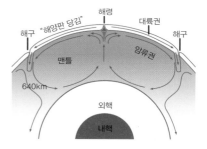

해저 확산

대서양 중앙 해령은 대서양 해저에서 16000km에 걸쳐 있는 산맥입니다. 해령의 중심에서 새로운 해저판이 만들어져 해령 가장자리로 밀려나게 됩니다.

지각 경계면

수렴형 경계 : 한쪽 판이 다른 쪽 판과 충돌하여 산이 만들어지거나 섭입이 일어난다.
발산형 경계 : 판끼리 서로 멀어지며 해령을 만든다.
보존형 경계 : 판끼리 서로 미끄러진다.

지각 경계면에서는 지진과 화산활동이 일어납니다.

대기 물리학

대기는 지구를 우주선(Cosmic rays)으로부터 보호하고 지구의 온도를 유지시켜주며 우리가 숨쉴 수 있게 돕습니다.
주로 산소와 질소로 구성되어 있습니다.

성분	부피비
질소(N_2)	78.084
산소(O_2)	20.946
아르곤(Ar)	0.934
이산화탄소(CO_2)	0.036
네온(Ne)	0.00182
헬륨(He)	0.000524
메탄(CH_4)	0.00015
크립톤(Kr)	0.000114
수소(H_2)	0.00005

대기는 6개의 주요 층으로 구성되어 있습니다.

- **대류권** : 인간이 활동하며 기상현상이 일어나는 층
- **오존층** : 산소 원자 3개로 이루어진 오존(O_3)으로 구성된 얇은 층
- **성층권** : 성층권 안이나 그 위에서는 기상 현상이 거의 발생하지 않는다.
- **중간권** : 소행성이나 운석은 주로 이곳을 지나면서 불타오른다.
- **열권** : 오로라가 발생한다.
- **외기권** : 인공위성이 지나간다.

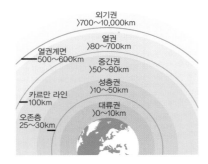

외기권
>700~10,000km

열권
>80~700km

열권계면
—500~600km

중간권
>50~80km

성층권
>10~50km

카르만 라인
—100km

대류권
>0~10km

오존층
25~30km

균일하지 않은 가열

지구의 자전축이 기울어져 있어서 대기가 균일하지 않게 열을 받습니다. 이로 인해 **계절의 변화**가 생깁니다. 극지방에서는 열이 확산되는 것에 비해 적도지역은 극심하게 가열됩니다.

춘분
N

하지
N

동지
N

봄

겨울

여름

가을

추분
N

코리올리 효과

북극에서 봤을 때, 지구는 반시계 방향으로 자전합니다. 이 운동은 대류현상과 함께 대기 순환현상을 일으킵니다. 해류와 마찬가지로 바람도 북동무역풍과 남동무역풍처럼 일정한 패턴을 갖습니다.

알베도(Albedo)

알베도는 지구 표면에 내리쬐는 태양 빛이 지구에서 반사되는 정도를 의미합니다. 지표면에서 반사가 많이 이루어질수록, 대기로 반사되는 열이 더 많아집니다.

하들리 순환

날씨는 셀(순환)이라는 관찰 가능한 대류의 흐름을 형성합니다.

- 적도 지방의 셀은 커다란 대류 흐름을 생성한다. 뜨거운 공기는 빠르게 위로 올라가서 빠르게 식으며 응축되어 구름과 비를 만든다.
- 극지방으로 갈수록 셀의 크기는 점점 작아진다.

기압

- 셀이 서로를 향해 순환하면 기압이 감소한다.
- 셀이 서로 반대로 순환하면 기압이 증가한다.

생화학적 순환

생태계를 통한 영양소의 이동은 생명과 생물의 다양성에 있어서 필수적입니다.
영양소 순환은 특정 영양소가 반복적으로 이동하는 경로를 의미합니다.

생화학적 순환

생화학적 순환은 생물권에서 발생하며 암석권(육지) → 수권(물) → 대기권(공기) 등 다양한 영역과 연관되어 있습니다.

영양소 순환은 생물 지질학적 과정을 통한 원소 순환을 필요로 합니다.

- **바이오매스** : 살아있는 유기체의 질량과 개수. 생명이 살고 배설하며 죽는 과정이 영향을 준다.
- **엽적** : 죽은 나뭇잎과 부패하는 유기체의 잔해
- **토양** : 지구의 상층에 있는 물질. 식물, 곤충, 동물, 균사체는 토양에서 자란다. 토양에는 유기체, 바위 입자, 부패 물질, 물, 미네랄이 포함되어 있다.
- **동화** : 음식이나 영양소의 흡수 및 소화.
- **분해** : 복합화합물을 단순물질로 분해

산소

- O_2는 유기체의 호흡에 사용된다.
- O_2는 단백질, 지방 및 당분과 같은 유기 화합물에 동화된다.
- O_2는 광합성 과정에서 식물이 배설한다.
- 수문학적 순환은 산소 순환과 매우 밀접한 관련이 있다.
- 산화 및 환원은 산소의 이동에서 한 역할을 담당한다.

질소

단백질 합성에 사용됩니다. 이 순환에는 박테리아가 필수적입니다.

1. 질소고정세균은 질소가스(N_2)를 암모니아(NH_3)로 변환한다.
2. 암모니아는 토양에서 질소화합 과정을 통해 아질산염 이온으로 변환된다.
3. 살아있는 유기체는 요소, 땀, 기타 배설물을 통해 암모니아를 배출한다. 박테리아가 질소가 풍부한 배설물을 단순한 분자로 변환할 때 암모니아화가 진행된다.
4. 탈질소세균은 단순한 질소를 질소가스(N_2)로 변환하여 다시 순환하게 한다.

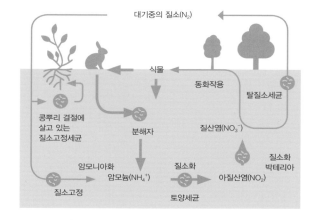

모든 순환은 바이오매스에 의한 동화와 부패과정에 의한 이화* 를 통한, 순환으로의 재공급과 연관이 있습니다.

- **인 순환** : 인은 세포 대사에 필요한 필수요소이다.
- **황 순환** : 황은 단백질과 효소의 형성에 중요하다.

★ 이화 : 보다 단순한 화합물로 분해하는 과정

물순환

물의 순환은 강력한 태양에너지에 의해 발생하며 지구에 있는 물을 끊임없이 순환시킵니다.

태양은 지구 표면 전체에 걸쳐있는 대양과 호수, 강에 있는 물을 가열합니다. 물은 증발하여 하늘로 올라가 냉각되고 구름으로 응결되어 비가 되어 내립니다.

- **증산** : 물의 증발
- **응축** : 따뜻한 공기는 상승하며 냉각되면서 수분이 응축된다.
- **강수** : 따뜻한 공기가 차가워지며 구름을 만들어 비나 눈으로 내린다. 이것이 물의 순환에 물이 투입되는 주요 경로이다. 비나 눈발의 세기, 지속시간, 빈도가 물순환에 영향을 준다.

- **지표에서 유출(Run off)** : 육지에 내린 비는 땅으로 스며들거나 강을 통해 바다로 흐른다. 물은 호수나 분지, 지하수로 저장되며 때로는 흙과 바위에 저장된다. 유출량은 분지나 저수지로 흘러 들어간 물의 총량을 의미한다.
- **지하수의 흐름** : 물은 흙과 바위를 통해 강과 바다로 전달된다.
- **침투** : 물이 지표에서 토양으로 스며들어 대양으로 향한다.
- **스며듦** : 물은 바위에 스며들어 지하수가 될 수도 있습니다.

구름

구름은 다른 고도에서는 다른 모양을 만듭니다. 고도가 높아질수록 기압과 온도가 낮아지기 때문입니다. 모든 기상변화는 대류권 내에서 발생합니다.

- **상층운** : 권적운, 권운, 권층운이 상층운에 속한다. 적란운은 매우 거대한 구름이며 높은 곳까지 도달할 수 있다.
- **중층운** : 고적운과 고층운
- **하층운** : 층운, 층적운, 적운

날씨 : 순간순간 변하는 기후
기후 : 장기적인 기후 변화

온도, 기압, 바람, 습도, 강수량, 구름량은 날씨를 설명하는 6가지 핵심요소이며 이들은 대기중의 공기흐름의 영향을 받습니다.

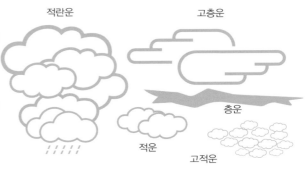

적란운 · 고층운 · 층운 · 적운 · 고적운

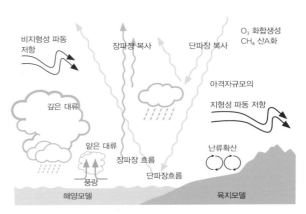

비지형성 파동 저항 · 장파장 복사 · 단파장 복사 · O₃ 화합생성 CH₄ 산A화 · 아격자규모의 · 지형성 파동 저항 · 깊은 대류 · 얕은 대류 · 장파장 흐름 · 난류확산 · 풍랑 · 단파장흐름 · 해양모델 · 육지모델

탄소순환

탄소는 광합성과 당분해 과정을 통해 CO_2와 포도당($C_6H_{12}O_6$)의 형태로 순환합니다.
탄소순환은 H_2와 H_2O를 포함하고 있으며, 수소순환과 상호작용합니다.

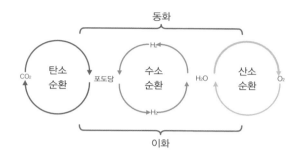

1. 이산화탄소는 호흡과 연소를 통해 대기로 방출되며 식물은 광합성을 할 수 없는 밤에 이산화탄소를 배출한다.
2. 햇빛과 이산화탄소를 이용한 광합성 작용을 통해 포도당이 형성된다.
3. 동물은 식물을 먹어서 포도당을 대사하고 소화시킨다. 이 과정에서 탄소 원자가 분리되고, 그 대부분은 유산소 호흡을 통해 이산화탄소의 형태로 배출된다.
4. 유기체가 죽는다.
5. 부패 과정에서 생기는 이산화탄소와 메탄은 탄소 원자를 대기 중으로 방출한다.
6. 화석은 수백만 년에 걸쳐 지구물리학적 과정을 통해 원유와 가스로 변한다.

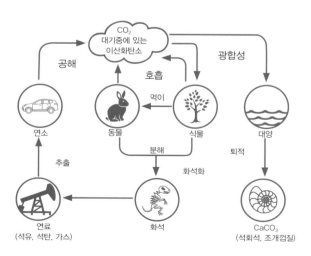

탄소고정

생화학적 과정에 의해 탄소(CO_2)가 탄소화합물로 합성되는 동화 작용입니다. 광합성이 탄소고정의 한 예이지만, 결국 식물은 죽어서 분해될 때 이산화탄소를 방출합니다. 가장 영구적인 탄소고정 과정은 산호초가 석회석을 형성할 때입니다.

온실효과

이산화탄소 CO_2, 메탄 CH_4, 수증기 H_2O, 산화질소 N_2O, 오존 O_3와 같은 일부 기체는 낮은 대기에서 태양의 온난화 적외선을 가둡니다. 이러한 온실가스는 열에너지를 흡수하고 방출하는데, **산업화의 부산물인 이산화탄소와 메탄, 산화질소의 방출량이 늘어나면 더 많은 열에너지가 대기에 갇히게 되어 기후가 훨씬 더 활발하게 작용하며 증발 속도가 높아집니다.**

온실효과

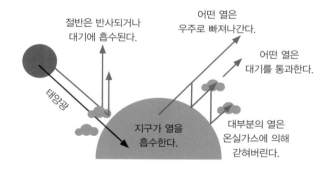

메탄

메탄(CH_4)은 두 번째로 중요한 온실가스입니다. 습지에서의 분해, 유기체에서의 소화, 석유와 가스의 형성 과정에서 발생합니다. 지구온난화로 인해 극지방 툰드라가 녹으면서 대기로 더 많은 메탄이 방출되고 있습니다.

암석순환

지구는 약 45억 년 전, 초신성의 잔해가 중력으로 뭉쳐지면서 탄생했습니다.
이때 많은 철이 핵으로 흘러 들어가, 핵의 약 80%가 철로 구성됐습니다. 니켈과 금과 백금과 우라늄도 함유되어 있습니다.

암석의 종류

• **화성암** : 뜨거운 마그마가 빠르게 식을 때 형성되며 화강암, 흑요석, 부석이 화성암에 속한다.

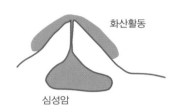

화산활동

심성암

• **퇴적암** : 수백만 년에 걸쳐 압력을 받은 퇴적물층이 퇴적암이 된다. 석회암과 사암이 퇴적암에 속하며 화석을 포함하는 경우도 있다.

• **변성암** : 암석이 강한 압력과 열을 받으며 압축되고 뒤틀리며 생성되는 암석. 변성암은 매우 단단하며, 천천히 식으면서 결정화된 광물을 포함하기도 한다. 대리석과 점판암이 변성암에 속한다.

온도와 압력이 증가

암석순환

1. 풍화작용으로 인해 화성암, 퇴적암, 변성암이 침식된다.

2. 침식된 암석의 입자는 비, 개울, 강물에 의해 바다로 운반된다.

3. 암석 입자는 해저에 퇴적된다.

4. 퇴적물의 무게가 늘어나고 압력이 증가하면, 최적물이 응축되고 서로 달라붙으며 층이 얇아진다.

5. 수백만 년에 걸쳐 변형이 일어난다. 퇴적암과 화성암은 지각운동에 영향을 받아 변형되고 비틀어지며 압축된다. 여기에 열과 압력이 가해지며 변성암이 생성된다.

6. 변성암이 마그마에 녹는다. 화산이나 해저화구에서 마그마가 흘러나오고, 냉각되며 다시 암석 순환을 시작한다.

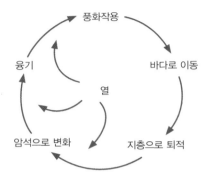

풍화작용

바다로 이동

융기

열

지층으로 퇴적

암석으로 변화

히말라야 해양 화석

히말라야산맥은 지각운동으로 솟아오른 산맥입니다. 이곳의 석회암에서 **암모나이트와 조개껍질과 해양생물들의 화석이 발견됩니다.**

침식, 육지의 형성

암석순환의 과정에서 풍화와 침식이 일어나며 지상의 풍경을 형성하고, 빙하가 침식되며 피오르드와 산이 만들어집니다. 암석순환은 수문학적순환*과 상호작용합니다.

★ **수문학적순환** : 물이 바다와 땅과 대기권 사이에서 끊임없이 순환하는 현상

지구자기

지구의 자기장은 외핵(주로 철로 구성됨)에 있는 액체 상태의 철에서 방출된 자유전자에 의해 발생합니다.
지구의 자전과 맨틀에서의 대류 현상이 전자기 유도 자기장을 발생시킵니다.

자기장

자기선이 유입되는 특징이 있는 **자기의 북극과 지리적인 북극의 위치**가 정확히 일치하지는 않습니다.

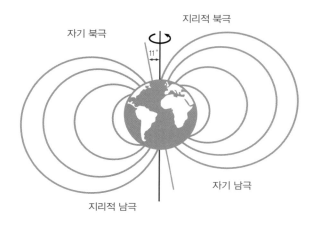

자기장 방패

지구의 자기장은 지구를 둘러싸, 유기체에게도 해롭고 대기층을 벗겨내는 **고에너지 우주선과 광자로부터 지구를 보호합니다.** 자기장은 우주로 수천 km나 뻗어 있습니다.

오로라

- 전하를 띤 입자는 태양 표면에서 모든 방향으로 뿜어져 나온다.
- 태양풍은 지구에 도달하여 지구 자기장에 의해 굽어진다.
- 전하를 띤 입자가 가속하며 상층 대기의 분자와 충돌하는데, 이 때 광자가 발생한다.
- 각기 다른 색상은 다른 종류의 충돌을 의미한다.

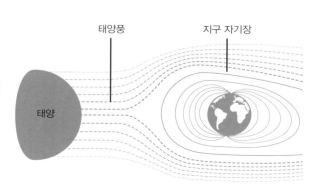

지자기 역전

자기북극과 자기남극의 위치가 서로 바뀌는 것을 의미합니다. 이 현상이 지구 역사에서 수없이 일어났다는 증거가 있습니다.

석기시대인 78만 년 전에 일어난 지자기 역전의 증거는 암석의 형성 과정에서 찾아볼 수 있습니다. 암석에 자기장 기록이 남기 때문입니다. 지자기 역전이 완료되는 데는 약 7000년이라는 시간이 필요합니다.

지구의 자전으로 맨틀과 외핵에 휘어진 흐름이 발생하며, 그 결과 와류가 뒤틀리면서 오래된 자기장을 뒤엎고 새로운 자기장이 형성되는 것입니다.

생물축적

산업과 농업에서 발생하는 독성 화학물질이 생물과 생태계에 축적되는 걸 말합니다.
독성물질(중금속, 방사성 동위원소, 기타 화합물)은 화학적 특성에 의해 유기체에 축적되는데,
먹이그물과 영양순환은 매우 깊게 연결되어 있으므로 매우 중요한 문제입니다.

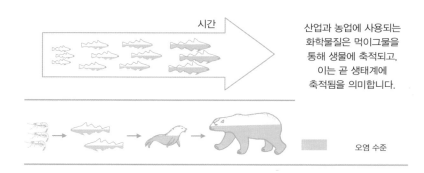

시간

산업과 농업에 사용되는 화학물질은 먹이그물을 통해 생물에 축적되고, 이는 곧 생태계에 축적됨을 의미합니다.

오염 수준

살충제와 제초제

살충제와 제초제의 독성이 생물축적됩니다.

DDT

DDT(Dichlorodiphenyltrichloroethane)와 DDE, DDD 등의 화합물질은 **지방친화적(지방분자에 달라붙는다)**이어서 수십 년간 몸과 토양에서 떨어지지 않습니다. 몸에 축적되어 수십 년 동안 소변, 대변, 모유로 배출됩니다. DDT 사용 금지 후 수십 년이 지난 후에 태어난 아이들의 혈액 속에도 여전히 DDT의 흔적이 남아 있습니다.

침묵의 봄

레이첼 칼슨(1907~1964)은 1962년에 〈침묵의 봄〉이라는 책을 출간하여 살충제가 어떻게 먹이사슬을 통해 환경을 해치고 야생동물을 죽이는지를 알렸습니다. 핵심 원인은 DDT였는데, **조류가 몸에서 알 껍질을 만드는 것을 방해하여 번식에 심각한 문제를 주었습니다.**

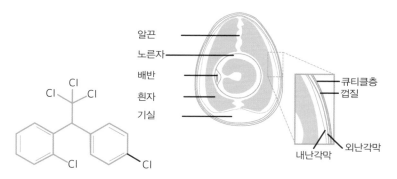

알끈
노른자
배반
흰자
기실

큐티클층
껍질

외난각막
내난각막

스트론튬90과 생물축적

핵무기 실험과정에서 나온 방사능 원소가 암을 유발하는데, 이 또한 생물축적이 되며 먹이그물을 통해 순환됩니다.

〈침묵의 봄〉은 발전이라는 이름 아래 행해지는 인간의 자연에 대한 착취행위를 비판했습니다. 사실 과학자들은 이미 그 문제를 알고 있었기에 새로운 발견은 아니었지만, 칼슨을 통해 이 문제가 대중에게 퍼지며 화두가 되었습니다.
칼슨 덕분에 인도와 중국과 아메리카와 유럽의 여러 나라가 DDT 사용을 금지했습니다.
하지만 적도 부근의 일부 국가들은 말라리아와 같은 곤충에 의한 감염 확산을 막기 위해서 아직도 DDT를 사용하기도 합니다. 해결이 쉽지만은 않은 문제입니다.

인간에 의한 기후변화

산업활동이 서로 연관되어 있는 지구의 기후, 생물권, 해양, 그들 각각의 순환과정을 방해하고 왜곡합니다.
이로 인해 서식지의 파괴, 불평등, 공해, 지구온난화, 유기체의 멸종이 발생하고 있습니다.

기후

기후는 장기적인 기상 패턴을 의미합니다. 대기, 해양, 육지 간의 상호작용은 자연적인 기후 변화를 일으키는데, 그 변화를 깨트리게 되면 갑작스럽고도 장기적인 기후 변화(예를 들어 빙하기)가 일어날 수 있습니다.

극단적인 날씨

지구의 모든 날씨가 극단적인 모습을 보이고 있습니다. **단순히 따뜻해질 뿐만 아니라, 에너지가 많아짐에 따라 모든 종류의 날씨가 격렬해진 것입니다.**

물

물의 순환도 더욱 활발해지고 있습니다. 전 세계적으로 눈과 강우와 홍수와 증발이 강하게 발생하여 물의 공급과 질에 영향을 끼치고 있습니다.

오존층 구멍

1960년대에서 1970년대 사이, 서구 국가들에서는 오존층을 파괴하는 CFC(chlorofluorocarbons)를 배출했습니다. 1987년에 이르러서야 CFC 사용을 막기 위한 몬트리올 협정이 체결되었으며 그 이후로 **점차 오존층은 회복되고 있습니다.**

불안전

직접적인 부상자 및 사망자 · 영양실조 · 질병 매개체의 증가 · 식량 불안 · 매개성 질환 · 전염병 · 설치류 및 동물 숙주 증가 · 물 질의 저하 · 수인성 질병 · 오염된 물 · 수인성 질병 · 폭풍 · 급수 및 위생 부족 · 보건 시스템의 붕괴 · 사회 기반 시설의 손상 · 산불 · 공기 오염 · 의료 서비스 방문 감소 · 정신건강 및 정신사회적 효과 · 인구 이동 · 호흡기 질환, 건강 스트레스

홍수 강우량의 증가 · 가뭄 건조한 기후의 증가

인종차별과 기후변화

• 북반구 사람들의 1인당 소비량과 폐기물, CO_2 배출량이 남반구 사람들의 소비, 배출량에 비해 압도적으로 많다.

• 15세기 서구권 국가가 아메리카 대륙과 호주를 침공하여, 원주민 사회는 역사적인 대량 학살을 경험했으며 오늘날에도 그들의 땅이 황폐해지는 것을 막기 위해 싸우고 있다.

• 북반구의 부유함은 과거의 제국주의, 식민주의, 현재의 신식민지 주의적인 착취의 결과이다. 이러한 사실들을 논하는 대화가 실패를 거듭하여, 중요하고도 복잡한 기후 문제가 해결되지 않고 있다.

• 현재 많은 공해를 유발하는 산업에 의존하는 개발도상국들은 오히려 그들을 극심하게 착취하여 빈곤하게 만든 국가들로부터 가난하다는 비난을 받고 있다.

• 남반구는 기후변화의 최전선에 있으며 최악의 대량 파괴를 직접 경험하고 있다.

알렉산드리아 도서관

지식을 체계화하는 것은 고대에서부터 이어진 중요한 관행입니다.
오늘날에도 사서들은 발전하는 지식들을 이용하기 편하도록 체계적으로 정리합니다.

알렉산드리아 도서관의 설립과 최후

기원전 285~246년 이집트 북부에 설립되었습니다. 고대 세계에서 가장 큰 도서관 중 하나였으며 **고대 언어, 시, 음악, 사고체계, 수학적 지식, 글쓰기**에 관한 소장품을 두루마리 형태로 보관했다고 합니다. **학문의 중심지였습니다.**

일부 역사학자들은 도서관이 방치된 채로 시간이 흐르면서 두루마리들이 점차 사라졌다고 말합니다. 또 다른 주장으로는 기원전 48년경 율리우스 카이사르의 지시로 알렉산드리아를 포위하는 과정에서 화재가 일어나 파괴되었다고도 하며, 종교 근본주의자들에 의해 불타버렸다고도 합니다. 확실한 것은 오늘날까지도 도서관의 잔해가 남아 있다는 것입니다.

히파티아

서기 약 350~370년에 태어난 히파티아는 수학자이자 천문학자였습니다. 철학과 수학을 강의했으며 관련한 아이디어를 남겼습니다. 슬프게도 410년경, 히파티아의 신앙에 동의하지 않는 극단주의자들에게 공격을 받아 살해되었습니다. 히파티아는 무지와 직면한 지식과 지혜의 상징이 되었습니다.

도서관 관리

도서관의 관리를 위해서는 소장품 항목의 업데이트나 추적 등의 **지속적 유지관리가 필요합니다.** 디지털 도서관도 마찬가지입니다. 도서관은 접근성이 좋아야 하고, 정보가 잘 정리되어 있어야 하며 최신 정보도 지니고 있어야 합니다.

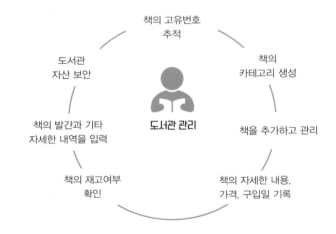

도서관 자산 보안

책의 고유번호 추적

책의 카테고리 생성

도서관 관리

책을 추가하고 관리

책의 발간과 기타 자세한 내역을 입력

책의 재고여부 확인

책의 자세한 내용, 가격, 구입일 기록

현대의 비블리오테카 알렉산드리나 (Bibliotheca Alexandrina)

1988년부터 2002년. 새로운 비블리오테카 알렉산드리나(알렉산드리아 도서관의 라틴어 발음)가 세워졌습니다. 이 도서관은 수십억 개의 웹페이지 디지털 아카이브와 이제는 존재하지 않는 수백만 개의 웹사이트, 광범위한 TV와 오디오 방송 아카이브를 수집하기 위한 기금을 받았습니다.

지구의 둘레

무려 2000여 년 전, 그리스 수학자인 에라토스테네스가 그림자, 삼각법, 두 도시 사이의 거리만을 이용해 지구의 둘레를 측정했습니다.

지구 둘레 측정하기

현재는 아스완이라고 불리는 당시 스웨네트라는 도시의 우물을 태양이 바로 비추었고, 같은 날 같은 시간, 알렉산드리아에서는 태양이 우물을 바로 비추지 않고 그림자를 드리웠습니다. **에라토스테네스는 알렉산드리아의 오벨리스크에도 그림자가 드리운다**는 사실을 깨달았습니다.

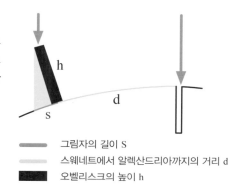

- 스웨네트 하지 정오 : 그림자 없음
- 알렉산드리아 하지 정오 : 그림자 생김.
  에라토스테네스는 그림자의 각도를 측정했다.

그림자의 길이 S
스웨네트에서 알렉산드리아까지의 거리 d
오벨리스크의 높이 h

에라토스테네스는 스웨네트와 알렉산드리아의 거리를 측정했고, 이 거리와 그림자의 각도와 기하학을 사용해 지구의 둘레를 계산했습니다.

- 원은 360°
- 그림자의 각도는 7.2°
- 360을 7.2로 나누면 50이 된다.

$$\frac{360°}{7.2°} = \frac{\text{지구의 둘레}}{\text{알렉산드리아에서 스웨네트까지의 거리}}$$

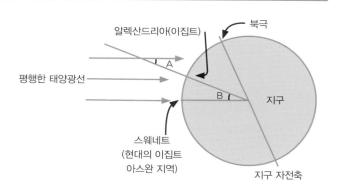

360°를 7.2°로 나누면 50이 나오는데, 이는 알렉산드리아와 스웨네트 사이의 거리(925km)가 지구 둘레의 1/500이 된다는 것을 의미합니다.

에라토스테네스는 925km에 50을 곱해 **지구의 둘레를 46,250 km라고 추정**했습니다. **실제 지구의 둘레는 40,120km입니다.**

기원전 270년경 철학자 아리스타르코스는 **달과 지구 사이의 거리를 계산**했습니다. 달이 반지름 R인 원형 경로를 시간 T 동안 공전한다고 가정하고, 월식이 일어나는 동안 지구의 그림자가 달을 가로질러 이동하는 데 걸린 시간을 관측했습니다. 기초적인 기하학을 이용해 다음과 같은 계산을 했습니다.

- 달이 지구가 드리운 그림자 속을 움직이는 데 t만큼의 시간이 걸리며, 지구 그림자의 크기는 2r이다. (r은 지구의 반지름)
- 달이 지구를 공전하는 데 걸리는 시간은 T이며 이는 2πR 혹은 6.28R과 같다.
- $t/T = 1/363 = 2r/6.28R$
- $r/R = 1/60$
- 즉 지구에서 달까지 거리의 평균값은 지구 반지름의 60배가 된다.

시간의 측정

자연의 순환은 인간, 식물, 동물의 삶에 영향을 주며 고대는 물론 오늘날 사용하는 달력의 기본이 됩니다.

- 음력은 달의 주기와 관련이 있다.
- 양력은 태양의 주기와 관련이 있다.
- 항성력은 별의 주기와 관련이 있다.

달, 태양, 지구가 서로 정확한 주기로 연관되지 않음에도 많은 달력에는 태양과 달, 항성의 주기가 통합되어 있습니다.

초, 분, 시

- 1초는 하루의 1/84,4000이며 1분의 1/60이고, 1분은 시간의 1/600이다.
- 1시간은 해가 뜨고 지는 시간을 대략 1/12로 나눈 것이다.
- 적도 지방을 제외하고 해가 뜨는 시간과 지는 시간은 1년 주기로 변한다.

도량형

자연주기는 정확한 시간을 측정하는 도구로 적합하지 않습니다. **정확한 시간이란 과학에서 아주 중요**하기 때문에 1957년에 국제도량형협회에서 '초'를 정의하기 위한 논의가 벌어졌습니다.

달의 위상

음력은 현재도 사용하고 있는 달력입니다. **달력 중 가장 오래되었습니다.**

차는 볼록달

하현달

초승달

보름달 (망)

달의 위상

신월 (삭)

기우는 볼록달

그믐달

상현달

1초는 얼마나 긴 것일까?

SI(Systeme International) 단위는 측정에 사용하는 국제 표준단위입니다. 1967년에 CIPM에서 세슘-133이 9,192,631,770번 진동하는 시간을 1초로 정의했습니다.

시간의 특성

과거는 기억할 수 있지만, 미래를 알 수 없다는 것이 우주의 특성입니다. 이는 너무나 분명한 사실 같지만, 수학적 관점에서는 수수께끼인 영역입니다.

표준 시간대

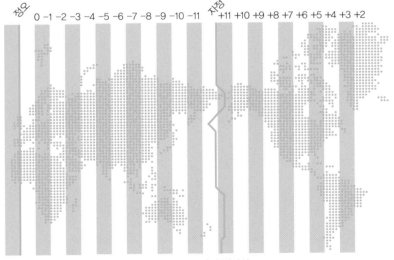

정오 0 -1 -2 -3 -4 -5 -6 -7 -8 -9 -10 -11 자정 +11 +10 +9 +8 +7 +6 +5 +4 +3 +2

그리니치 자오선

날짜 변경선

항성력

황도에 있는 별자리는 지구에서 봤을 때 특정한 모양으로 보이지만, 누적되는 지구의 세차운동으로 인해 변하게 됩니다. 전 세계의 문화마다 서로 다른 형태의 황도 별자리를 갖고 있습니다.

이스말 알자자리

이스말 알 자자리(1136~1206)는 이슬람 황금기에 터키에서 활약한 지식인이자 기술자이고 예술가였습니다.
그가 저술한 <기발한 장치에 관한 책>이 그가 죽은 해에 출판되었습니다.
100개가 넘는 기계장치와 자동기계가 묘사되어 있습니다.

Kitab al-aiyal(트릭에 관한 책 혹은 기발한 장치에 관한 책)

바누 무사 형제가 9세기에 바그다드에 있는 지혜의 집에서 이 책을 출판했습니다. 레버와 균형장치, 톱니바퀴에 관한 내용이 담겨 있습니다.

설계

공학자는 자신이 만드는 기계의 성능을 향상시키기 위해서 '설계 → 프로토타입 제작 → 테스트 → 재설계'를 반복합니다.

자동기계

이스말 알 자자리의 책에는 **물 공급 장치, 시계, 자동 음악기계**에 관한 내용이 담겨 있습니다. 기어, 크랭크축, 압력 피스톤, 물펌프, 수차를 이용하는 기계였습니다.

코끼리 시계

알 자자리의 기계 중에는 일출과 일몰 사이의 시간을 재는 물시계도 있습니다. 코끼리가 물시계와 운전자를 짊어진 생김새를 가졌습니다. 내부 작동원리는 다음과 같습니다.

- 물탱크에 도르래와 연결된 그릇을 띄우고, 천천히 물을 채운다.
- 그릇이 물 속으로 가라앉으면서 도르래를 당겨, 도르래가 볼베어링 장치를 구동한다.
- 구슬이 기계 내에서 회전하며 시간을 표현한다.
- 구슬이 용(시계 부품)의 입 안으로 굴러 들어가고, 용은 운전자 옆의 용기로 구슬을 옮긴다.
- 운전자가 북을 치며 시간을 알린다.

기어(톱니바퀴)의 원리

기어를 이용해 힘을 다른 기계적 운동으로 변환할 수 있습니다. 톱니수 비율을 조정하면 RPM(분당 회전수)을 변경할 수 있습니다. 원동기어가 종동기어보다 크면, 종동기어의 회전속도가 빨라집니다.

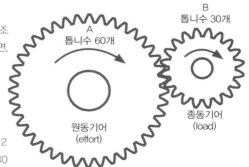

예시

기어 A의 톱니수 60을 기어 B의 톱니수 30으로 나눈 값 = 속도비, 60 ÷ 30 = 2
기어 A의 RPM이 120인 경우 기어 B의 RPM = A의 RPM × 속도비, 120 × 2 = 240

가동활자

인쇄술은 이미지와 글을 만들고 재생산하는 고대의 기술입니다. 정보의 유통에 혁명을 일으켰습니다.
중국에서 발명된 가동활자는 단어를 변경하기가 쉬웠습니다.

인쇄의 종류

볼록하게 새겨진 홈을
이용해 인쇄하는 것을
양각 인쇄라고 한다.

움푹하게 새겨진 홈을
이용해 인쇄하는 것을
음각 인쇄라고 한다.

단일 평면으로 인쇄하는 기법을
평판 인쇄라고 한다.

구멍을 이용해
인쇄하는 기법을
스텐실 인쇄라고 한다.

고대의 스텐실 기법

35,000년 전에 사람 손을 스텐실*로 그린
동굴벽화가 발견됐습니다.

활자인쇄 과정

활자를 나무 블록에 조각해 잉크를 고르게
바른 다음, 종이나 직물의 표면에 눌러서
인쇄합니다. 기원전 3500년경부터 진흙판
을 이용해 인쇄했던 증거가 있습니다. 나
무 활자 기술은 중국, 일본, 한국, 인도에서
수천 년간 사용해 왔습니다.

양각 인쇄

재료를 깎아내고, 깎지 않은 부분에 잉크
를 발라 인쇄하는 기법입니다.

음각 인쇄

재료를 깎아 만든 홈에 잉크를 발라 인쇄
하는 기법입니다. 양각 인쇄와 반대의 개
념입니다.

가동활자의 혁신

가동활자는 글자의 조정이 가능해 내용을
쉽게 바꿀 수 있었습니다. 요소, 기호, 글자
를 재배열하면 되었기 때문에, **힘들게 처
음부터 글씨를 다시 새겨넣을 필요가 없었
습니다.**

비 솅(Bi Sheng)

중국의 농민인 비 솅(990~1051)은 세계
최초로 가동활자(점토를 구워 만들었다)를
개발했습니다.

개별 기호 혹은 글자

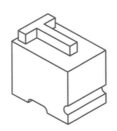

★ 스텐실 : 판에 구멍을 뚫고 잉크를 통
과시켜 찍어내는 공판화 기법의 하나

활자인쇄

식자공은 글이 올바른 방향으로 인쇄되도
록 텍스트를 뒤에서 앞으로 조합했고, 글
자나 기호를 거울상 상태로 활용했습니다.
단어 사이나 페이지 가장자리에 여백을 두
기 위해서 벽돌을 사용했습니다. 조합한
글자를 틀의 정확한 위치에 놓고, 잉크를
바른 뒤 종이를 배치하고 고르게 눌러 인
쇄했습니다.

구텐베르크 인쇄기

독일의 금속공인 요하네스 구텐
베르크(1397~1468)는 1440년에
서 1450년 사이에 구텐베르크 인
쇄기를 발명했습니다. 그의 발명
으로 인해 정보가 확산되는 방법
자체가 바뀌게 되었습니다.

건설

토목공학은 큰 구조물과 건물의 설계와 건축을 포함한 고대부터의 관습입니다.

- **구조기술** : 건물과 구조물을 건설하는 데 필요한 뼈대를 설계하는 것을 의미하며, 물리적인 스트레스를 견딜 수 있는 건물을 설계하기 위해 필요하다.
- **건설기술** : 설계 구조(인프라 등)의 건축, 계획, 관리와 연관되어 있다.

도시계획

도시계획의 역사는 수천 년 전으로 거슬러 올라갑니다. **도시계획과 개발에는 하수도, 대중교통, 상수도, 병원, 교통, 학교에 관한 결정이 필요합니다.** 많은 도시가 기존의 기반시설을 개발하고 발전시킵니다.

철근 콘크리트

콘크리트는 인장 강도가 낮고 깨지기 쉽지만, 강철 프레임과 막대와 그물망으로 보강하면 인장, 전단, 압축에 의한 힘을 흡수할 수 있습니다.

철근 콘크리트를 활용하면 초고층 빌딩을 건설하는 것도 가능합니다.

콘크리트

가루로 된 돌과 물을 섞으면 물과 고체분말 성분 사이에서 **수화라는 화학반응**이 일어나는데, 이 반응이 **분말 속의 원자들 사이에 화학적 결합을 형성하여 원자들이 단단해지면서 접착제처럼 굳어집니다.** 콘크리트는 석고나 석회암을 잘게 부순 뒤 태워서 만드는데, 고대나 오늘날이나 같은 방법으로 제작했습니다.

석회

수산화칼슘, 즉 석회나 소석회는 부식성이 강하여 심한 화상의 위험도 있지만, 다용도 건축자재로 활용됩니다. 석조공사에서 모르타르로 사용되며 돌과 벽돌을 붙일 수도 있고, 표면을 코팅하는 데 사용할 수도 있습니다. 외부 마감(스투코)과 실내용 회반죽에 석회가 함유되어 있습니다.

마무리 코트

스크래치 코트

콘크리트 벽돌 위에 스투코 적용

포틀랜드 시멘트

콘크리트의 기본 성분 중 하나가 시멘트입니다. 가루로 만든 칼슘화합물, 실리카, 알루미나, 산화철 등의 미세하고 거친 입자를 함유하고 있습니다. 다른 재료로는 석회석, 사암, 이회토, 셰일, 철, 점토, 플라이애쉬 등이 있습니다.

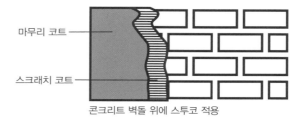

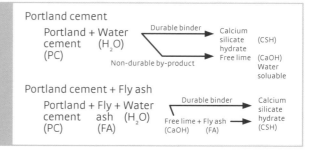

열기관

열을 다른 형태의 에너지로 변환하는 시스템을 말합니다. 열이 높은 온도에서 낮은 온도로 흐르며 터빈 등을 작동시킬 때,
열에너지가 기계적인 에너지로 변환됩니다. 발전기에 연결하면 전기를 생산할 수 있습니다.

열 사이클

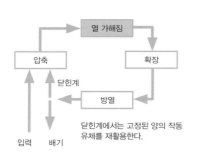

닫힌계에서는 고정된 양의 작동 유체를 재활용한다.

열효율 = 일 ÷ 열

열역학 제1법칙

에너지는 창조되거나 소멸하지 않으며 다른 형태로 변환됩니다.

열역학 제2법칙

효율이 100%인 기관을 만드는 것은 불가능합니다. **열 손실이 발생하는 것처럼**, 일을 하는 데 일부 에너지는 사용되지 않기 때문입니다.

사디 카르노(1796~1832)

카르노 사이클을 고안한 프랑스의 공학자입니다. 열 교환에서 유체를 사용하는 효율이 100%인 기관입니다. 실제로 카르노 사이클을 구현하는 것은 불가능하지만, **공학자들은 효율의 한계를 이해하는 데 사용합니다.**

내연기관

닫힌계에서 공기와 함께 연료를 태워 운동에너지를 만드는 시스템입니다. 가스의 열팽창에 의해 피스톤이 움직입니다. **대부분의 내연기관은 20% 정도의 낮은 열효율을 가집니다.**

모하메드 바 아바(1964~2010)

나이지리아의 교사이며, 고대로부터 전해지는 **지르 냄비(zeer pot) 냉장 시스템을** 퍼뜨렸습니다. 전기를 사용하지 않으면서도 더운 기후에서 식품을 차갑게 보관할 수 있는 시스템입니다. 축축한 모래 속의 물이 증발하면서 음식이 담긴 곳의 열을 빼앗아가는 원리로 작동합니다.

위상 사이클

끓는 액체의 상이 바뀌는 것. 이것이 기관을 움직이는 기본적인 힘입니다. 오른쪽의 두 개의 그래프는 액체가 기체로 바뀌는 사이클에서 물질의 상이 어떻게 바뀌는지를 보여줍니다. 여기서 나타난 위상 사이클을 랭킨 사이클이라고 하며 주로 열 터빈의 효율을 계산할 때 사용합니다.

냉동

냉동실 안의 식품은 계속 차가움을 유지합니다. 열이 꾸준히 제거되고 있기 때문입니다. 냉동에서는 유체가 기체 상태로 더 오래 머물게 됩니다.

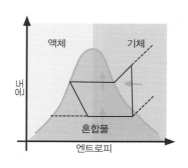

에너지의 미래

대부분의 전기는 화석연료를 태우고, 여기에서 나오는 열로 물을 끓여 터빈을 돌린 결과입니다. 화석연료에 의존하지 않는 변화가 필요합니다.

에너지 저장

배터리는 전기에너지를 저장합니다.
전기 음성도의 차이에 의해 음극에서 양극으로 전자가 흐르게 됩니다.

배터리는 다음의 요소로 구성돼 있습니다.
- **양극** : 전자를 얻을 수 있는 양의 전극
- **음극** : 전자를 제공할 수 있는 음의 전극
- **전해질** : 이온이 흐르게 하여 전류를 발생시키는 액체

레몬 배터리

- 구리선 = 양극
- 아연 코팅 못 = 음극
- 레몬 = 전해질

바그다드 배터리

2000년 전 바그다드에서 발견된 초기 배터리 디자인은 **구리 실린더에 철봉이 들어 있는 점토 냄비**로 만들어졌습니다.

볼타전지

이탈리아의 화학자 알레산드로 볼타(1745~1827)는 아연과 구리 원반을 쌓고 그 틈새마다 소금물에 적신 종이를 넣었습니다. 여기서 아연과 구리는 전극의 역할을 했는데, 효과가 있었지만 결국 소금물이 금속을 부식시켰습니다.

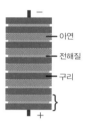

- 아연
- 전해질
- 구리

화학 전지셀

배터리 내부의 산화와 환원의 화학적 반응에 의해서 이온에 흐름이 생깁니다. 아연–탄소 배터리는 프랑스 화학자 조르주 르클랑셰(1839~1882)가 발명했습니다.

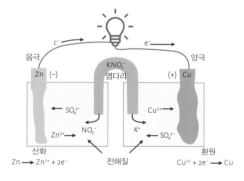

음극   양극
Zn (−)   KNO₃ 염다리   (+) Cu
SO_4^{2-} Cu^{2+}
Zn^{2+} NO_3^- K^+ SO_4^{2-}
산화   전해질   환원
$Zn \rightarrow Zn^{2+} + 2e^-$ $Cu^{2+} + 2e^- \rightarrow Cu$

건전지 셀

1886년 독일의 과학자 칼 가스너(1855~1942)가 개발한 건전지는 **액체 대신 페이스트를 사용했습니다.** 현대적인 배터리는 1887년 일본의 시계 제조자이자 발명가인 야이 사키조(1864~1927)가 개발했습니다.

충전 배터리

알카라인 전지는 한번만 사용이 가능했지만, **재충전할 수 있는 화학반응을 발견하여 충전식 배터리를 만들 수 있었습니다.** 최초의 충전식 납전지는 1859년에 가스통 플랑테(1834~1889)가 발명했습니다. 현대의 노트북이나 휴대폰에는 **충전이 가능한 리튬–이온 배터리**가 사용됩니다.

화학 폐기물

배터리는 끔찍한 폐기물을 남깁니다.

- 충전식 배터리의 개발로 1회용 배터리 사용이 감소했지만, 배터리는 여전히 **독성 물질**을 포함하고 있어 다루기 위험하다.
- 배터리는 지속 사용이 불가능하기 때문에 결국 전자 폐기물이 늘어나게 된다.

친환경 에너지

바람. 태양. 조수를 이용해 전기를 만들 수 있습니다. 친환경에너지 저장 관련한 문제는 공학 분야의 시급한 사안입니다.

컴퓨터

숫자를 계산하거나 논리연산을 할 수 있도록 설계되었습니다.
컴퓨터 프로그래밍을 통해 다양한 환경에서 활용할 수 있습니다.

컴퓨터의 해부학

- **하드웨어** : 키보드, 모니터, 마우스 등과 같이 직접 보고 만질 수 있는 부분
- **소프트웨어** : 컴퓨터가 작업을 수행하게 만드는 명령 프로그램
- **입력** : 문자, 숫자, 소리, 그림과 같은 정보를 사용자가 컴퓨터에 넣는 것
- **시스템/프로세싱** : 저장장치 및 통신망과 상호작용하여 계산을 수행
- **출력** : 촉각이나 시각, 청각 등의 정보 형태로 제공되는 결과

개략적인 컴퓨터의 구조

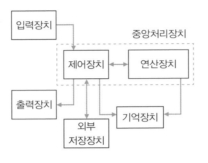

숫자의 마법

영국의 수학자이자 번역자이고 작가인 에이다 러브레이스(1815~1852)는 배비지의 컴퓨터에 숫자, 문자, 기호를 나타낼 수 있는 코드를 개발했습니다. **루프를 통해 기계가 명령을 반복하는 방법도 개발했습니다.** 다른 기술들은 1950년대까지 대부분 잊혀졌지만, 루프는 아직까지도 사용되고 있습니다.

자카드 문직기

1804년, 조셉 마리 자카드(1752~1834)가 **복잡한 무늬의 직물 제조를 기계화**하기 위해 고안한 컴퓨터의 조상입니다.

해석기관

영국의 수학자이자 발명가인 찰스 배비지(1791~1871)가 **복잡한 수학 계산을 처리하기 위해 고안한 기계식 범용 컴퓨터**입니다.

간단한 컴퓨터의 역사

1세대

- → 운영체제(OS)가 존재하지 않았다.
- → 스위치를 이용해 2진법을 표현했다.
- 1937년 전자식 디지털 컴퓨터 개발
- 1943년 2차 세계대전 동안 군사용으로 사용하기 위해 콜러서스를 개발함
- 1946년 에니악이 개발되었다. 한번에 한 가지 계산만이 가능했다.

2세대

- → 진공관 대신 트랜지스터를 사용
- → 컴퓨터 프로그래밍 언어 개발
- → 기억장치와 OS 도입
- → 테이프, 펀치카드, 디스크와 같은 외부 저장장치 활용

- 1951년 UNIVAC1 개발
- 1953년 IBM이 상업용 컴퓨터를 제작함

3세대(1963년부터 현재까지)

- → IC칩을 사용함
- → 컴퓨터는 더 작아지고 강력해졌으며 신뢰성이 높아짐
- → 여러 프로그램을 동시에 사용 가능
- 1980년 MS-DOS 탄생
- 1981년 IBM이 개인용 컴퓨터(PC)를 발표
- 1984년 애플은 매킨토시와 아이콘 기반의 사용자 인터페이스를 발표
- 1990년대 윈도우즈 발표
- 1992년 스마트폰 탄생
- 2007년 상업용 스마트폰 발표

전자공학

전자의 흐름에 관한 물리학으로 음전하를 가진 작은 아원자 입자를 아주 방대한 범위에서 사용하는 분야입니다.

키르히호프의 제1법칙

들어오는 전하량과 나가는 전하량은 동일합니다. **전하량 보존.**

키르히호프의 제2법칙

닫힌 회로에서 회로 내의 모든 전압의 합은 0입니다. **에너지 보존.**

압전에너지

수정(quartz)과 같은 **압전소자가 압력을 받으면 전하가 발생합니다.** 쿼츠 시계에는 압전소자가 들어있어, 전류가 정밀하게 진동하며 정확한 시간을 유지할 수 있습니다.

전자부품 기호

변저항	배터리	교류전원
셀	다이오드	전압 저항
저항	변압기	광원
가변저항	전압계	태양전지
전류계	스위치	멀티스위치
콘덴서	접지	모터

총 저항값

(A) 직렬

총 저항값 = 연결되어 있는 각 저항값의 총합

$$R_T = R_1 + R_2 + R_3$$

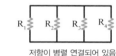

저항이 직렬 연결되어 있음

(B) 병렬

저항의 역수(1/R)을 더한 값

$$\frac{1}{R_T} = \frac{1}{R_1} + \frac{1}{R_2} + \frac{1}{R_3} \ldots\ldots \frac{1}{R_n} \text{ etc.}$$

저항이 병렬 연결되어 있음

저항값 읽기

저항에는 색상밴드가 있으며, 이를 통해 Ω 단위의 저항값을 나타냅니다. 왼쪽에 있는 2~3개의 밴드는 0에서 9의 숫자를 의미하며, 그다음 밴드는 곱해야 하는 숫자를 의미합니다. 마지막 밴드는 오차값을 의미합니다.

예를 들어 색상밴드가

노랑, 보라, 적, 은이라면
= 4   7   ×100   10%로
= 4700옴의 저항이며 오차는 ±10%임을 의미합니다.

옴성, 비옴성 저항

옴성 : 저항이 일정하고 전류는 전위차에 비례하며 홈의 법칙을 적용할 수 있습니다. V = IR로, V와 I는 선형적으로 비례합니다.
비옴성 : V와 I는 비선형적 관계에 있습니다.

- **필라멘트 전구** : 필라멘트가 뜨거워질수록 저항이 커진다.
- **NTC서미스터** : 온도가 올라감에 따라 저항이 줄어든다.
- **반도체 다이오드** : 한쪽 방향으로는 전류가 0에 가깝지만, 반대 방향으로는 전류가 증가한다.
- **발광다이오드** : 한쪽 방향으로는 전류가 흐르고 빛이 나지만, 반대방향으로는 그렇지 않다.
- **LDR(Light-dependent resistor)** : 빛의 밝기에 따라 저항값이 변한다.

저항의 색상 코드표

색상	숫자	배수	오차
흑색	0	1	
갈색	1	10	±1%
적색	2	100	±2%
주황색	3	1,000	
노랑색	4	10,000	
초록색	5	100,000	±0.5%
파란색	6	1,000,000	±0.25%
보라색	7	10,000,000	±0.1%
회색	8		±0.05%
흰색	9		
금색		0.1	±5%
은색		0.01	±10%
없음			±20%

기술

앨런 튜링

앨런 튜링(1912~1954)은 영국의 컴퓨터과학자, 암호분석가, 철학자, 이론생물학자, 수학자로 현대적인 컴퓨터와 AI를 개발했습니다.
제2차 세계대전 동안 블레츨리 공원에서 암호해독반 수학팀장으로 일했습니다.
나치의 '에니그마'라는 암호화 기계가 보내는 코드를 해독해 영국군의 승리에 기여했습니다.

에니그마

톱니바퀴와 전자장치를 이용해 무작위로 메시지를 암호화하는 작업 가능한 횟수가 제한된 기계입니다. **튜링이 에니그마의 메커니즘을 알아내어 암호를 해독했습니다.** 에니그마는 '수수께끼'라는 뜻입니다.

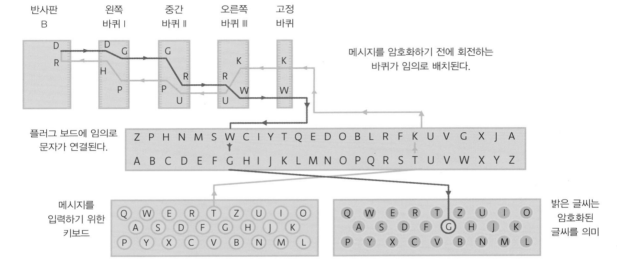

튜링의 시련

튜링은 1930년대에 영국 케임브리지에서 계산기계의 한계와 관련된 여러 수학 문제를 연구했습니다. 단순히 규칙에 따라 숫자를 처리하지만, 알고리즘을 활용해 어떤 문제도 해결할 수 있는 가상의 장치 '튜링 머신'을 고안해냈습니다. 파급력이 지대한 발명이었습니다.

1938년. 튜링은 정부 암호분석가들의 추천으로 에니그마의 약점을 찾는 일을 돕게 되었고, 이내 **에니그마의 암호화 과정을 역추적하는, 가능한 설정값을 샅샅이 살펴볼 수 있는 계산능력을 지닌 폭탄(Bomb)이라는 암호해독기를 개발했습니다.** 튜링의 작품들은 블레츨리에 설치한 세계 최초 프로그램 작동이 가능한 컴퓨터인 콜로서스에 영향을 주었습니다.

1945년 이후 블레츨리 공원에서의 활동이 비밀로 분류되었고, 기계도 해체되며 튜링이 만들고자 했던 '프로그램 내장식' 컴퓨터 개발에 대한 노력은 진척이 없었습니다.

게다가 튜링의 동성애가 보안에 위협이 된다며 정보업무에서 배제되었었으며, 당시인 1952년에 존재하던 동성애 혐오법에 따라 체포되어 호르몬에 의한 거세를 받으라는 명령을 받기도 했습니다.

1954년. 튜링은 심한 우울증과 좌절감이 겹쳐 자살했습니다. 튜링의 엄청난 공헌이 몇십 년 전부터야 드러나며 인정받고 있습니다.

사진술

사진술의 발명은 화학, 광학, 시각예술과 관련이 있습니다.
예술가와 과학자 모두에게 빠른 속도로 확산되었습니다.

핀홀 카메라

- 렌즈 없이 제작이 가능하다.
- 작은 구멍을 이용해 만든다.
- 빛이 구멍을 통과하면 상자 안쪽에 뒤집힌 상이 투영된다.

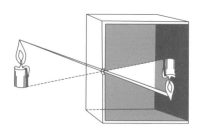

렌즈

캔버스나 다른 표면에 상을 투영하는 데 사용합니다. 이러한 특성을 이용해 르네상스 초기의 프랑드르 화가들이 정물과 인물을 현실감 있게 그려냈습니다.

청사진

빛에 반응하는 코팅을 도포한 종이 시트를 이용해 **이미지를 제작하는 초기의 방법입니다.** 종이 시트에 물체(예 도면)를 덮고 햇빛에 노출하면 덮인 부분이 종이 시트에 복사됩니다.

안나 앳킨스

영국 식물학자 안나 앳킨스(1799~1871)는 최초의 여성 사진작가 중 한 명입니다. 최초로 식물의 청사진 이미지를 담은 사진집을 발간했습니다.

SLR 카메라의 구조

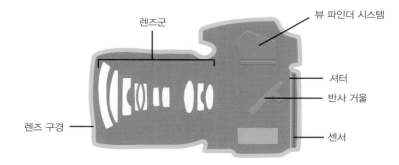

렌즈군 · 뷰 파인더 시스템 · 셔터 · 반사 거울 · 렌즈 구경 · 센서

다게레오타입

루이 쟈크 망데 다게르(1787~1851)는 은으로 덮인 구리판을 사용해 **다게레오타입 사진술을 개발**했습니다.

디지털

빛이 카메라 렌즈로 들어가 이미지 센서에 닿으면 색과 톤과 모양의 윤곽을 파악합니다. **아날로그 정보들이 디지털 신호로 번역되는 것입니다.**

기술

셀룰로이드 필름

존 카벗, 한니발 굿윈, 조지 이스트만이 니트로셀룰로오스, 캠퍼, 알코올, 염료 등으로 만든 투명하고 유연한 사진필름을 개발했습니다. **1889년에 이스트만 코닥에서 상업적으로 셀룰로이드 필름을 판매하기 시작했습니다.**

레이더와 소나

레이더와 소나는 멀리 떨어진 물체에서 되돌아오는 전파와 소리의 반향을 감지하는 것으로 위치를 파악합니다.
전파와 소리가 출발했다가 되돌아오는 시간차를 이용합니다.

레이더

무선 전파를 이용하며 다방면에 활용됩니다. 항공기가 레이더를 활용해 어두운 밤이나 많은 **구름 사이에서도 안전하게 착륙**할 수 있습니다.

소나

물 속을 확인하거나 인간의 몸 속을 진단할 때 소리를 사용합니다. 현대의 초음파 생성 장치는 20,000Hz~1GHz 범위까지 파장을 만들 수 있습니다. (1GHz = 10억 Hz)

반향 위치 측정

고래, 땃쥐류, 돌고래, 박쥐 등 초음파를 이용하는 동물은 **반향으로 위치를 측정합니다.** 내보낸 초음파가 반사되는 메아리를 들어 주변환경과 물체의 위치 및 거리를 파악합니다. 소리 수용체 간의 거리가 멀수록 보다 정밀한 측정이 가능합니다.

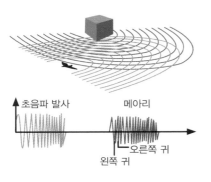

초음파 발사　　　메아리

오른쪽 귀
왼쪽 귀

고해상도로 듣기

인간이 들을 수 없는 영역에 있는 **박쥐의 고주파음은 사실 매우 커서, 점보 제트기가 이륙할 때보다 시끄럽습니다.** 박쥐의 고주파음은 파장이 짧아 고해상도의 청음이 가능하여 밤에도 곤충의 위치를 확인할 수 있습니다.

고주파를 통해 곤충의 몸통과 더듬이에 털이 있는지 없는지도 확인할 수 있습니다. 고해상도의 청음은 파장이 짧을 때만 가능합니다. 박쥐는 **스스로가 낸 소리에 귀가 먹지 않도록 귀를 막는 능력도 갖고 있습니다.**

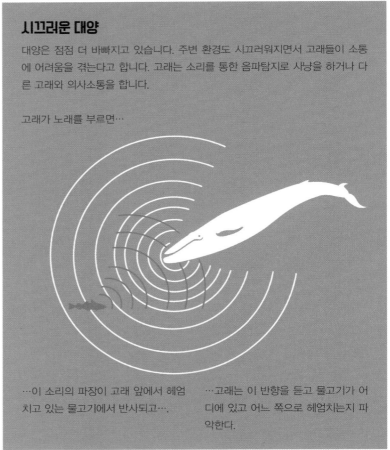

시끄러운 대양

대양은 점점 더 바빠지고 있습니다. 주변 환경도 시끄러워지면서 고래들이 소통에 어려움을 겪는다고 합니다. 고래는 소리를 통한 음파탐지로 사냥을 하거나 다른 고래와 의사소통을 합니다.

고래가 노래를 부르면…

…이 소리의 파장이 고래 앞에서 헤엄치고 있는 물고기에서 반사되고….

…고래는 이 반향을 듣고 물고기가 어디에 있고 어느 쪽으로 헤엄치는지 파악한다.

기술

정보

센서로 수집한 데이터는 디지털 정보로 변환해야 컴퓨터에서 활용할 수 있습니다.
컴퓨터가 사용하는 데이터는 전위차 형태로 나타납니다.

아날로그

연속적인 전위차(전압) 신호는 컴퓨터에 직접 저장하거나 처리할 수 없습니다. 정보는 진폭과 파형에 따라 다양한 모습이 있으며 **디지털 신호로 변환해야만 컴퓨터로 처리할 수 있습니다. 아날로그 파형은 다양합니다.**

파형

전자파 변화는 정보를 전송하는데 필수입니다. 금속 케이블이 사용되며 공기 중의 전파나 광섬유 케이블의 광자를 통해 전송됩니다.

감쇠 : 신호가 가진 에너지는 거리가 멀어짐에 따라 소멸한다.

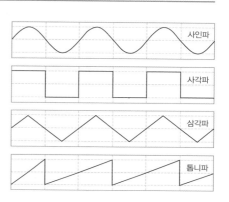

사인파

사각파

삼각파

톱니파

디지털

디지털 신호는 0 또는 1에 신호를 할당하는 두 전압 임계값을 사용합니다. 0이나 1의 형태를 비트라고 하며, 8비트는 1바이트와 같고 분해능은 비트 수에 따라 달라집니다. 디지털 신호는 펄스 순서에 따라 정보가 변하기 때문에 노이즈나 간섭이 생겨도 복구하기가 쉽습니다. 아날로그를 디지털로 변환하기 위해 사인파를 사각파나 사각파의 조합으로 변환합니다.

간섭 및 신호 저하

신호 저하는 마찰로 인해 생성된 열복사, 광섬유의 빛 반사, 대기 간섭에 의해 발생할 수 있습니다.

반송파 주파수

전송할 정보는 반송파의 변조를 사용해 변환합니다. 반송파는 정보 전송에 필요한 에너지(주파수)를 포함하고 있습니다.

주파수 스펙트럼

소리를 전자기파를 통해 전달하기 위해서는 가청 주파수를 40kHZ에서 16비트의 분해능으로 샘플링해야 합니다. 640kHZ, 즉 초당 640,000비트로 전송해야 합니다.

신호를 전자기파로 전송하는 시스템의 예

- 라디오
- 휴대폰
- Wi-Fi

변조

시간의 흐름에 따라 신호를 변경하는 것을 말합니다. 정보를 전달하기 위해서는 주기적 파형(또는 반송파 신호/주파수)에서 하나 이상의 속성을 변경해야 합니다. **주파수 변조(FM)와 진폭 변조(AM)가 있습니다.**

대역폭

전송해야 하는 정보의 양에 따라 달라집니다. 대역폭이 넓을수록 전송 속도가 빠릅니다.

소리

사람이 들을 수 있는 소리의 범위는 **50Hz ~ 15kHz**입니다.

기술

GPS

Global Positioning System, 약 20,000km 고도에서 지구 주위를 도는 30개의 인공위성으로 구성된 항법 시스템입니다.
삼각 측량술을 기반으로 최소 3개의 위성으로부터 위치정보를 수집하여 GPS 수신기에 위치를 정확히 표시합니다.

20세기 초, 기차로 더 빠른 이동과 전보로 전기통신이 가능해지면서, **기차의 충돌을 피하기 위해 '시간대 표준화'가 필요해졌습니다**. 이를 통해 더 빠른 이동과 통신 관리가 가능해졌습니다. 전 세계에서 1초라는 시간이 이론적으로 정의되면서, 시간을 동기화할 수 있게 되었습니다.

GPS 작동 원리

위성데이터와 위성이 보내는 전파신호를 비교합니다.

- GPS에서 가장 가까운 위성으로 신호를 보낸다.
- 그 후 최소 3개의 신호가 다른 위성으로 전송된다.
- GPS 장치로 들어오는 각 위성데이터의 시간지연데이터를 사용하여 위성간의 거리를 계산한다.
- 최소 3개의 위성의 위치와 거리를 비교하여 오류를 줄이며 이동 여부를 알 수 있게 된다.
- 수신기는 이 정보로 장치의 위치를 계산한다.

글래디스 매 웨스트

아프리카계 미국인 수학자 글래디스 매 웨스트(1930~)는 GPS 작동에 필수적인 지구의 수학적 모델 개발에 크게 기여했습니다. 오늘날에도 사용되는 GPS 기능의 일부로 통합된 위성 측량 모델 개발에도 기여했습니다. 1956년부터 1960년까지, 컴퓨터 소프트웨어를 사용해 위성의 위치를 측정하고 궤도를 계산하는 일을 했습니다.

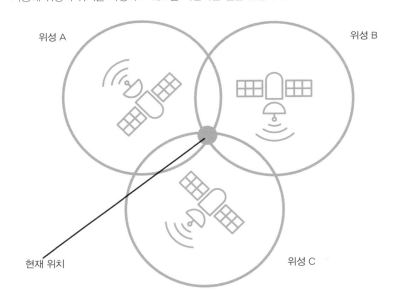

위성 A   위성 B   위성 C   현재 위치

우주여행

500명 이상의 사람들이 성층권 너머 지구궤도에 올랐으며 12명은 달 위를 걸었습니다.
다른 행성으로의 여행은 아직까진 로봇 탐사선만이 가능합니다.

우주여행 연대표

1957	스푸트니크 1호 – 최초로 인공위성이 궤도 진입
	스푸트니크 2호 – 최초로 동물(라이카라는 이름의 개)이 궤도에 진입
1958	익스플로러 1호 – 미국의 인공위성 발사
1961	햄이라는 이름의 침팬지 – 최초의 유인원 우주비행
	유리 가가린 – 최초의 유인 우주비행
	앨런 셰퍼드 – 최초의 미국 유인 우주비행(준궤도)
1962	존 글랜 – 최초의 미국인 궤도 비행
1963	발렌티나 테레시코바 – 최초의 여성 궤도 비행
1965	알렉세이 레오노프 – 최초의 우주유영
1968	아폴로 8호 – 최초로 다수의 우주비행사가 달 주변 비행
1969	아폴로 11호 – 최초의 달 착륙. 닐 암스트롱과 버즈 올드린. 마이콜 콜린스는 사령선에 남아 달 궤도를 주회했다.
1971	살류트 1호 – 최초의 우주정거장
1972	아폴로 17호 – 마지막 아폴로 임무
1981	콜롬비아호 – 첫 우주왕복선 비행
1983	셀리 라이드 – 최초의 미국 여성 우주인
1986	최초의 모듈화된 우주정거장 미르 발사
1994	디스커버리호 – 우주왕복선 최초로 미르 방문
1998	국제우주정거장 ISS 건설 시작
2001	최초의 우주 관광객 데니스 티토가 ISS 방문
2004	스페이스쉽 원이 최초의 유인 상업 우주비행을 실시
2011	우주왕복선의 마지막 비행(아틀란티스호). ISS를 완성하는 임무였다.

다른 세계로의 방문

태양계에 속한 다른 세계를 성공적으로 방문한 우주선들입니다.

달	근접비행 : 루나 3호(1958)
	연착륙 : 루나 9호(1965)
수성	근접비행 : 마리너 10호(1974)
	궤도성 : 메신저호(2011)
금성	근접비행 : 마리너 2호(1962)
	착륙 : 베네라 8호(1972)
	궤도선 : 베네라 9호(1975)
화성	근접비행 : 마리너 4호(1965)
	궤도선 : 마리너 9호(1971)
	착륙 : 바이킹 1호(1976)
	로버 : 마스 패스파인더(1997)
세레스 (가장 큰 소행성)	궤도선 : 던(2015)
	(세레스는 2006년 IAU에서 새로운 행성 분류법을 사용하면서 현재는 왜소행성으로 분류되며 3번째로 큰 왜소행성이다.)
목성	근접비행 : 파이어니어 10호(1973)
	궤도선 : 갈릴레오호(1995)
토성	근접비행 : 파이오니어 11호(1979)
	궤도선 : 카시니호(2004)
천왕성	근접비행 : 보이저 2호(1986)
해왕성	근접비행 : 보이저 2호(1989)
명왕성	근접비행 : 뉴호라이즌스호(2015)
핼리혜성	최단거리 접근 : 지오토호(1986)

기술

Hidden Figures

인간과 로봇의 우주비행은 수천 명의 과학자와 공학자, 협력업체의 협업이 있어야 가능한 일입니다. 그들 중 대다수는 익명으로 남아 있습니다. 2016년 발간된 마고 리 셰터리의 〈Hidden Figures〉에서 NASA의 초창기 우주 프로그램에 공헌했던 아프리카계 미국 여성 수학자인 캐서린 존슨. 도로시 본. 공학자인 메리 잭슨의 공헌을 찾아볼 수 있습니다.

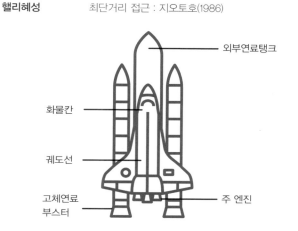

외부연료탱크

화물칸

궤도선

고체연료 부스터

주 엔진

프로그래밍

프로그래밍 언어의 개발로 컴퓨터가 더욱 다재다능해졌습니다.

모스 부호

코드는 문자를 점과 선으로 치환한 것입니다. 모스 부호가 그 좋은 예입니다.

A .-	J .---	S ...
B -...	K -.-	T -
C -.-.	L .-..	U ..-
D -..	M --	V ...-
E .	N -.	W .--
F ..-.	O ---	X -..-
G --.	P .--.	Y -.--
H	Q --.-	Z --..
I ..	R .-.	

복잡함의 정도

영어 알파벳은 발음 기호, 문법, 26개의 글자를 갖고 있습니다. 모스 부호는 점과 선밖에 없지만, 알파벳과 같은 정보를 담을 수 있습니다.

기계어

컴퓨터 하드웨어는 2진법으로 된 명령만 처리할 수 있습니다.

초기의 컴퓨터

기계어로 명령어를 입력할 때, 우선 사람의 언어로 무엇을 어떻게 할지를 적은 다음에 그 내용을 2진법으로 변환했습니다.

어셈블리 명령어

어셈블리 명령어의 등장으로 기계작동에 필요한 명령이 비교적 쉬워졌습니다. 기능을 연결하거나 메모리에서 데이터를 가져오기도 하고, 다른 명령을 실행하거나 반복하는 것도 가능해졌습니다.

컴파일러

소스코드를 어셈블리어와 같은 저급 언어로 변환해줍니다.

포트란, 1954

'Formula Translation(포뮬러 변환)' 컴파일러는 프로그래밍을 훨씬 쉽게 만들었지만, 업그레이드 시 전체를 다시 작성해야 했습니다.

코볼, 1959

코볼이 도입되며 컴퓨터가 동일한 소스코드를 인식하기 시작하여 업데이트가 쉬워졌습니다. 한번 작성하면 어디에서든 실행할 수 있게 되었습니다.

요약한 컴퓨터 언어의 역사

1960년대	ALGO/LISP/BASIC
1970년대	PASCAL/C/SMALL TALK
1980년대	C++/Objective-C/Pearl
1990년대	Python/Ruby/JAVA
2000년대	SWIFT/C#/GO/Ubuntu

명령어

컴퓨터 문법은 코드의 명령어 구조를 지배합니다.

할당 명령

프로그램은 일련의 할당 명령이 필요합니다. 할당은 초기값을 설정하기 위해 필요한 것입니다. 예를 들어 'b = 7'과 같이 변수에는 어떤 값이 할당되어야 합니다.

제어 흐름

조건부로 작동하는 명령어입니다. IF문과 WHLE문이 가장 일반적입니다.

함수

메소드 혹은 서브루틴이라고 부릅니다. 함수에는 여러 제어문이 있고, 리턴으로 끝을 맺습니다.

커널

컴퓨터 운영체제의 핵심으로, 시스템 내의 모든 것을 통제합니다.

ASCII

American Standard Code for Information Interchange는 정보교환을 위한 미국 표준 코드입니다. 7비트 2진수를 사용해 알파벳, 숫자, 기호를 표현합니다. 아스키코드,

버크민스터 풀러

건축가이자 공학자이며 디자이너인 리처드 버크민스터 풀러(1895~1983)는 30권 이상의 책을 집필했습니다. 그리고 다음의 단어들을 유행시켰습니다. 우주선 지구, 다이맥시온, 시너제틱, 텐세그리티.

풀러는 최소 비용으로 최대의 효과를 내는 **디자인을 추구했습니다.** 주택 문제를 해결해 지역사회를 돕는 것을 목표로 하는 인물이었습니다. 또, 지구의 자원고갈과 기후변화에 대해 걱정하기도 했습니다.

다이맥시온 지도

우주선 지구

지구는 사회적, 경제적, 구조적으로 한정된 자원을 갖고 있으므로, 이러한 자원들을 다방면에서 고려하여 사용하자는 것을 쉽게 소통하고자 만든 개념입니다.

다이맥시온 홈

이 건물은 비싸지 않으면서도 큰 사이즈이며 대량 생산이 가능하다는 장점이 있었지만 상업적으로는 인기를 끌지 못했습니다. 이 디자인의 핵심은 쉬운 운송과 빠른 조립이었습니다.

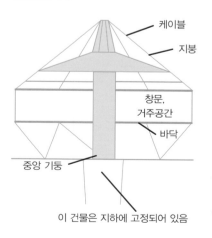

- 케이블
- 지붕
- 창문, 거주공간
- 바닥
- 중앙 기둥
- 이 건물은 지하에 고정되어 있음

다이맥시온 전개 장치

제2차 세계대전 동안 레이더 기지의 인원을 기지와 먼 곳에서 활동할 수 있도록, 보호의 용도로 사용됐습니다.

다이맥시온 지도

대륙이나 섬, 그 어느것도 분할되지 않는 다각형 모양의 지도를 만들기 위해 **서로 맞닿는 삼각형으로 지도를 디자인**했습니다.

지오데식 돔(Geodesic dome)

거슬리는 내부 구조물이 없어 쉽게 조립 가능하며 넓은 공간을 낼 수 있는 구조물입니다. **지오데식 돔의 내부 응력과 질량 분포가 놀라우리만큼 돔을 튼튼하게 만듭니다.** 긴급 대피소, 연구시설, 놀이시설 등에 사용됩니다.

자연으로부터의 영감

풀러는 자연의 기하학을 관찰하며 영감을 얻었다고 합니다.

시스템 접근식 문제 해결

시스템을 활용하여 문제를 정의하려 할 때, 이미 해결된 문제들을 지닌 시스템에서 문제 간의 밀접성과 가능성을 고려하면 문제해결에 도움을 얻을 수 있습니다.

소셜 디자인

버크민스터 풀러와 동시대를 살던 빅터 파파넥(1927~1998) 같은 사람들은 여유가 있는 사람들만 즐길 수 있는 디자인보다 사회를 개선할 수 있는 디자인 효과에 대해서 고민했습니다.

기술

자기공명영상(MRI)

우리의 몸은 단백질, 지방, 생체미네랄, 신경전달물질, 물 등 다양한 물질로 구성됩니다.
이 물질들은 수소 원자를 포함하고 있으며 분자간 결합으로 상호작용합니다. 수소핵은 양성자입니다.

양성자는 자기공명영상의 핵심입니다. 모든 양성자는 회전을 하는데, 우리 몸 속에서는 어떤 물질이 양성자를 둘러싸고 있는가에 따라 저마다 다른 방향으로 회전합니다. MRI는 회전과 상호작용하는 것으로 기능합니다.

기본원리

- MRI 스캐너 안의 강력한 자석이 있어, 몸에 있는 양성자의 회전을 같은 방향으로 정렬한다.
- 햇볕보다 에너지가 작은 무선 주파수 펄스 에너지를 양성자에 가해 단백질, 지방, 뼈 등의 물질의 차이에 따라 자기장의 정렬에서 약간 벗어나게 한다.
- 양성자는 자석에 의해 집중되며 흡수했던 에너지를 재방출한다.
- 방출 시의 에너지를 스캐너의 무선 주파수 코일이 감지한다.
- 양성자가 방출하는 에너지의 주파수는 다양하다. 이 다양한 신호들을 컴퓨터가 처리하여 이미지를 만들어 낸다.

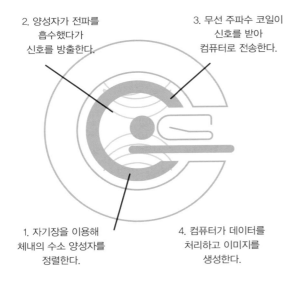

2. 양성자가 전파를 흡수했다가 신호를 방출한다.

3. 무선 주파수 코일이 신호를 받아 컴퓨터로 전송한다.

1. 자기장을 이용해 체내의 수소 양성자를 정렬한다.

4. 컴퓨터가 데이터를 처리하고 이미지를 생성한다.

푸리에 변환

파형분석에 사용되는 수학의 한 분야입니다. 바이올린 소리와 같은 신호에는 다양한 주파수가 섞여있는데, **푸리에 변환을 통해 각각의 주파수를 골라낼 수 있습니다.**

MRI 스캐너에서 양성자가 방출하는 주파수를 푸리에 변환하여 재조합합니다.

기본 푸리에 급수

아래의 기본 푸리에 급수는 주기적인 함수를 여러 개의 개별적이며 구체적인 지수함수의 합으로 나타내는 방법을 보여줍니다.

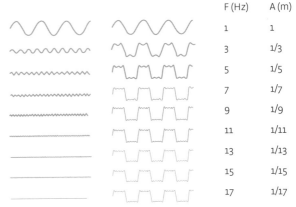

		F (Hz)	A (m)
		1	1
		3	1/3
		5	1/5
		7	1/7
		9	1/9
		11	1/11
		13	1/13
		15	1/15
		17	1/17

진단, 치료 및 모니터링

MRI는 다양한 임상과 실험의 맥락에서 진단과 치료, 모니터링에 사용됩니다.

인터넷

컴퓨터 및 여러 장치를 연결할 수 있는 거대한 네트워크입니다. 팀 버너스 리(1955~)가 1989년에 CERN의 과학자들이 정보를 공유할 수 있도록 하이퍼링크(나중에 월드와이드웹으로 발전)를 발명했습니다. 세상을 완전히 바꿔버린 발명입니다.

HTML

웹페이지는 HTML(Hypertext Markup Language)이라는 프로그래밍 언어를 사용해 제작합니다. 다음과 같은 유형의 데이터가 있습니다.
- 페이지에 포함된 정보
- 페이지의 설계 및 레이아웃(형식)
- 다른 페이지 및 사이트에 대한 링크

HTML 텍스트는 '.html' 파일로 저장되어야 기능합니다.

예 :

```
〈html〉
    〈body〉
        〈h1〉Hello world〈/h1〉
        〈p〉This is a Web page〈/p〉
    〈/body〉
〈/html〉
```

각 태그는 레이아웃을 표현합니다.
- 〈html〉은 텍스트가 HTML 문서임을 나타낸다.
- 〈body〉는 페이지에 담겨있는 정보를 의미한다.
- 〈h1〉은 헤딩을 의미한다.
- 〈p〉는 문장의 시작을 의미한다.

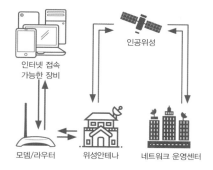

인터넷 접속 가능한 장비 / 인공위성 / 모뎀/라우터 / 위성안테나 / 네트워크 운영센터

사물인터넷(IoT)

가정의 스마트 장비가 인터넷에 연결되는 것을 의미합니다. 따라서 **멀웨어가 더욱 일상에 위협적이게 됩니다.**

용어

- **데이터 패킷** : 컴퓨터 간 통신에서 발신지와 목적지에 관한 정보는 패킷에 담긴다.
- **IP 주소** : 인터넷 프로토콜에서 컴퓨터의 주소를 나타내는 고유 번호
- **스위치 또는 허브** : PC 등의 장치를 서로 연결한다.
- **라우터** : 서로 다른 네트워크를 연결해 주는 장치
- **DNS** : 도메인 이름 시스템은 웹사이트 주소를 IP주소로 변환한다.

인터넷 기원

인터넷은 1960년대 후반, 미국 고등연구계획국(ARPA)의 후원을 받아 **단순히 컴퓨터를 연결하기 위한 수단으로 시작**됐습니다. 최초의 컴퓨터 간 메시지 전송은 1969년에 이루어졌고, 컴퓨터 간 파일을 전송할 수 있게 된 1971년에는 간단한 이메일도 가능해졌습니다.

그러나 현대에 널리 퍼진 월드와이드웹은 1989년에 HTML 언어가 발명되면서 펼쳐졌습니다. 더 빠른 통신, 더 작은 컴퓨터, 선 없는 네트워크는 인터넷이 우리 삶에 중요한 부분으로 자리매김하게 만들었습니다.

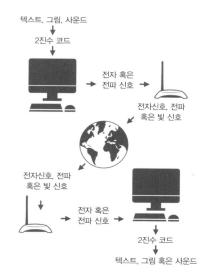

텍스트, 그림, 사운드 / 2진수 코드 / 전자 혹은 전파 신호 / 전자신호, 전파 혹은 빛 신호 / 2진수 코드 / 텍스트, 그림 혹은 사운드

유전공학

살아있는 유기체의 성질에 영향을 주기 위해 DNA를 바꾸는 것을 의미합니다.
논란의 여지가 있지만, 윤리적으로 잘 활용한다면 더 많은 음식의 생산, 질병의 치료, 새로운 물질의 발명으로 이어질 수 있습니다.

DNA

유전공학자들은 게놈을 교체하거나 편집할 수 있습니다.

유전자는 유기체에 그 특성을 부여합니다. 예를 들어 사자, 호랑이, 재규어는 각기 다른 유전자를 갖고 있습니다.

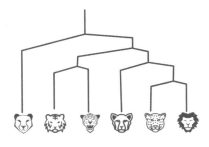

농작물 재배 및 GMO

유기체가 번식할 때, 그들의 유전자 일부 또는 전부가 다음 세대로 전해집니다. 수천 년 동안 인간은 농작물을 선택적으로 재배하여 수확량을 향상시켰고, 질병과 가뭄에 저항해왔습니다. **선택적 재배는 유전자를 선택하는 것과 같은 일입니다.**

유전자이식 유기체

편집된 게놈을 가진 유기체를 의미합니다. 쌀의 한 종류인 황금쌀이 그러한 예 중 하나입니다. 이 쌀은 비타민 A를 함유하고 있어, 비타민 A 부족과 관련한 질병에 도움이 됩니다.

규조류

실리카 세포벽이 있는 조류입니다. 이 조류의 유전자는 센서를 만들거나 약물을 전달할 수 있도록 편집될 수 있습니다.

시토크롬 P450

일부 박테리아와 식물은 시토크롬 P450 같은 항암효소를 생산합니다. 이 효소를 더 많이 생산하기 위해 유전적으로 변형을 진행했습니다. 제1형 당뇨병을 관리하는 데 사용되는 **인슐린도 유전자 편집을 이용해 만들어집니다.**

크리스퍼 가위와 박테리아

크리스퍼(CRISPR, Clusters of Regularly Inter-Spaced Palindromic Repeats) 가위는 박테리아의 방어 메커니즘을 이용한 유전자 편집 기법입니다. 박테리아는 바이러스성 DNA와 RNA의 일부를 잘라내어, 바이러스 감염을 기억하기 위해 Cas9라는 단백질을 생성합니다. 이는 면역을 위한 과정입니다. 크리스퍼 가위를 이용해 암과 겸상적혈구성 빈혈 치료제가 개발되고 있습니다.

아기 디자인

배아 상태에서 유전자를 삭제하거나 편집하는 행위는 **윤리적 논쟁거리**입니다. 태아에게 질병을 일으키는 것으로 알려진 유전자를 삭제하는 것은 **장점**이 될 수도 있지만, 인류에게 자연적으로 주어진 몸과 마음의 다양성을 지우기 위한 유전자 편집은 **단점**이 가득합니다. **특징 선택 및 장애 요소 삭제는 과거의 인간 차별적인 사상과 엄청난 유사성이 있습니다.**

박테리아 플라스미드 DNA 편집

박테리아 플라스미드 DNA는 박테리아 복제에 흔히 사용됩니다. 게놈의 특정 영역이 활용됩니다.

3D 프린팅

물질을 녹이거나 층층이 경화시켜 물질을 더해가며 3D 구조물을 만듭니다.

데이터 구체화

객체를 만들기 위해서는 3D 데이터가 필요합니다. 3D 데이터는 데이터를 시각화하고 디지털 세계를 물리적 세계로 만들어내는 창의적인 기회를 제공합니다.

3D 프린터는 점토, 시멘트, 수지, 분말, 여러 플라스틱 등 다양한 재료를 사용할 수 있습니다. 소프트웨어를 사용해 정교한 모델을 만들 수 있게 되면서 디자이너, 예술가, 과학자들 모두 더 많은 재료로 실험하고 있습니다.

정밀한 기술이 요구되던 **보철물들을 3D 프린팅으로 효과적으로 만들 수 있게 되었습니다.**

3D 프린팅의 한계

3D 프린팅은 제조의 민주화를 약속했지만, 역시나 이용할 수 있는 사람이 많지는 않습니다. 또한 인간은 나무나 섬유와 점토 같은 재료로 결과물을 만들며 **자신의 감각**으로 다루는 방법을 익혀왔는데, 3D 프린팅으로는 그러한 감각을 느낄 수 없습니다.

약물 개발

화학자들이 맞춤 **의약품 제작에 3D 프린팅을 사용하는 방법을 개발**했습니다.

바이오프린팅

생물학적으로 호환되는 조직을 3D 프린터로 만드는 것을 말합니다. **줄기세포로 스테이크를 3D 프린팅**한 것이 유명합니다. 연골과 뼈를 만들기 위해 줄기세포를 3D 프린팅하고 있으며, 코와 귀를 만들 수 있을 정도의 수준까지 도달하기를 희망하고 있습니다. 화상 환자들에게 특히 도움이 될 것입니다.

장기

신체의 면역체계가 이식 장기를 거부할 수 있습니다. 3D 프린팅 기술에 **만능배아줄기 세포와 환자의 성인줄기세포를 결합하면 장기 거부를 해결할 수 있을 것입니다.** 하지만 이 과정은 배아줄기세포의 연약함 때문에 쉽지 않습니다.

3D 프린트를 통한 적층 제조 방법

데카르트식 : x, y, z의 데카르트 좌표계를 기초로 한다.

델타 방식 : 노즐과 프린트 헤드가 물체의 각 층을 그려준다.

데카르트식

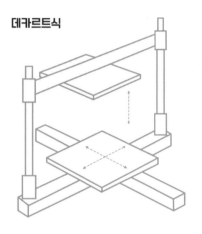

델타방식

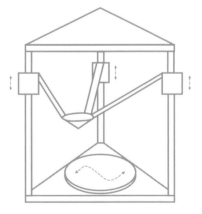

터치스크린

양자역학적 입자는 벽을 통과할 수 있습니다.
이를 양자터널 효과(터널링)라고 하며 터치스크린 기술의 기초가 됩니다.

벽에다 공을 차면 당연히 튕겨져 나올 것입니다. 하지만 양자역학에서는 입자가 축구공처럼 행동하지 않고, 여러 상황(위치)에서 확률적으로 나타납니다. 갑자기 벽 너머에서 나타날 수도 있습니다. 이러한 이유는 단순히 '가능한 일'이기 때문입니다. 이러한 효과를 터널링이라고 하며, 자연과 실험실에서 관찰되는 현상입니다.

태양 빛

태양이 빛나는 이유는 양자가 터널 효과를 이용해 에너지 장벽을 통과하기 때문입니다. 우리는 전하는 서로 밀어낸다는 개념이 익숙하지만, 양성자는 양자역학적인 크기를 갖고 있어 터널이 가능하기 때문에 태양의 표면에 도달하여 우주선(Cosmic Ray)의 형태로 방출됩니다.

터널링 자기저항성

컴퓨터 HDD와 USB 메모리는 터널링 자기저항성이라는 기술을 이용합니다. 이들 저장장치는 전하를 이용해 내용을 저장하고, 전자가 장벽을 넘어 터널링할 때 삭제됩니다.

양자 터널? = 마술?

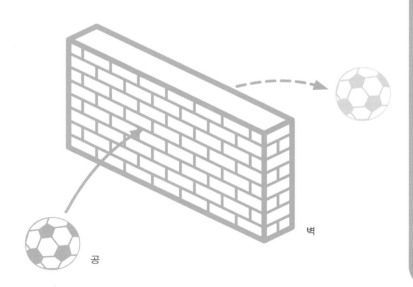

공

벽

터치스크린

터치스크린에는 나노입자가 든 폴리머 필름이 부착되어 있습니다. **손가락으로 필름을 누르면 압력 변화가 생기면서 폴리머 장벽과 나노입자 사이를 터널링하는 비율이 엄청나게 증가합니다.** 이러한 터널 효과를 통해 전자가 흐르는 속도가 급격하게 변화합니다.

알고리즘과 AI

인공지능(AI) 시스템은 고도로 세밀한 다중 알고리즘으로 만들어집니다.
예술, 산업, 진단, 데이터분석, 비즈니스 분야 등 다양한 곳에서 응용할 수 있습니다. 그러나 AI는 인간의 편견을 확대시킬 수도 있습니다.

머신러닝

머신러닝은 정보를 알고리즘에 공급할 데이터를 필요로 합니다.
알고리즘은 시간이 흐름에 따라 성능이 향상됩니다. 현재 생체의
학영상에서 병리학의 진단과 분류에 도움을 큰 도움을 주고 있습
니다. 시스템을 데이터 세트에 노출시키며 자동으로 훈련할 수 있
도록 하는 걸 '학습'이라고 합니다.

신경망

증거자료 비교를 근거로 결정을 하는 수학적 모델입니다.

기계 바이어스

AI는 시간과 비용을 절약하게 만드는 지능적 개체로 알려지고 있
습니다. 하지만 **제한된 데이터 세트를 가진 알고리즘은 시간이 지
남에 따라 편견을 초래**하며, 이로 인해 해롭고 차별적인 의사결정
과 행동을 야기할 수 있습니다. 인종이나 학력, 경제력 등을 기반
으로 보험료, 데이트 앱, 검색 엔진, 경찰 프로파일링 데이터베이
스 등에서의 차별과 편견이 그 예입니다.

알고리즘 : 사람이 작성한 일련의 지시사항. 지시사항은
때때로 루프 안에서 작동한다.

정렬 알고리즘 : 정보의 배열을 루핑하여 필요한 순서로
정보를 스캔하고, 위치를 바꿈으로써 순
서를 재구성할 수 있으며 검색을 용이하
게 한다.

병합 정렬 : 배열을 분할하고 배열 순서를 지정한 다음,
다시 배열을 병합한다.

그래프 탐색 : 두 점 사이의 가장 빠른 경로를 찾는다.

복잡성 : 알고리즘의 복잡성은 알고리즘이 수반하는 단계
의 개수에 따라 달라진다.

Null 문자 : 대괄호 안에 (0)이라는 단어로 표시된 값. 문
자열의 끝.

매트릭스 : 다양한 차원을 가진 배열

관련 변수 : 예를 들어 구조체로서 구성할 수 있다.

노드 : 네트워크의 데이터 포인트

큐 : 먼저 들어온 일을 먼저 처리한다.

스택 : 마지막에 들어온 일을 먼저 처리한다.

트리 : 최상위 노드를 루트라 한다. 어떤 노드 아래에 다
른 노드가 있을 때, 아래에 있는 노드를 자녀라 하
고, 그 위의 노드를 부모라고 한다. 트리의 맨 아래
에는 자식을 가지지 않는 잎 노드가 있다.

루빅스 큐브 알고리즘

루빅스 큐브를 맞추려면 다음의 순서대로 진행해야 합니다.

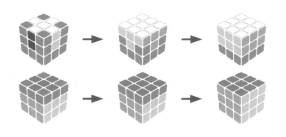

데이터 구조

- 데이터에 접근하기 위해서는 데이터가 정리되어 있어야 한다.
- 데이터의 배열은 변수로 저장할 수 있다.
- 배열을 구성하기 위해 인덱스를 사용한다.
- 인덱스는 대괄호 [0, 1, 2, 3] 안에 표시된다.
- 첫 번째 숫자는 항상 인덱스 0이다.

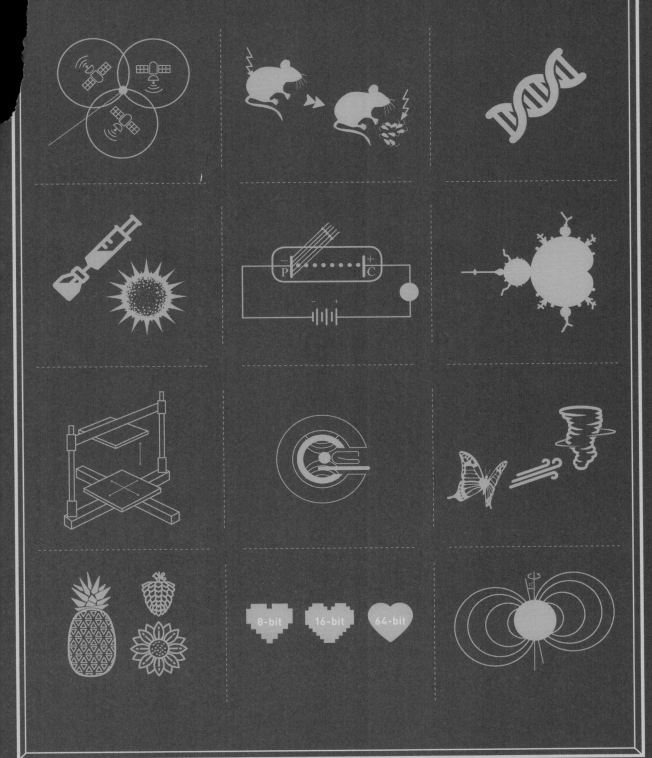

영감을 준 과학자들

Ali Abdelghany (1944-), 해양생물학자
Alice Ball (1892-1916), 화학자, 한센병 치료법 개발
Allen Cox (1926-1987), 지구물리학자
Ana María Flores (1952-), 공학자
Annie Easley (1933-2011), 로켓과학자
Antonia Novello (1944-), 내과의사, 미국 군의관 장군
Bessie Coleman (1892-1921), 비행사
Betty Harris (1940-), 화학자
Bruce Voeller (1934-94), 생물학자, AIDS 연구자
Burçin Mutlu-Pakdil, 천체물리학자
Carl Sagan (1934-1996), 천체물리학자
Caroline Herschel (1750-1848), 혜성을 발견
Carolyn Porco (1953-), 행성학자
Catherine Feuillet (1965-), 세포생물학자
Claudia Alexander (1959-2015), 행성학자
Clyde Wahrhaftig (1919-1994), 지질학자, 환경운동가
Edith Farkas (1921-1993), 오존을 측정
Eileen McCracken (1920-1988), 식물학자
Eleanor Josephine Macdonald (1906-2007), 암 연구가
Elsa G. Vilmundardóttir (1932-2008), 지질학자
Eva Jablonka (1952-), 생물학자, 철학자
Flemmie Pansy Kittrell (1904-80), 영양학자
Fumiko Yonezawa (1938-), 이론물리학자
Gloria Lim (1930-), 균류학자
Grace Oladunni Taylor (1937-), 화학자
Har Gobind Khorana (1922-2011), 생화학자
Haruko Obokata (1983-), 줄기세포학자
Heather Couper (1949-), 천문학자, 교육자
Helen Rodríguez Trías (1929-2001), 소아과 의사
Idelisa Bonnelly (1931-), 해양생물학자
Jane Wright (1919-2013), 암 연구자
Jeanne Spurlock (1921-1999), 정신과의사
Jeanne Villepreux-Power (1794-1871), 해양생물학자
Jeannette Wing (1956-), 컴퓨터과학자
Jewel Plummer Cobb (1924-2017), 생물학자
John Dalton (1766-1844), 상대적인 원자의 질량 측정
Kalpana Chawla (1961-2003), 우주비행사
Katherine Bouman (1989-), 컴퓨터과학자
Kono Yasui (1880-1971), 세포학자
Krista Kostial-Šimonovic´ (1923-2018), 생리학자
Lene Hau (1959-), 빛의 속도를 늦추고 광자를 잠시 멈추기도 함
Linda B. Buck (1947-), 후각 수용기 연구
Lydia Villa-Komaroff (1947-), 세포생물학자

Mamie Phipps Clark (1917-1983), 사회심리학자
Maria Abbracchio (1956-), 약리학자, 퓨린성 수용체 연구
Maria Tereza Jorge Pádua (1943-), 생태학자
Marianne Simmel (1923-2010), 심리학자, 환각지 연구
Marianne V. Moore (graduated 1975), 수생생태학자
Marie M. Daly (1921-2003), 화학자
Martha E. Bernal (1931-2001), 심리학자
Maryam Mirzakhani (1977-2017), 수학자, 필드상 수상
Meghnad Saha (1893-1956), 별의 화학적, 물리적 특성 연구
Melissa Franklin (1957), 입자물리학자
Michiyo Tsujimura (1888-1969), 농업생화학자
Mileva Maric´ (1875-1948), 물리학자
Mina Bissell (1940-), 종양학자
Neil Divine (1939-1994), 천체물리학자
Niels Bohr (1885-1962), 알파입자와 원자구조 연구
Nora Volkow (1956-), 정신과의사
Patricia Suzanne Cowings (1948-), 심리학자
Priyamvada Natarajan (graduated 1993), 천체물리학자
Ragnhild Sundby (1922-2006), zoologist
Rohini Godbole (1952-), 물리학자
Rosalyn Sussman Yalow (1921-2011), 의료물리학자
Rosemary Askin (1949-), 남극 연구
Ruth Winifred Howard (1900-1997), 심리학자
S. Josephine Baker (1873-1945), 뉴욕 최초로 어린이 위생국 설치
Sally Ride (1951-2012), 우주비행사, 물리학자
Sarah Stewart (1905-1976), 미생물학자
Satyendra Nath Bose (1894-1974), 양자이론
Sau Lan Wu (graduated 1963), 입자물리학
Seetha Coleman-Kammula (1950-), 화학자, 플라스틱 설계
Shirley Jackson (1916-1965), 핵물리학자
Sonia Alconini (1965-), 고고학자, 티티카카호 분지
Sonja Kovalevsky (1850-1991), 수학자
Sophia Getzowa (1872-1946), 병리학자
Stephanie Kwolek (1923-2014), 화학자, 케블라 섬유 발명
Stephen Jay Gould (1941-2002), 고생물학자
Tanya Atwater (1942-), 지구물리학자, 해양지질학자
Toshiko Yuasa (1909-1980), 핵물리학자
Una Ryan (1941-), 심장병, 바이오테크 백신 개발
Valerie Thomas (1943-), 일루전 트랜스미터 발명
Vandika Ervandovna Avetisyan (1928-), 식물학자, 균류학자
Velma Scantlebury (1955-), 이식수술전문 외과의사
Vera Danchakoff (1879-1950), 세포식물학자, 발생학자
Xide Xie (Hsi-teh Hsieh) (1921-2000), 물리학자

데이터 시트

접두사

0.001cm 보다는 1mm로 쓰는 게 쉬운 것처럼 접두사는 아주 큰 숫자나 작은 숫자를 쉽게 표현할 수 있게 해주며 계산도 더욱 쉽습니다.

접두사	기호	의미	자리수
요타(yotta-)	Y	10^{24}	1,000,000,000,000,000,000,000,000
제타(zetta-)	Z	10^{21}	1,000,000,000,000,000,000,000
엑사(exa-)	E	10^{18}	1,000,000,000,000,000,000
페타(peta-)	P	10^{15}	1,000,000,000,000,00
테라(tera-)	T	10^{12}	1,000,000,000,000
기가(giga-)	G	10^{9}	1,000,000,000
메가(mega-)	M	10^{6}	1,000,000
킬로(kilo-)	k	10^{3}	1,000
데시(deci-)	d	10^{-1}	0.1
센치(centi-)	c	10^{-2}	0.01
밀리(milli-)	m	10^{-3}	0.001
마이크로(micro-)	μ	10^{-6}	0.000,001
나노(nano-)	n	10^{-9}	0.000,000,001
피코(pico-)	p	10^{-12}	0,000,000,000,001
펨토(femto-)	f	10^{-15}	0.000,000,000,000,001
젭토(zepto-)	z	10^{-21}	0.000,000,000,000,000,000,001

SI(국제표준) 단위계에서의 기본 단위

기본 단위는 다른 단위와 혼합해서 쓸 수 없습니다.

단위명	단위 기호	측정 대상	수량 기호	차원 기호
미터	m	길이	l, x, r	L
킬로그램	kg	질량	m	M
초	s	시간	t	T
암페어	A	전류량	I	I
켈빈	K	열역학적 온도	T	Θ
칸델라	cd	광도	Iv	J
몰	mol	물질량	n	N

조립단위와 수량

조립단위는 기본단위와 조합하여 사용합니다. SI 단위계에서 사용하는 힘의 단위는 $kg.m/s^2$로 나타내지만 뉴턴(Newton)이라는 단위로 표현하기도 합니다. 뉴턴과 같은 조립단위는 다른 단위에 의해 결정됩니다.

양	단위, 조립단위	SI 단위계에서의 표현
면적	제곱미터	m^2
부피	세제곱미터	m^3
속도	초당 미터	m/s (ms^{-1}과 동일)
가속도	초제곱당 미터	m/s^2 or ms^{-2}
파수	미터의 역수	1/m 혹은 m^{-1}
밀도	세제곱미터당 킬로그램	kg/m^3 or kg m^{-3}
미터당 뉴턴	미터당 뉴턴N/m 혹은 제곱미터당 줄J/m^2	$kg \cdot s^{-2}$
비부피	킬로그램당 세제곱미터	m^3/kg or m^3 kg^{-1}
전류밀도	제곱미터당 암페어	A/m^2 or Am^{-2}
자기장의 세기	미터당 암페어	A/m or Am^{-1}
단위부피당 물질의 양	세제곱미터당 몰	mol/m^3 or mol m^{-3}
밝기	제곱미터당 칸델라	cd/m^2 or cd m^{-2}
확장 에너지	줄 초	$m^2 \cdot kg \cdot s^{-1}$
비에너지	킬로그램당 줄	$m^2 \cdot s^{-2}$
압력	제곱미터당 줄	$m^{-1} \cdot kg \cdot s^{-2}$

2차 방정식

2차방정식의 기본 형태 : $ax^2 + bx + c = 0$

2차방정식 근의 공식 : $x = (-b \pm \sqrt{(b^2 - 4ac)})/2a$

기하방정식V

호의 길이 = $r\theta$

원의 둘레 = $2\pi r$

원의 면적 = πr^2

원통의 곡면부 넓이 = $2\pi rh$

구의 부피 = $4\pi r^3/3$

구의 표면적 = $4\pi r^2$

피타고라스의 정리: $a^2 = b^2 + c^2$

원 운동

각속도의 크기 : $\omega = \upsilon/r$

구심 가속도 : $a = \upsilon^2/r = \omega^2 r$

구심력 : $F = m\upsilon^2/r = m\omega^2 r$

파동과 단순 하모닉 운동

파동의 속도 : $c = f\lambda$

주기(주파수) : $f = 1/T$

회절격자 : $d \sin \theta = n\lambda$

가속도 : $a = -\omega^2 x$

변위 : $x = A \cos(\omega t)$

속도 : $\upsilon = \pm\omega\sqrt{(A^2 - x^2)}$

최대속도 : $\upsilon \, max = \omega A$

최대가속도 : $a \, max = \omega 2A$

천문학적 숫자들

태양 질량 kg. : 1.99×10^{30}

태양 지름 m. : 6.96×10^8

지구 질량 kg. : 5.97×10^{24}

지구 지름 m. : 6.37×10^6

1천문단위 = 지구에서 태양까지의 거리 = 1.50×10^{11}m.

1광년 = 빛이 1년 동안 가는 거리

= 5,878,499,810,000 마일(거의 6조 마일)

= 9,460,000,000,000 킬로미터

= 9.46×10^{15}m

자연 속의 상수

양	기호	값	단위
진공에서의 빛의 속도	c	3.00×10^8	m s^{-1}
플랑크 상수	h	6.63×10^{-34}	J s
축소 플랑크 상수(디락 상수, h바)	h (h 바)	$1.05457182 \times 10^{-34}$	J s
아보가드로 상수	NA	6.02×10^{23}	mol^{-1}
자유공간에서의 투과율	μ_o	$4\pi \times 10^{-7}$	H m^{-1}
자유공간에서의 유전율	ε_o	8.85×10^{-12}	F m^{-1}
전자의 전하량	e	1.60×10^{-19}	C
중력상수	G	6.67×10^{-11}	N m^2 kg^{-2}
몰랄 기체 상수	R	8.31	J K^{-1} mol^{-1}
볼츠만 상수	k	1.38×10^{-23}	J K^{-1}
스테판 상수	σ	5.67×10^{-8}	W m^{-2} K^{-4}
비인 상수	α	2.90×10^{-3}	m K
전자 정지 질량(5.5×10^{-4} u와 동일)	m_e	9.11×10^{-31}	kg
전자의 전하/질량비	e/m_e	1.76×10^{11}	C kg^{-1}
양성자 정지 질량(1.00728 u와 동일)	m_p	1.673×10^{-27}	kg
양성자 전하/질량비	e/m_p	9.58×10^7	C kg^{-1}
중성자 정지 질량(1.00867 u와 동일)	m_n	1.675×10^{-27}	kg
알파입자 정지 질량	$m\alpha$	6.646×10^{-27}	kg
중력장의 세기	g	9.81	N kg^{-1}
중력에 의한 가속도	g	9.81	m s^{-2}
원자 질량 단위(1u는 931.5 MeV에 해당한다.)	u	1.661×10^{-27}	kg

중력장

두 개의 질량체 사이의 힘 : $F = Cm^1 m^2/r^2$

중력장의 세기 : $g = F/m$

방사형 장에서 중력장의 세기 : $g = GM/r^2$

전자장

두 지점에 있는 전하 사이의 힘 : $F = (1/4\pi\varepsilon o) \times (Q1Q2/r^2)$

전하가 가지고 있는 힘 : $F = EQ$

균일한 장에서 전자장의 세기 : $E = V/d$

열 물리학

온도를 변화시킨 에너지 : $Q = mc\Delta\theta$

상을 바꾸는 에너지 : $Q = ml$

기체 방정식 : $pV = nRT$

$pV = NkT$

동역학 이론 모델 $pV = 1/3\ Nm(crms)^2$

용어사전

결합 길이 : 결합에서 원자 사이의 거리 및 가장 안정적인 위치

고요의 바다 : 1969년 7월 20일 아폴로 11호의 달 착륙지

교정 : 계측기의 정확도 점검 및 확인

굴식(掘蝕) : 다공성 바위를 통해 물이 위로 흘러 생기는 침식작용

데카르트 평면 : (x, y)를 사용하는 직사각형 좌표계, 여기서 x 값은 수평 좌표, y 값은 수직이다.

독립변수 : 실험 중 통제된 방식으로 변경된 변수

동물성 플랑크톤 : 물에 사는 미세한 동물들

드 브로글리 파장 : 원소 입자의 파장(λ)이 운동량(ρ)과 플랑크의 상수(h)와 관련이 있는 경우 $\lambda = h/\rho$

라디안 : 평면 각도에 대한 SI 단위, 원의 라디안 값은 2π 이다.

라디칼 : 전자가 손상되지 않은 원자 또는 분자종

바닥상태 : 최저 에너지 상태—전자는 최저 에너지 준위를 먼저 채운다.

발열 : 열을 방출하는 반응

방사선 벨트 : 자기권에 전하를 띤 입자가 있는 영역

버퍼 : 수소 이온(H+)의 농도를 보상하고 상당히 일정한 pH를 유지하는 물질

벡터 : 크기, 길이 및 방향을 가지고 있다.

보일의 법칙 : 안정적인 온도에서 일정한 양의 기체의 부피는 압력에 반비례한다.

빔 : 빛의 다발 또는 광선으로부터 나오는 빛

상수 : 고정 값을 갖는 수량

생존능력 : 유기체가 생존에서 성숙까지 삶의 과정을 완성할 수 있는 가능성

선 스펙트럼 : 선들이 선명하게 구분되는 방출 스펙트럼. 선은 들뜬 상태에서 바닥상태로 전자가 이동하는 동안 발산되는 빛의 파장에 해당한다.

시토솔(cytosol) : 신진대사가 일어나는 세포질의 유동체. 물과 섬유질 단백질로 이루어져 있다.

암부(Umbra) : 태양의 어두운 흑점 중심부

애니악 : 최초의 범용 전자 컴퓨터

얼음코어 : 오랜 시간 동안 얼음으로 압축된 눈 층을 담고 있는 얼음 원통

용승 : 밀도가 높고 차가운 영양분이 풍부한 물이 바람에 의해 표면으로 끌어올려지는 현상

운동분자이론 : 분자와 운동에너지에 대한 이론적 설명. 운동 에너지 = 온도

월식 : 지구가 태양과 달 사이에 위치하는 현상

유비퀴틴 : 세포질에서 발견되는 단백질

유전적 표류 : 유전자 빈도의 무작위 변화

응집력 : 물질 내 분자 간의 상호작용

이끼 : 광합성 조류나 박테리아와 공생하는 곰팡이

이상 : 예상 값과의 편차

이상기체 : 부피나 분자간 끌어당김 또는 반발력이 없는 이론상의 기체. 이상 기체 방정식에서 기체 상수 r을 사용한다.

이중성 : 공통 질량을 공전하는 별 한 쌍

자연발생론 : 무생물 화학 시스템에서 생명체가 출현함

접합자 : 두 세트의 염색체를 함유한 수정란

정량적 : 숫자로 표현된 측정값 및 관측치

정부간 기후변화 패널(IPCC) : 1988년에 설립된 국제 과학자 단체로, 인간이 초래한 기후 변화의 위험을 평가한다.

정성적 : 관측치 또는 데이터에 대한 구두 설명, 즉 숫자적이지 않으며 숫자로 측정되지 않음

정확도 : 측정값이 실제 값에 근접한 정도

제한 요인 : 주변환경에서 공급이 부족하지만 유기체의 생존에 필요한 모든 필수 자원

종속 변수 : 실험 또는 관측치의 변수(변경 가능)

중수소 : 핵에 중성자가 있는 수소의 안정 동위원소

증거 : 의견 또는 가설에 대한 지지

진공 : 물질이 전혀 없는 공간

청색편이 : 천체가 지구를 향해 이동하는 것이 관찰될 때 발생

초고광고 은하 : 적외선 파장이 밝게 빛나는 은하

쿨롱 : 전하의 미터법 단위 = 6.24×10^{18} 전자

크로마틴 : 핵에서 DNA를 보호한다. 진핵생물에서만 발견된다.

타르 모래 : 황 함량이 높은 역청을 함유한 모래 퇴적물

탄소연대측정 : 자연적으로 발생하는 동위원소 탄소-14를 사용하여 탄소질(탄소를 포함)물질의 연령을 결정한다.

퇴비 : 지렁이는 퇴비를 만들고 폐기물 변환 과정을 강화한다.

하디-웨인버그 평형 : 대립유전자와 유전자형의 빈도는 진화력이 없는 경우 대대로 일정하게 유지된다.

현무암 : 철과 마그네슘이 풍부한 용암으로 형성된 어둡고 고운 결의 화성암. 해양 지각과 달 표토의 주요 성분

형광 : 물질의 빛 또는 에너지의 흡수에 따른 빛의 방출. 원자 방출 및 선 스펙트럼과 관련이 있다.

화석 : 유기체의 보존된 인상/보존된 조직, 광물질로 대체된 조직

확증편향 : 정보/결과가 신념과 모순되는 자신의 선입견과 정보/비판적인 것을 확인하는 것으로 해석

황도12궁 : 황도를 포함하고 있는 12개의 별자리

황록공생조류 : 암초를 짓는 산호와 공생하는 단세포 황갈색조류 (와편모충류)

황열병 : 이집트 숲 모기에 의해 퍼지는 급성 바이러스성 질병

활성화 에너지 : 화학 반응 또는 프로세스를 시작하는 데 필요한 에너지, 약칭 EA

2차 대기오염물질 : 1차 오염물질이 반응할 때 생성되는 오염물질. 아황산가스 또는 질소산화물이 빗물과 반응한 산성비가 그 예이다.

LANL : 로스 알라모스 국립 연구소

x-밴드 : 5,200 ~ 10,900 MHz 사이의 무선 주파수

더 읽을거리

Roma Agrawal, *Built: The Hidden Stories Behind Our Structures*

George Basalla, *The Evolution of Technology*

Gurminder K. Bhambra, Dalia Gebrial, et al., *Decolonising the University*

Rachel Carson, *Silent Spring*

T. J. Demos, Basia Irland, et al., Elemental: 1: *An Arts and Ecology Reader*

Richard Feynman, *Six Not So Easy Pieces*

Sam Kean, The Disappearing Spoon: *And Other True Tales of Madness, Love, and the History of the World from the Periodic Table of the Elements*

Mark Miodownik, Liquid: *The Delightful and Dangerous Substances That Flow Through Our Lives*

Safiya Noble, *Algorithms of Oppression*

Cathy O'Neil, *Weapons of Math Destruction*

Roger Penrose, *Road to Reality*

Gina Rippon, *The Gendered Brain: The New Neuroscience That Shatters the Myth of the Female Brain*

Angela Saini, *Inferior*

Angela Saini, *Superior*

Anna Tsing, *The Mushroom at the End of the World*

Anna Tsing, Heather Anne Swanson, Elaine Gan, and Nils Bubandt (eds), *Arts of Living on a Damaged Planet: Ghosts and Monsters of the Anthropocene*

1 ❤ INSTANT SCIENCE ❤
페이지 과학

1판 1쇄 발행   2021년 3월 30일
1판 2쇄 발행   2022년 2월 4일

저　　자 | Jennifer Crouch
역　　자 | 박성래
발 행 인 | 김길수
발 행 처 | ㈜영진닷컴
주　　소 | (우)08507 서울특별시 금천구 가산디지털1로 128
　　　　　 STX–V 타워 4층 401호
등　　록 | 2007. 4. 27. 제16-4189

©2021. ㈜영진닷컴

ISBN | 978-89-314-6350-7

YoungJin.com Y.
영진닷컴